U0451008

- 国家社科基金项目"精准扶贫战略下西北民族地区教育扶贫机制与监测体系研究"（16BMZ058）阶段性成果
- 陕西师范大学优秀著作出版基金资助出版

教育扶贫政策的国际比较

袁利平 等著

INTERNATIONAL COMPARISON OF
EDUCATIONAL POVERTY ALLEVIATION POLICY

中国社会科学出版社

图书在版编目（CIP）数据

教育扶贫政策的国际比较/袁利平等著 .—北京：中国社会科学出版社，2023.8
ISBN 978-7-5227-2551-2

Ⅰ.①教… Ⅱ.①袁… Ⅲ.①教育—扶贫—对比研究—世界 Ⅳ.①G51

中国国家版本馆 CIP 数据核字（2023）第 165967 号

出 版 人	赵剑英
责任编辑	任睿明　刘晓红
责任校对	周晓东
责任印制	戴　宽
出　　版	中国社会科学出版社
社　　址	北京鼓楼西大街甲 158 号
邮　　编	100720
网　　址	http://www.csspw.cn
发 行 部	010-84083685
门 市 部	010-84029450
经　　销	新华书店及其他书店
印　　刷	北京君升印刷有限公司
装　　订	廊坊市广阳区广增装订厂
版　　次	2023 年 8 月第 1 版
印　　次	2023 年 8 月第 1 次印刷
开　　本	710×1000　1/16
印　　张	16.75
字　　数	251 千字
定　　价	89.00 元

凡购买中国社会科学出版社图书，如有质量问题请与本社营销中心联系调换
电话：010-84083683
版权所有　侵权必究

前　言

贫困是人类社会的顽疾，是全世界面临的共同挑战。消除贫困是人类梦寐以求的理想，人类发展史就是与贫困不懈斗争的历史。研究、治理、开发和摆脱贫困，一直是人类共同的历史使命。但是，贫困作为特定的社会经济现象为人们所重视，且被纳入理论研究的领域，其历史并不长。贫困问题开始被社会重视，并成为经济学的基本课题，则是在工业革命之后，而真正对此进行广泛关注并进行理论探讨则始于20世纪五六十年代。研究者从不同的立场和视角出发，如经济学、社会学、人类学、心理学等，对贫困现象及其根源进行了解释和界定，在一定程度上丰富了贫困问题的研究成果，也为扶贫工作奠定了理论基础。

"贫困"作为一个动态发展着的不断深化的概念，最早出现在物质和经济领域。1755年，法国资产阶级民主主义者让·卢梭（Jean-Jacques Rousseau）在《论人类不平等的起源和基础》（*The Basis and Theory of The Origin of Human Inequality*）一书中最早提出了贫困问题。1798年，英国经济学家马尔萨斯（Thomas Robert Malthus）在《人口论》中最早提出贫困理论。直到1899年，英国人本杰明·西伯姆·朗特里（Benjamin Seebohm Rowntree）在对英国约克市的贫困状况进行研究后，才首次提出贫困的具体内涵和定义。他认为，贫困即个人或家庭由于缺乏一定的经济能力而在社会中占有的资源和福利的缺失。1901年，朗特里（S. Rowntree）提出"若是一个家庭的收入不足以维持家庭人口最基本的生存活动要求，那么，这个家庭就基本陷入贫困之中"。[①]

[①] 杨小敏：《"教育致贫"的形成机制、原因和对策》，《复旦教育论坛》2007年第5期。

20世纪60年代,舒尔茨(Theodore W. Schultz)在美国经济学会上首次提出了"人力资本"(Human Capital)这一概念。他将导致贫困的重要原因归结为人而不是土地或其他经济因素。1964年,《教育的经济价值》(The Economic Value of Education)一书问世,书中对投资人力资本所需的成本和所收获的教育效益进行了合理核算,并指出劳动者身上的人力资本主要体现在"量""质"两个方面。"量"主要指已经就业的人口数及其百分比,"质"主要从劳动者的身体健康、专业技能、知识掌握出发,考察他们在工作中具有的身体和精神层面的满足状况。"人力资本"概念的提出奠定了人力资本理论的基础,并且对世界的"反贫困"有着极为深远的影响,促进了世界反贫困的历史进程。

20世纪70年代以后,人们对贫困的认识不断加深,贫困从经济学领域扩展到发展经济学领域。印度籍经济学家阿玛蒂亚·森(Amartyak Sen)基于印度贫困人口的贫困状态,经过多年实地研究发现,传统层面上仅以国民生产总值的增长来确定国家和人民发展进步的狭隘发展观是不切合实际的,应该以"实质自由"作为发展的最终目标,从"可行能力剥夺"视角来看待贫困。"实质自由"即指人们有理由珍视的那种生活的"可行能力",它包含了人们免受贫穷和苦难——如饥饿、疾病、死亡等——基本的可行能力,以及能够享受教育、参与国家政治生活等的自由。由此可见,他将造成一个人贫困的原因归结为人身和人心的限制以及正当的自由权利被剥夺。阿玛蒂亚·森还从个人能力的发掘和发展方面认真地分析了产生贫困的真正原因和实质,他认为一个人的贫困不仅仅表现在收入的缺乏,最根本的在于其个人能力的缺失,而个人能力的培养需要教育来完成,这需要"我们认真地从国家层面来思考政治生活、生产方式、经济结构、等级差异以及它们互相之间的作用关系"。[①] 因此可以说,教育可以增加贫困人口"反贫困"意识,从而增加其脱贫的能力。

---

① [印]阿玛蒂亚·森:《以自由看待发展》,任赜、于真译,中国人民大学出版社2002年版,第161—162页。

前 言

在世界范围内,贫困限制着人类社会的发展和进步。由此,反贫困成为人类社会亟待解决的共同历史难题。"贫困"的概念被不断发展,人们对其的认识也日渐深化。总体而言,贫困主要包含物质贫困和精神贫困两个方面,前者是指个人的基本生活条件无法得到满足,后者是指无法实现个体对知识或能力的渴求。依据不同的划分标准可将贫困分为不同的类型,比如区域/个体贫困、生存型/温饱型/发展型贫困,以及相对/绝对贫困。与发展中国家相比,发达国家在经济学范畴内的贫困主要是指相对贫困,许多国家将相对贫困的界限划分在平均收入的40%以下,世界银行则提出少于平均收入的1/3即可被视为相对贫困。

自20世纪80年代以来,世界银行每十年就发表一份关于反贫困的发展报告。2000年发布的《2000/2001年世界发展报告:与贫困作斗争》从宏观上对贫困进行了全面的定义。报告认为,贫困既包含了物质经济方面的缺乏,又与教育、健康、卫生等的缺失息息相关。由此可见,"贫困"一词的界定范围不断扩大,其含义也在不断地完善,具体有广义和狭义两方面。从贫困发生的区域来看,可以分为国家、地区、群体三大类;从贫困发生的程度来看,有绝对和相对两方面。但是,无论怎样划分,贫困的内涵已经从量到质、从物质到人文、从静态向动态转变。①

在20世纪末21世纪初期,国际上对贫困问题的关注度大大提高。《2000/2001年世界发展报告:与贫困作斗争》中指出,在全世界的60亿人口中,有28亿人——约占总人口的一半——每天生活在不足2美元中。有12亿人——占总人口的1/5——每天生活费用低于1美元。② 2000年9月,在联合国总部举行的千年首脑会议(United Nations Millennium Summit)也将贫困视为问题焦点,承诺在2015年之前将全球的贫困水平降低一半。另外,在本次会议上,制定了千年发展目标(Millennium Development Goals),该目标将消灭极端贫穷和

---

① 张岩松:《发展与中国农村反贫困》,中国财政经济出版社2004年版,第32页。
② 本报告编写组:《2000/2001年世界发展报告:与贫困作斗争》,本报告翻译组译,中国财政经济出版社2001年版,第3页。

饥饿作为150多个国家在未来发展过程中需要解决的首要问题。由此可以看出，反贫困是当今世界大多数国家面临的战略任务，反贫减贫、促进社会和谐发展，实现人类共同进步，是世界各国人民梦寐以求的理想。

基于对贫困的定义，我们可以总结出"扶贫"的主要内涵。扶贫主要指政府或者其他非政府组织对于处于贫困水平线之下的个人或家庭提供物质及精神方面的援助、救助、资助等，从而保障他们的基本生活水平和生活标准。扶贫可以通过经济、社会等各个方面来进行，而教育作为人力资本的基本要素，是扶贫最有效的路径。教育扶贫本身具有两方面内涵，即"扶教育之贫""依靠教育扶贫"。"扶教育之贫"即指国家通过经济投入、政策倾斜等方式，对教育领域进行规模化的发展，以实现教育领域的减贫脱贫。"依靠教育扶贫"即指国家将教育作为减贫的重要手段、工具等，通过发展贫困地区的教育来提高贫困人口的个人素质、能力以及脱贫意愿，从而带动区域发展。因此，我们可以将这两者的关系概括为：通过加大发展教育力度从而扶教育之贫以确保依靠教育来扶贫困地区和贫困人口之贫。本书中对教育扶贫概念的界定正基于此，二者相互渗透、相互依存、密不可分。所谓政策通常是指某种有目的地进行价值分配、处理问题或实现既定目标的复杂过程，是某种行为准则、计划、文件、法规、方案或措施等；[①] 而教育政策则是一个政党或国家为实现一定时期的教育任务而制定的行为准则。[②] 本书中教育扶贫政策主要是指，在政党或国家的领导下，为实现贫困人口的脱贫致富而制定的国家教育政策。其中包含国家的最高层面的法律、宏观的教育战略规划以及具体到各级各类教育领域的扶贫计划。

发展教育是国家兴旺之根本，教育扶贫在全球范围内业已达成广泛共识。党的十八大以来，我党对扶贫工作高度重视，国家领导人对扶贫问题的亲力亲为，对国家扶贫开发作出了一系列得力安排，扶贫

---

① 刘复兴：《教育政策的四重视角》，《清华大学教育研究》2002年第4期。
② 袁振国：《教育政策学》，江苏教育出版社1996年版，第115页。

开发被纳入"四个全面"战略布局,这使我国扶贫进程顺利有序地进行,其中,尤其强调教育在扶贫开发中的重要作用。2013年7月,教育部会同国家扶贫重要部门如国家发展和改革委员会、财政部、国务院扶贫办等部门研究制定《关于实施教育扶贫工程的意见》,其中对教育扶贫在扶贫攻坚中的重要地位和决定性作用作了明确的指示。该意见指出,教育对贫困地区人口脱贫致富、区域社会经济快速发展以及生态文明长远建设方面有着重要的作用。因此,国家扶贫的优先任务即是教育扶贫,要充分发挥教育在强民、富民、安民方面的重大作用。

贫困问题不仅是国内研究的热点,而且是国际关注的焦点。本书旨在从理论层面阐明教育反贫困与国家反贫困的契合性与内在机制。在研究对象方面,以美国、英国、澳大利亚、加拿大四个发达国家为例;在众多发展中国家中,比较有代表性的国家有南亚的印度、北美洲的墨西哥、南美洲的巴西以及非洲的南非。发展中国家之所以选择这四个,一方面是因为这四个国家分别分布在亚洲、美洲、非洲,这三大洲的发展中国家众多,在地理位置上极有代表性。另一方面是因为这四个国家有相似的历史发展背景,它们的人口众多,民族、宗教及文化各异,都属于多民族国家。这些国家由于殖民统治和封建生产关系的束缚,使它们的经济社会发展状况相对落后,贫困人口众多,国家对贫困人口教育的关注度必然较高。作为世界上最大的发展中国家,中国共产党带领中国人民所取得的减贫成绩被世界所公认,为全世界的减贫事业发展提供了中国智慧和实践样本,具有重要的世界意义,因此,中国也是教育扶贫政策国际比较研究中不可或缺的国别之一。这样,我们就确定了英国、美国、加拿大、澳大利亚、印度、巴西、墨西哥、南非和中国九个研究对象国。

比较教育研究总体上属于一种归纳性的研究,其研究观点的呈现必须建立在坚实的客观证据基础上。本书主要采用文献研究法和比较研究法等研究方法,通过图书馆、互联网等一切可以利用的渠道广泛收集各个国家教育扶贫的有关文献资料,全面挖掘研究各国弱势群体教育的发展现状以及关于教育扶贫政策的相关文件,深刻理解各国以教育促发展的教育扶贫政策体系，向读者呈现足够的有关研究对象国的客观信息以及各个国家教育扶贫政策独特的价值诉求。同时，比较教育研究不是静态地罗列研究对象国的相关信息，其目的不仅在于向人们展示研究对象国的信息，比较研究对象国之间的异同，更是要揭示异同背后的背景因素。换句话说，比较教育研究不仅要回答"是什么"（what）的问题，更要回答"为什么"（why）的问题。也正是基于这样的考虑，本书在国别研究中均单设一节专门考察各国教育扶贫政策的演进历程，在对各国教育扶贫政策背景进行全面考察与分析的基础上，以比较的视野归纳分析各国教育扶贫政策的主要特点。在演进历程方面，侧重于梳理第二次世界大战以来各个国家教育扶贫政策的发展走向，依据其不同时期的主要价值追求进行阶段划分。在重要主体方面，主要从官方主体和非官方主体两个层级进行相关探讨。在制度安排方面，着重分析各个国家教育扶贫政策的有关法律法规与战略计划。在政策特征方面，主要从教育扶贫政策的价值取向、战略理念、运行机制等维度进行整体性概括总结。总之，本书主要通过透视九国教育扶贫政策的演进历程，挖掘教育扶贫政策制定和实施主体，并解读教育扶贫政策的制度安排，宏观把握各研究对象国教育扶贫政策实施特征及其宝贵经验，特别是通过对九国教育扶贫政策进行相似性和相异性比较，提炼教育扶贫政策可资借鉴的国际经验，并对其未来可能变化的趋势进行思考预判，以期对国际教育扶贫政策有立体化的整体认识。

教育是一国发展之根本，教育扶贫是世界各国共同关注的热点问题之一。本书对九国教育扶贫政策在宏观层面上进行多维度比较，从中窥探出值得吸取的经验与教训，以历史的、发展的眼光看待问题，以一种多因素、多维度和多关系的方式对九国教育扶贫政策进行系统阐释，并对国际教育扶贫政策的未来发展趋势进行了思考和预测。当然，这种宏观层面的整体性、归纳性教育扶贫政策国际比较研究将有助于我们更加清晰地把握九国教育扶贫政策和实施的整体脉络，以期对教育扶贫政策的理论与实践研究贡献绵薄之力。

目 录

第一章 英国教育扶贫政策 … 1
- 第一节 英国教育扶贫政策的演进历程 … 1
- 第二节 英国教育扶贫政策的重要主体 … 6
- 第三节 英国教育扶贫政策的制度安排 … 11
- 第四节 英国教育扶贫政策的主要特征 … 26

第二章 美国教育扶贫政策 … 32
- 第一节 美国教育扶贫政策的演进历程 … 33
- 第二节 美国教育扶贫政策的重要主体 … 37
- 第三节 美国教育扶贫政策的制度安排 … 40
- 第四节 美国教育扶贫政策的主要特征 … 51

第三章 加拿大教育扶贫政策 … 53
- 第一节 加拿大教育扶贫政策的演进历程 … 54
- 第二节 加拿大教育扶贫政策的重要主体 … 57
- 第三节 加拿大教育扶贫政策的制度安排 … 59
- 第四节 加拿大教育扶贫政策的主要特征 … 66

第四章 澳大利亚教育扶贫政策 … 69
- 第一节 澳大利亚教育扶贫政策的演进历程 … 70
- 第二节 澳大利亚教育扶贫政策的重要主体 … 73
- 第三节 澳大利亚教育扶贫政策的制度安排 … 75

第四节　澳大利亚教育扶贫政策的主要特征 ················ 83

第五章　印度教育扶贫政策 ················ 86

第一节　印度教育扶贫政策的演进历程 ················ 87
第二节　印度教育扶贫政策的重要主体 ················ 92
第三节　印度教育扶贫政策的制度安排 ················ 97
第四节　印度教育扶贫政策的主要特征 ················ 112

第六章　巴西教育扶贫政策 ················ 116

第一节　巴西教育扶贫政策的演进历程 ················ 118
第二节　巴西教育扶贫政策的重要主体 ················ 123
第三节　巴西教育扶贫政策的制度安排 ················ 127
第四节　巴西教育扶贫政策的主要特征 ················ 139

第七章　墨西哥教育扶贫政策 ················ 144

第一节　墨西哥教育扶贫政策的演进历程 ················ 145
第二节　墨西哥教育扶贫政策的重要主体 ················ 149
第三节　墨西哥教育扶贫政策的制度安排 ················ 152
第四节　墨西哥教育扶贫政策的主要特征 ················ 161

第八章　南非教育扶贫政策 ················ 165

第一节　南非教育扶贫政策的演进历程 ················ 166
第二节　南非教育扶贫政策的重要主体 ················ 171
第三节　南非教育扶贫政策的制度安排 ················ 173
第四节　南非教育扶贫政策的主要特征 ················ 185

第九章　中国教育扶贫政策 ················ 189

第一节　中国教育扶贫政策的演进历程 ················ 190
第二节　中国教育扶贫政策的重要主体 ················ 197
第三节　中国教育扶贫政策的制度安排 ················ 200

第四节　中国教育扶贫政策的主要特征 …………………… 206

第十章　教育扶贫政策国际比较 ……………………………… 213

　　第一节　教育扶贫政策的国际相似之处 …………………… 213

　　第二节　教育扶贫政策的国际相异之处 …………………… 216

　　第三节　教育扶贫政策的主要国际经验 …………………… 219

　　第四节　教育扶贫政策的国际发展趋势 …………………… 223

结语　中国教育扶贫的世界意义 ……………………………… 228

参考文献 ………………………………………………………… 233

后　记 …………………………………………………………… 253

第一章

英国教育扶贫政策

英国是一个由多个岛屿构成的西欧联邦制国家。除本土以外，还拥有十四个海外领地，是一个以英格兰人为主体民族的多民族国家。教育作为英国经济重建和福利国家体系的重要组成部分，自然受到其政府的高度重视。英国因为历经多次移民浪潮而逐渐发展成为一个多元文化社会，因而针对不同群体的教育政策是否适切在某种程度上关系着一定时期整个国家的种族关系与社会状况，关乎着每个个体与社会的全面协调发展。英国的教育扶贫政策在国家现代化建设的进程中几经调整与变革，跟随社会制度的变化先后经历了不同的发展时期。

第一节 英国教育扶贫政策的演进历程

英国的福利国家现代化之路先后经历了"经典福利国家—福利国家紧缩—社会投资国家"三个发展阶段，社会福利观念也随之经历了从"普惠型福利"到"选择型福利"，再到"混合平衡型福利"的变化。教育作为社会活动的重要一环，其政策自然随社会政治经济背景的变化而有所变动。

一 初步发展时期（1945—1978 年）

人们常以"经典福利国家"（Classic Welfare State）指称 1945 年至 20 世纪 70 年代的福利国家，以费边社会主义（Fabian Socialism）和新自由主义（New Liberalism）为代表的集体主义思潮构成这一时期社会福利制度的理论基础。

　　费边社会主义者认为劳动阶级的贫困是因为资本主义私有制而造成的，只有将通过各种形式获得的金钱当作社会公共财富用到公共事业上才能消除贫困现象，即将工业和农业租金用来增进整个社会的福利。在教育问题上，费边社会主义者主张国家必须通过行政手段采取一系列特殊举措致力于让所有儿童，尤其是处境最不利群体的儿童都能享受到平等的教育服务，诸如通过增加对学校经费的拨款、免除学杂费，在有需要的地方设立各级各类技术学校与中等院校，设立奖学金激励制度等多重方式帮助家境贫寒而又勤奋好学的学生顺利完成学业。

　　新自由主义者对"消极自由""积极自由"作以区分。他们疾呼以积极的自由取代消极的自由，主张加强国家机器的宏观调控作用以在社会公共事务中扮演更关键的角色。新自由主义者认为积极的国家干预在不妨害自由的同时会保护个人自由，并为个人发展创造机遇。他们强调国家干预本身并不是目的，最终归宿仍在于确保个人自由。广泛存在的贫困现象是社会财富分配不均的结果，市场机制的缺陷要求国家在经济领域发挥更强大的作用。对于工业化进程中产生的贫穷问题，国家负有救助之责。

　　包括费边社会主义、新自由主义，以及后期的凯恩斯主义（Keynesian Theory）在内的这些带有集体主义色彩的社会主流思潮为英国福利国家制度的建立奠定了坚实的理论基础，并经由威廉·贝弗里奇（William Beveridge）转化为实际社会政策。1942年，在威廉·贝弗里奇爵士领导之下的委员会向英国政府递交了《贝弗里奇报告》（*Beveridge Report*），该报告第一次提出了在全社会建立全方位社会保障体系的福利国家思想，被视为福利国家的"奠基石"和现代社会保障制度建设的"里程碑"。其中将英国儿童的补助与教育问题置于首位，其所提议的国家三项基本战略任务中的第一项就是要求政府为所有15岁以下的儿童提供补助，抑或让所有16岁之下的儿童都能接受全日制教育。1944年，英国政府通过了以当时教育委员主席巴特勒名字命名的《巴特勒法案》（*Butler Act*），也称《1944年教育法》。按照

《巴特勒法案》，成立教育部取代教育委员会。教育部的职责是负责促进英格兰和威尔士人民的教育，并且促进致力于该目的的机构不断发展，还要确保地方当局在他的控制和指导下有效地执行国家政策，在每一个地区提供各种全面教育的服务。

《巴特勒法案》作为一项宏观教育政策，1945—1978年的经典福利国家时期，为英国的教育政策发展趋势确立了一个总体框架，"社会共同善"成为两大政党制定教育政策的核心伦理价值诉求。该法案确立了"国家体系—地方管理"的英国教育行政体制，加强了政府对教育事务的控制与领导权，"提供社会福利以一种必行的教育制度"[1]，最终的目的在于实现"最大多数人的最大幸福"这一共同目标，抑或"社会共同善"的美好夙愿。

二 失衡探索时期（1979—1996年）

1979年，玛格丽特·希尔达·撒切尔（Margaret Hilda Thatcher）当选首相，开启了保守党连续执政18年的政治奇迹，并带领英国步入"新右派思潮"（New Right）对社会福利制度产生深远影响的"福利国家紧缩"时期。

撒切尔政府对社会福利制度进行大刀阔斧的改革是由当时的社会现实背景决定的。客观上是因为政府主导型的福利国家建设进程因国内外的经济形势不佳而深受阻挠；主观上是因为社会主流意识形态因为凯恩斯主义的失灵而倾向于"向右转"已是趋势所在。"新右派思潮"旨在重新确立国家、市场与政治体制三者之间的平衡关系，并为撒切尔政府在全国范围内推行的社会福利制度改革提供有力的理论依据以及意识形态上的动力。撒切尔夫人在上台伊始就公然宣称要"埋葬工党的社会主义"[2]，并抛弃了两党之间达成的"社会民主主义福利共识"，在英国甚至整个西方世界发起一场向右转的运动[3]。由她带领的保守党政府在社会福利方面做出了一系列改革，如削减包括教育

---

[1] ［英］W. O. L. 史密斯：《英国的教育》，开明书店1968年版，第73页。
[2] 冉隆勃等：《当代英国：政治·外交·社会·文化面面观》，中国社会科学出版社1990年版，第62页。
[3] 阎照祥：《英国政党政治史》，中国社会科学出版社1993年版，第409页。

经费在内的社会福利支出、引入"准市场"机制、抑制对福利的依赖等，呈现的特征即福利国家后撤（Roll Back the State）、注重市场效率优先的政策导向，以及赋予家庭和个体更多的责任担当。

撒切尔政府所采取的这一系列行动均是为了重振英国的国家经济，其他社会政策也都服务于这个根本目标，教育政策自然也不例外，"在教育领域，人们开始意识到必须在增加公共开支以外寻找解决问题的其他办法"。① 由此，英国教育扶贫行动踏上新征程，主要表现在摒弃了"社会共同善"的价值取向，将"撒切尔主义"奉为圭臬，遵循"市场主导""效率优先"的原则，将教育福利制度从"普惠型福利"转向"选择型福利"。

三　全面推进时期（1997年以来）

从经典福利国家时期和福利国家紧缩时期两个发展阶段看来，各个执政党首要面临的重要议题就是如何平衡好效率与公平的砝码以振兴国内经济，并提供强劲的动力促进经济的持续增长。英国历届执政党针对这一议题采取不同的处理方式，并呈现出"钟摆现象"②，在教育领域亦是如此：首先，在经典福利国家时期，执政党在制定教育扶贫政策时深受民主主义社会思潮的影响，以《1944年教育法》作为基本框架，依据教育公正和社会协调理论，以教育活动的结构化改革作为战略侧重点，视"社会共同善"为基本伦理价值诉求，最终致力于谋求"社会公平"；其次，在福利国家紧缩时期，执政党在制定教育扶贫政策的过程中高举"撒切尔主义"的旗帜，以《1988年教育改革法》为原则，依据自由市场的原理，将教育的市场化改革作为战略侧重点，遵循"个体权利优先"的基本伦理价值诉求，致力于谋求"经济效率"。从结果来看，不同时期的教育扶贫政策都在一定程度上推动了英国教育福利事业的进展，当然两者也都存在一定的偏颇：前者在顾及"教育公平"的时候忽视了"教育效率"的要求，整体行动呈现出偏"左"的趋向；后者虽然顾及了"教育效率"，却

---

① ［英］玛格丽特·撒切尔：《撒切尔夫人自传：通往权力之路》，李宏强译，国际文化出版公司2009年版，第164页。

② 何伟强：《英国教育战略研究》，浙江教育出版社2014年版，第24页。

未能很好地兼顾"教育公平"的追求，呈现出偏"右"的倾向。尽快突破这种矛盾局势，协调好"左""右"之间的关系，平衡好"公平""效率"的政策砝码，是执政党面临的一个重要且难解的问题。1997年，新工党政府在执掌政权之后，超越传统的左右政治观念之争，在其"精神导师"——安东尼·吉登斯（Anthony Giddens）的带领下适时推出"第三条道路"（The Third Way）这一政治哲学主张。

吉登斯所提出的"第三条道路"思想和"社会投资国家"模式是新工党政府开展新一轮教育扶贫行动的重要理论支撑。"社会投资国家"这一概念最早也是由吉登斯本人提出的，他认为"社会福利应尽可能用于人力资本投资，而非直接用于维持生活。要以社会投资国家取代福利国家"。① 国家进行干预的合法性应从对生产力的投资和促进作用上来体现，在这之中公民也应承担一定风险与责任。与此理念相一致，社会正义委员会（Commission on Social Justice）也强调"应借由社会投资和机会的再分配，而非结果的公正去实现社会保障……国家应通过投资将经济与社会政策两者紧密结合起来"②。"第三条道路"思想最基本的立场就是挣脱左右之争的束缚，重构政府与市场之间的关系，兼顾"社会公平""经济效率"，它提倡一种积极的福利制度，将"社会共同善""个体权利优先"两者看似对立的价值观念有机统一起来，并反映在教育政策的变革之中。新工党政府旨在通过"投资于人"的方式来提高劳动力市场的灵活性以及经济竞争力，帮助贫困人口摆脱穷困与排斥的厄运，继而最终消除贫困、重建社会公正。

英国2010年的大选不同于以往，出现了自1974年以来的首个"悬浮议会"（Hung Parliament）。经过三大政党的激烈角逐与博弈，时任保守党党魁大卫·卡梅伦（David Cameron）最终出任首相。他所带领的政府同样选择了一条"中间道路"来行，即在强化自身意识形

---

① Anthony Giddens, *The Third Way: The Renewal of Social Democracy*, Cambridge: Polity Press, 1998, p.117.

② Commission on Social Justice, *Social Justice: Strategies for National Renewal*, New York: Vintage, 1994, p.97.

态——"新自由主义"的同时，又整合了"社会民主正义"思想。与此相应，"大社会"（Big Society）、"授权于民"（Empower to People）之类的政治宣言也很好地折射出新任政府兼顾"社会共同善""个体权利"的双重价值诉求。当然，这也是由当时局势所决定的，一方面，严重的财政赤字负担令政府不得不缩减社会福利项目支出并推崇"大社会"的治理理念；另一方面，社会的贫富分化引发了恶性骚乱事件，要求政府必须采取措施解决就业与贫困问题。基于此，沿袭前任政府既定的"第三条道路"成为卡梅伦政府难以绕开的一项选择。2017年7月，特雷莎·梅（Theresa May）获选新任首相，面临着经济全球化不断加深、国际竞争日趋激烈的新局势，加大教育投资、提高教育质量、推动教育公平，通过绩效评估提升教育投资的效益，获取在与其他国家人才与教育竞争中的比较优势再次成为新政府制定教育政策的出发点。

第二节　英国教育扶贫政策的重要主体

在英国福利国家建成之前，教育一直被视作某些阶层的特权，国家对教育事业采取不管不问的基本立场。因此，来自家庭、亲友或邻里等民间的自发力量，特别是教会体系成为当时提供教育服务的主导力量，而国家角色迟迟没有介入教育。对于广大贫民家庭而言，学校教育只是一种宗教慈善团体的救助与施舍，而不是一种作为普通民众应享有的基本社会权利。随着工业革命影响的不断深入以及"国家主义"思潮的兴起，英国逐渐意识到原有民间力量主导的补缺式教育，已经远远跟不上新形势下国家发展的需要，因而"国家"角色逐步以积极的姿态介入教育扶贫事业，并协同其他主体形成一致合力推动英国教育发展。

一　国家机器

《1944年教育法》，又称《巴特勒法案》，是英国教育发展史上极其重要的一部法案，该法案确立了英国初等、中等以及继续教育三阶段相衔接的教育制度，扩大了国民的受教育机会，并促成了中央与地方相结合、以地方为主的教育管理体制。由此，国家力量开始全面介入教育事务。在该法案的指导之下，英国政府撤销了此前设立的只具有行政督导责任的教育委员会，组建国家教育部负责统一领导管理全国的教育事务。与此同时，成立中央教育咨询委员会负责向国家教育部长提供相关教育咨询与建议。地方教育当局享有较大的教育行政管理权限，负责为本地区的学生提供初等、中等以及继续教育，且应向义务教育超龄者提供全日制教育和业余教育。[①]

在教育扶贫政策的制定过程中，英国议会扮演了重要角色，作为国家立法机关，英国议会在政策制定过程中的作用主要集中在三个方面：组织相关论坛就将要出台的政策进行辩论、推动教育政策的合法化进程、对政府的教育议案与教育活动进行调研并施加影响。另外，英国首相也能在教育扶贫政策的制定过程中发挥重要影响，这是因为首相本人的政治观点实质上反映了其所在团体的政治追求抑或利益诉求。英国首相所发挥的作用体现在决定教育扶贫政策的宏观导向、选取制定教育扶贫政策的实际执行者、对相关决议进行最后决策等方面。除此之外，政府的教育大臣、国家教育部的高级人员、专家学者，以及皇家督学团都在教育扶贫政策的制定过程中承担各自的重要职责。

在教育扶贫政策的实施过程中，中央政府主要依据相关法案并结合国内社会经济背景提供教育经费支持，对教育扶贫行动的实施进展进行调研评估以不断优化调整后期的教育政策，地方政府则配合中央政府负责教育扶贫政策的具体执行工作。如20世纪70年代，由于石油危机在世界范围内迅速蔓延，英国政府面临公共财政收入不断下降的严峻形势。在此情形下，撒切尔政府奉行货币主义政策，削减了包括教育公共经费在内的社会福利支出，改革了义务教育阶段的福利制度。21世纪以来，为了推动国家教育的均衡发展，英国改进了地方政府教育经费的投入机制、加大了对高需求学生的资助力度。

---

① 吴式颖：《外国教育史教程》，人民教育出版社2014年版，第540页。

二 市场力量

教育扶贫作为一项社会公共活动，仅靠政府的慈善之肩不可能承担所有的重任，且不当的教育扶贫政策还会引发一系列的社会矛盾，致使国家陷入财政危机、动力危机、社会道德危机、功能危机、合法性危机、效率危机等困境之中。因而英国政府十分重视在教育扶贫行动中引入市场机制，发挥多元治理的合力作用，这一行动始于撒切尔政府因严峻的经济形势对教育福利制度的改革。

在20世纪70年代撒切尔夫人执政期间，英国的经济危机接踵而至，福利国家建设顿时陷入一系列危机之中。"国家（政府）主导范式"的教育扶贫行动难以为继，"自由市场"的力量被推至前台，一场"市场（经济）主导范式"的教育改革行动由此开启。撒切尔政府主要通过三项措施将市场机制引至教育领域：第一项措施是扩大家长为子女择校的权利。保守党政府希望通过家长的自由选择来促进学校之间的适度竞争并发展多样化的办学模式。其最具代表性的招数是通过发放"教育券"（Voucher）将教育提供者的决定权让渡至消费者手中，政府要求学校定期发布办学公告，家长依据此类信息凭借手中的"教育券"选择希望子女就读的学校。第二项措施是增加地方学校的自主管理权限。《1988年教育改革法》正式将英国境内的教育行政管理体制确定为"地方学校自理"，日常运行中的人事与财务管理权力大多归学校所有，且各个学校都依照一定原则成立学校董事会负责内部事务决策、经费预算、教师薪资等方面的具体工作。此外，还有一项引人注目的"开放注册制度"（Open Enrollment），这是基于之前政府虽然赋予家长为子女选择学校的权利，但却由于地方教育当局的种种限制并未真正落实而推出的。实施此项制度后，任何地方教育当局都不得再采取措施限制学校的招生人数，每学年的招生计划皆由学校自行决定，直至招满计划人数。此外，中央政府也会依据学校在读人数划分财政拨款，以此来提高学校扩大招生数额的积极性。为进一步扩充学校的自治权，并在不同学校之间形成良性竞争机制，政府还专门创设了"直接拨款公立学校"，帮助其摆脱地方教育当局的控制。第三项措施是给予民间资本一定的参与权。教育作为一项社会公益事业，本身是一个很难私有化的领域。对此，执政党将"市场"的成分创造性地引至教育领域，推行"准市场"（Quasi-market）运行机制。此后，人们日渐使用"准市场"这一术语描述在福利事项中引进非官方决策与市场力量的特征①。

新工党政府在终结了保守党连续执政18年的局势后，并没有另起炉灶提出全新的教育政策，而似乎在市场化和私有化的道路上渐行渐远。"第三条道路"强调重新分配机会，具体到教育政策上，政府所要做的就是提供均等的教育机会与教育资源，然后再付之于市场化的竞争，即在"准市场机制"的运行过程中处理好教育公平与教育效率之间的关系。在1997年发布的第一份教育白皮书中，新工党政府就提出要寻求"新的合作伙伴"（A New Partnership），试图让更多的公私部门形成"伙伴关系"。1998年推行的"教育行动区"计划更是对这种倡导公私合作的"准市场机制"做出了最好的注脚。该计划旨在通过吸引社区家长、慈善团体、专业人士、企业界等民间力量共同参与教育品质的提升，充分反映了强调公私合作的"第三条道路"政策精神，借由政府与民间的合力通过各教育行动区对学生教育品质的提升来弥补特定地区在先天就学与就业机会上的不足。由此可以看出，在提供公共教育服务方面，新工党政府已经摒弃了老工党主张广设综合中学作为各地区义务教育福利提供方式的做法，有别于前任保守党时期强调通过教育选择权的保障来促进市场化机制。创办"自由学校"（Free School），是卡梅伦主政期间开放学校准入市场的全新教育举措，也是政府鼓励社会力量参与办学、为家长提供更多更优质的教育选择，兼顾教育公平与效率的重要战略决策。

此外，在教育扶贫政策制定过程中，相关利益集团为了切身利益或是公共利益也会不时对政府发出声音、提出要求，对政策的决议施以影响。具有代表性的利益团体包括带有强烈政治目的的社会团体、企业联合会、校长与教师组织、大众传媒等。

---

① ［英］杰夫·惠迪：《教育中的放权与择校：学校、政府和市场》，马中虎译，教育科学出版社2003年版，第3页。

三 社区、家庭与个体

英国政府在实施各级各类教育改革行动中,非常注重维护与社区以及家庭之间的积极合作关系,并在项目的推进过程中将这种理念显现出来。政府通过在各地成立"地方合作伙伴关系"的方式加强不同学校之间、学校与地方教育行政管理部门之间的深度合作。该组织的主要职责是对学校实施管理,主要作用在于协调各个学校依托学校协作网络平台进行沟通与交流,以更科学有效地解决共同问题,分享教育资源。为进一步提高教育质量,英国政府十分注重吸引学生家长参与教育事务,且在部分地区将其制度化:学校管理者从学生家长中挑选部分家校联络员负责学校与家长的沟通工作,以配合学校开展相关活动;建立家校联系制度,定期向学生家长提供教育咨询服务;加强与社区和其他教育机构的合作,面向家长开设家庭教育培训课程,以提高家长的教育能力。

对于个体而言,英国政府在实施积极的教育扶贫行动中强调要着眼于增进个体的知识与技能。新工党政府"不赞同以往单纯向贫困人口直接提供物质支持的做法,主张通过教育与培训计划从根本上提高并改善他们的技能与适应能力……教育和培训是提升个体适应或就业能力,培养个人对自身负责和独立精神的最重要的途径"[①]。因而通过教育与培训促使个体关键技能得到提高,从而创造出真正的向上流动机会,建成一个开放的、真正基于平等价值与个人才能的社会成了各届执政党的共同选择,旨在于借由"投资于人"的教育扶贫创举赋予个体更多的责任与担当,在建成公平社会的同时提高国家经济效率。总之,面对层出不穷的社会现实问题,英国各届执政党都清晰地认识到:仅凭直接"授之以鱼"的扶贫方式无法从根源上消除贫困现象,必须通过"授之以渔"的方式提升贫困人口的内生能力,增强个人竞争力从而最终脱贫致富。

---

① 江赛蓉:《英国教育福利制度的变迁及其启示》,《外国教育研究》2012年第7期。

第三节　英国教育扶贫政策的制度安排

执政理念的转变会影响到一个国家政治、经济、文化等方面的政策，教育事业也不例外。依照社会制度的变革，英国的教育扶贫政策在不同学段也经历了相应的变革，并在具体规定中得以显现。

一　法律法规

1944年，英国政府通过教育委员会提交的教育改革方案，通过《1944年教育法》确立了此后英国教育发展的基本政策框架。该法案对实施多年的"双轨制"加以改良设计，建立了统一完整的三级公共教育服务体系，并扩大教育投资比例，延长义务教育年限，确立了"普惠型"的义务教育福利制度。此外，法案还对改进学校的福利设施做了相关规定，"以一种必行的教育制度"① 提供社会福利。

1976年出台的《种族关系法》（*The Race Relation Act*）是英国政府解决种族关系问题的基本依据，法案明确要求取缔在教育、就业、卫生等领域的非法歧视行为。依据此法案，英国政府专门成立了种族平等委员会，致力于消除在各个领域存在的种族歧视现象，确保人人享有平等的机会以推动种族关系的良好构建。法案还授予该委员会广泛的职权负责审查种族关系法的具体执行情况。② 2000年，新工党政府对此法案加以修订，赋予学校和地方教育当局推动种族关系平等的法定职责。在要求种族平等委员会提供具体指导方针的同时，法案还要求教育标准局负责监督具体进程。

英国政府针对特殊儿童出台的《1981年教育法案》（*Education Act* 1981）重新识别了教育服务对象，提出向学习存在严重障碍、无法正常接受教育服务、5岁之前未接受特殊服务会对后续学习产生影响的学习者提供资助，进一步明确了教育扶贫的目标。1995年出

---

① ［英］W. O. L. 史密斯：《英国的教育》，开明书店1968年版，第73页。
② 高靓：《英国少数民族教育政策的特点分析》，《民族教育研究》2004年第4期。

台的《身心障碍歧视法案》(Disabilities Discrimination Act)则重点关照特殊大学生,并要求高等教育拨款委员会(Higher Education Funding Council)以及高等教育机构(Higher Education Institutes)为特殊大学生提供学习支援服务,保障特殊学生接受高等教育的正当权利。

在《2011年教育法》(Education Act 2011)中,卡梅伦政府在第一款条文中就对儿童早期教育的相关问题作了明确说明。相较于《2006年儿童保育法案》(Childcare Act 2006),该法案进一步下放了教育权利,规定每周向处境不利儿童(2—4岁)免费提供15小时早期教育的责任由地方当局承担。此外,法案的第七部分强化了政府对青少年16岁之后的教育与培训工作的干预力量,要求相关部门首先向16—18岁的未成年人、19—24岁的无家可归者,以及残障人等特殊群体提供继续教育与培训的机会,旨在于为弱势群体后期的工作与生活提供切实的制度保障与财力支持。

二 战略规划

在基本法案的指导之下,英国历届政府均依据社会现实背景适时勾画出各自富有针对性的教育宏图,以推动不同地区、不同群体之间教育的均衡发展。

(一)教育发展规划

"教育,教育,还是教育"是布莱尔执政伊始就着力强调的战略侧重点,这一方面是由于他充分认识到教育在解决保守党遗留下来的高失业率与严重社会分化问题中的独特作用,因而将教育视为平衡经济效率与社会公平这一核心矛盾的最佳手段;另一方面该口号也折射出新工党政府对于国家教育质量问题的担心,尤其是对较为突出的两极分化教育现象的忧虑。据英国教育标准局(OFSTED)的调查显示,"整体而言,国家的学校教育水平在不断提高,但弱势群体学生的学业成就水平与平均水平之间的差距却扩大了。贫困、权力剥夺、地位低下是致使低期望、低学业标准,以及社会隔离出现的重要原因……落后地区的学校问题重重,如果要脱离这一困境,唯一的办法就是赋予学校超越它们能力范围之外的真实扶持力量"①。基于此，新工党政府宣布"从今往后的教育政策不再仅是围绕少数学生，而是着眼于多数学生，将对学生学业成就低下的现象实施'零容忍'政策。教育薄弱地区以及薄弱学校将成为政府实施教育改革行动的关键突破口"②。

20 世纪 90 年代，与布莱尔政府同时期的克林顿政府正如火如荼地开展着"新经济"建设运动，并取得了令人瞩目的成绩，布莱尔政府也由此对其表现出极大的兴趣。布莱尔曾多次明确提出"在资本和技术流动的世界里，人是关键资源，是人类的智慧、能力和技巧带来了不同"③。他认为"教育是现有的最佳经济政策"④。基于此，新工党阵营在连续三届的政治大选中都将教育列为首要任务。在 1997 年的英国大选中，新工党以"新工党：因为英国应该更好"（New Labour：Because Britain Deserves Better）为竞选纲领，在长达 5 页的前言中提出："我认为英国可以而且必须变得更好：更好的学校教育、更好的医疗、更好的处理犯罪，建设现代福利国家，跻身于新世界经济强国。"⑤ 由此可知新工党政府的雄才大略在于将英国打造为新世界经济强国，而教育则被视为实现这一宏伟目标的首要途径，被工党政府列为"头等大事"（The Number One Priority）。2001 年英国大选，新工党亮出的竞选纲领标题为"英国的雄图大略"（Ambitions for Britain），其仍将教育视为政府的第一要务，它将教育篇章的主题定为"教育——工党的第一优先"（Education—Labour's Number One priority）。2005 年英国大选，新工党的竞选纲领题为"英国：前进而不是

---

① 贺武华：《英国"教育行动区"计划改造薄弱学校的实践与启示》，《教育科学》2012 年第 6 期。
② 汪利兵：《公立学校私营化：英国教育行动区案例研究》，《比较教育研究》2001 年第 1 期。
③ ［英］托尼·布莱尔：《新英国：我对一个年轻国家的展望》，曹振寰等译，世界知识出版社 1998 年版，第 149 页。
④ ［英］托尼·布莱尔：《新英国：我对一个年轻国家的展望》，曹振寰等译，世界知识出版社 1998 年版，第 81 页。
⑤ Labor Party General Election Manifesto 1997-New Labor, *Because Britain Deserves Better*, London：Labor Party, 1997, p.1.

后退"(Britain：Forward Not Back)，教育政见被单独列为一个章节，其标题为"教育：让更多的孩子达到规定标准"(Education：More Children Making the Grade)。新工党在竞选纲领中再次重申，"教育仍然是我们的头等大事"①。

2003年，英国政府发布《每个孩子都重要：为孩子而改变》(*Every Child Matters：Change for Children*)绿皮书报告，旨在促进各个服务部门向所有孩子提供其成长所需的帮助与支持，确保全国青少年教育工作达到"保持健康、保证安全、愉快成长、有所贡献、保障经济"这五大目标。毋庸置疑，保障每位学生的健康与安全且最大限度地开发学生的潜能自然成为学校教育工作的基本目标与任务。在促进教育公平方面，该报告强调要着重关注处境不利学生群体的健康成长，包括18岁以下的贫困儿童、残疾儿童、父母离异儿童、收养或被福利院照顾的儿童，以及吸毒或有不良行为的儿童等。政府为此制订相关计划向需要帮助的儿童及青少年提供经济保障与其他支持，促进儿童全方位的整合式发展以为其终生幸福奠定基础，同时努力缩小不同群体在各方面发展的差异。

2007年12月，布朗政府发布了一份针对0—18岁儿童事业与基础教育发展的十年规划——《儿童规划：建设更美好未来》(*The Children's Plan：Building Brighter Futures*)，旨在"将英国打造成世界上最适合儿童与青少年成长的地方"②，并规定在2020年之前，要达成让90%的学生在19岁之前5门普通中等教育证书考试(GCSE)成绩均合格（取得同等成绩）的目标。为确保这一目标的顺利实现，布朗政府于2008年6月推出了"国家挑战"计划。

2010年，卡梅伦政府在竞选纲领中将"早期教育""中小学教育"议题置于"改变社会"(Change Society)的篇章，将"技能教育与高等教育"议题放置在"改变经济"(Change Economy)这一篇。

---

① 2005 Labour Party General Election Manifesto-Britain, *Forward, Not Back*, London: Labour Party, 2005, p. 5.

② DCSF, *Children's Plan：Building Brighter Futures*, London: DCSF Publications, 2007, p. 3.

对于中小学教育，政府将促使"确保开端计划"坚持"干预儿童"这一初衷，更积极有力地参与支持家庭的行动并着重关注最需要支持的家庭。保守党的态度是——"我们将提高所有学生的教育水平并弥合贫富学生之间的成绩差距……完善学校制度是我们创设更加公平的机会和解决不断下降的社会流动性的最重要的事情……贫富学生之间的成绩差距也在不断拉大，与其他国家相比我们落后了，为了下一代，我们不能再这样继续下去……我们将把目前只属于少数幸运者的教育优惠带给更多的儿童。这些优惠包括：安全的教室、优秀的专业教师、最好的课程和考试，以及便于老师记住孩子姓名的小班与学校。""学校改革方案是我们扶贫战略的一个重要组成部分，这就是我们将首要任务确立为在国家最贫困的地区建立新学校的理由所在。我们将把这些新学校办成教育水平薄弱地区的标杆学校。我们想让每位孩子都能获益于我们的改革行动。教育的真正力量在于其可以改变生活，我们不能继续给最贫困的孩子最差劲的教育。这就是我们要实施学生奖学金，给家境不好的孩子更多资助的原因所在。我们将结束意识形态上的偏见，以最高规格支持、照顾最容易受到伤害的儿童，将有特殊教育需要的儿童纳入主流学校。"对于技能教育与高等教育，保守党认为："经济的不断发展滋生了许多有高技能要求的工作岗位。英国每年有成千上万的年轻人毕业时没能掌握足够的技能，我们要参与国际角逐就需要大幅度提高英国的劳动力技能。我们不能接受我们下一代人没有工作和单纯依赖救济度日。我们将让来自不同背景的年轻人能公平接受大学教育、获取职业和好工作。"[①]"给您的孩子提供最美好的生命开端"是保守党政府在 2015 年的竞选纲领中关于教育政见内容的总标题，为了实现这一宏伟愿景，保守党确立了多项具体行动计划，诸如在最贫困地区设立学生奖学金和为婴儿提供免费食品、完善对有特殊需要和残疾青少年的优先支持和改革儿童收养制度、扩大贫困大学生的招生比例和设立国家研究生贷款制度等。

---

① The Conservative Partyconservative Party, *Conservative Manifesto* 2010—*Invitation to Join the Government of Britain*, London: Conservative Party, 2010, pp. 51-53.

(二) 国家技能战略

新工党政府着重强调"技能"问题的重要性，在其执政期间对于"教育与培训"这项福利改革倾注了巨大精力，并出台大量相关政策文本。发行于1997年的《学会竞争：14—19岁的教育与培训》（*Learning to Compete: Education and Training for 14-19 Year Olds*）白皮书正式把增进儿童的关键技能作为政府工作的一大重心。1998年2月，由教育与就业部发布的绿皮书——《学习时代：为了新英国的崛起》（*The Learning Age: A Renaissance for New Britain*）强调建立面向所有人的终生学习体系的重要性与紧迫性。在此基础上，教育与就业部又于次年发表了《学会成功：关于16岁以后学习的新框架》白皮书，旨在"构建一种新的学习文化，以夯实国家竞争力与个人成功的基础，鼓励创造和革新并帮助建立一个全纳社会"①。并提议成立学习与技能委员会（Learning and Skills Council）、创建帮助16岁以后学习成功的框架、提高继续教育质量、加强对年轻人的职业技术培训、为成人提供终身学习机会、鼓励工商企业成为学习型组织等。为了保证白皮书中的有关设想得以更好地落实，2000年新工党政府出台了《学习与技能法》，从而以法律的形式将其予以确立。新工党政府在短短三年内，就连续完成了从绿皮书到白皮书再到法案的一整套"组合拳"，从而为此后几年英国的教育与培训部改革提供了基本的政策架构。

2003年出台的《21世纪技能：实现我们的潜能》（*21st Century Skills: Realising Our Potential*）被视作"国家技能战略"（National Skills Strategy）白皮书。实施"国家技能战略"的目的是"确保雇主拥有助其成功的合适技能劳动力，又确保学习者个体具有就业与自我实现所需的技能"②。具体而言，新工党政府旨在实现三大目标："第一，提高英国的生产率和人民的生活质量。第二，通过帮助人们获得

---

① DfEE, *Learning to Succeed, A New Framework for Post-16 Learning*, London: DfEE Publications, 1999, p.6.

② DfES, DTI, HM TREASURY, DWP, *21st Century Skills: Realising Our Potential*, London: The Stationery Office, 2003, p.11.

技能以使其在私人、公共和志愿部门从事高效工作，并为其提供所需的物质和服务，来建设更美好的社会。第三，帮助个人获得与发展技能，以支持其持续就业、更好的生活报酬以及为社区作出更大的贡献。"① 从上述目的与目标可以看出，"国家技能战略"兼顾了社会与个体的双重目标。它一方面旨在推动社会经济发展，另一方面则是为了提高个体的生活质量服务。2009年11月，英国创新、大学与技能部（BIS）大臣彼得·曼德尔森（Peter Mandelson）向国会提交白皮书——《以技能求增长：国家技能战略》（*Skills for Growth：The National Skills Strategy*），并在序言中写道："技能是我们经济复苏计划的关键组成部分，也是我们迫切的挑战。我们国家的前途维系在受过良好教育、积极进取且有合适技能的人民手中，这种技能是全球知识经济中的现代工作所必需的。技术性人才更富生产力、创新性，而且他们将建设更加坚实的业务。"②

（三）儿童保育战略

新工党政府坚持认为帮助低收入家庭的孩子接受高质量的早期教育"可以成功地打破贫穷在代际之间的恶性循环"③，因而将早期儿童教育与保育（Early Children Education and Care）视作其社会国家投资战略体系的重要一环。自1997年开始，新工党政府在早期儿童服务的发展与投资上掀起了一场"静悄悄的革命"（Quiet Revolution）。④ 1998年5月，教育与就业部大臣大卫·布伦基特（David Blunkett）携手社会保障、妇女部（Social Security and Minister for Women）大臣哈丽特·哈曼（Harriet Harman）向国会递交"应对儿童保育挑战"

---

① DfES, DTI, HM TREASURY, DWP, 21*st Century Skills：Realising Our Potential*, London：The Stationery Office, 2003, p.17.
② BIS, *Skills for Growth：The National Skills Strategy*, London：The Stationery Office Limited, 2009, p.2.
③ 刘焱：《英国学前教育的现行国家政策与改革》，《比较教育研究》2003年第9期。
④ A. Bertram and C. Pascal, *The OECD Thematic Review of Early Childhood Education and Care：Background Report for the United Kingdom*, Worcester：Centre for Research in Early Childhood, 1999, p.42.

(Meeting the Children Challenge) 文案,① 这是英国政府有史以来第一次针对儿童早期教育问题所作的国家经费与政策支持承诺。全国儿童保育战略也由此成为政府支持家庭与儿童的重要组成部分。"国家儿童保育战略"(National Childcare Strategy)即是新工党政府在"应对儿童保育挑战"框架指导下所采取的行动策略,该战略的基本承诺是促进儿童的良好发展,向家长(特别是母亲)提供公平的机会,以及支持家长兼顾好工作和家庭生活。其确立的五年目标是:新建100万个新托儿所、2万个课后托儿服务项目、6万个儿童保育新工作,并将福利救助名单上的救助家庭减少25万户。政府鼓励与地方教育当局、福利救助机构、教育慈善机构以及当地培训和企业理事会等展开合作,政府声称将为全国儿童保育战略提供4.7亿英镑。"确保开端计划"(Sure Start Programme)是新工党政府投资启动的另一项重大计划,该计划投资4.25亿英镑、针对0—3岁幼儿的项目,各类健康、教育和社会服务专业人士将为贫困地区的家庭和幼儿提供综合服务。

2001年英国大选,新工党在其竞选纲领中明确指出:"一个孩子生命的最初几年是至关重要的,这就是我们加倍投资于早期教育的原因所在。"② 2004年12月,相关部门联合推出"家长的选择与儿童最好的开端:儿童保育十年战略"(Choice for Parents, the Best Start for Children: a Ten Year Strategy for Childcare)行动计划,明确提出政府有义务"帮助儿童及其家长应对现在的,以及未来可能发生的各项挑战,确保所有儿童在其生命之初都能拥有最美好开端……此项战略行动致力于促进英国公民的终身发展、提高民众家庭生活质量,并推动国家经济的持续繁荣"③,并规划了未来十年间儿童保育的战略目标:

---

① 何伟强:《新工党执政时期英国学前教育改革述评》,《全球教育展望》2011年第12期。

② 2001 *Labour Party General Election Manifesto-Ambitions for Britain*, London: Labour Party, 2001.

③ HM Treasury, Department of Education and Skills, Department for Work and Pensions, Department of Trade & Industry, *Choice for Parents, the Best Start for Children: a Ten Year Strategy for Childcare*, London: DfES Publications, 2004.

更积极地支持家长平衡工作与家庭责任的关系；所有家庭均能获得儿童保育服务，且在一定程度上满足某些家庭的特殊需求；提供世界一流的儿童保育服务质量；所有家庭都能负担起适合儿童发展的高品质保育服务。

2011年4月，英国教育部（Department for Education）携手工作和养老保障部（Department for Work and Pensions）发布《削减儿童贫困的新方法：解决致贫成因和改变家庭生活》（*A New Approach to Child Poverty: Tackling the Causes of Disadvantage and Transforming Families' Lives*）白皮书，这也是英国政府第一次从国家层面的高度出台专门针对贫困儿童的战略行动计划书，明确了在2011—2014年度政府削减儿童贫困的目标与路径。基于此，卡梅伦政府在随后的四年间不断加大对儿童早期教育的财政支持力度，为低收入家庭子女提供教育资助。据2013年的统计数据显示，这一行为的直接获益儿童已从原先的20000名扩充至130000名，① 与此同时，政府还以"早期干预拨款"（Early Intervention Grant）的名义向执行"确保开端计划"的儿童中心提供资助。2014年6月，卡梅伦政府再次发布了意在减少儿童贫困的《2014—2017年儿童贫困战略》（*Child Poverty Strategy* 2014-2017）白皮书，并以此确定了2014—2017年度儿童早期教育的支持计划。

三 支持计划

（一）学前教育

"儿童贫困"（Child Poverty）与"贫困代际传递"问题一直是阻扰社会全面发展与进步的主要症结所在，因而英国政府高度重视儿童早期教育问题，在赋予法律保障的基础上，实施了一系列扶助计划。

《2014—2017年儿童贫困战略》确立了2014—2017年儿童早期教育的支持计划，主要内容包括：第一，政府继续坚持为所有3—4岁儿童免费提供每周15小时的早期教育服务；第二，额外划拨7.6亿英镑的教育基金向2岁儿童免费提供每周15小时的早期教育福利，

---

① 何伟强：《英国卡梅伦政府化解社会治理困境之教育福利政策》，《浙江外国语学院学报》2016年第3期。

每年大约将有260000名2岁儿童（占到所有2岁儿童的40%）获益于此政策；第三，在2015—2016年推行"学前儿童奖学金"（Early Years Pupil Premium）计划，帮助3—4岁贫困儿童度过美好童年；第四，提高学前教师专业资格水平和地位，启动优秀毕业生支教计划，为最贫困地区输送大批优秀幼儿教师；第五，简化学前教育课程，减少官僚形式主义，为贫困地区的儿童发展和未来学习提供支持；第六，为从事5岁以下儿童教育工作的教师提供专业支持，从而让其提供最有利于儿童发展的早期干预。[①]

（二）基础教育

基于政府执政理念的转变以及教育发展不均衡的现状，英国于20世纪末期着力改革基础教育，并采取了一系列行之有效的措施。

1."教育行动区"计划

1997年7月，政府发布《追求卓越的学校教育》（Excellence in Schools）行动计划书，明确规定"2002年之前，政府要出台教育行动区计划，将质量不佳学校与落后地区纳入行动体系，以帮助教育质量低下的学校以及学业成就不佳的学生摆脱困境"[②]。在此框架指导下，执政党改变了前任保守党政府直接向公立学校拨款的做法，推出"教育行动区"（Education Action Zone）计划，借由《1998年教育法》（1988 Education Act）的颁布广而行之。

"教育行动区"计划立足于不让一所学校失败、不让一个孩子掉队的目标，对严重薄弱的公立学校进行改良和重塑。其大致做法是：在相对落后贫困的地区集中15—25所学校，就这些学校的教育管理权进行公开招标，由当地诸多相关机构与部门组成一个联合体，向中央教育主管大臣提出申请，以接管教育质量不佳学校。[③] 这一行为的目的是通过转移教育管理权利，吸引其他外界力量参与教育薄弱地区

[①] HM Government, *Child Poverty Strategy* 2014-2017, London: UK Government Publications, 2011, p.38.

[②] DfEE, *Excellence in Schools*, London: DfEE Publication, 1997.

[③] 贺武华：《英国"教育行动区"计划改造薄弱学校的实践与启示》，《教育科学》2012年第6期。

学校管理与运作的日程,借助先进的教育管理思路与经验提高这些学校的办学质量①。

政府一般在学生学业成就低下的城镇和乡村设立教育行动区,并予以政策支持:课程方面,教育行动区的学校可以不受国家课程标准的束缚,依据当地实际需要自主设计课程。可以采取更为灵活自由的授课方式,激发学生的学习兴趣,降低学生逃课逃学率,提高学生的基本读写算术水平。人事方面,教育行动区的学校可以不受现行国家教师聘任条例的约束,通过提供丰厚待遇吸引优秀的领导者担任薄弱学校的校长,并聘任更多富有经验的教职人员充实一线教学团队,增强师资力量。资源方面,政府鼓励各教育行动区的伙伴学校通过切实可行的合作机制实现校舍、图书和设备等方面的资源共享。经费方面,政府在基本预算之外每年向每个教育行动区追加25万英镑的额外拨款,并鼓励行动区的学校从工商业界筹集一定的配套资金②。

通过"教育行动区"计划的实施,英国贫困地区的薄弱公立学校的办学条件、教学质量、管理水平等都得到了很大提高。据2007年的官方统计数据显示,"英国年轻人在GCSE考试中有五门以上(含英语和数学在内)取得良好成绩的人数相比1997年多出68000名以上;薄弱或失败学校的数目显著减少(由1998年的524所减少为2007年的245所)等"③。

值得一提的是,新工党政府在实施"教育行动区"计划的过程中有一个配套方案,即"从头开始"(Fresh Start)计划。在行动中,当一所学校有超过30%的学生在GCSE测试中有5科成绩都未达到C时,这所学校就被列为"失败学校"(Failing School),必须暂时停止运行并被纳入"从头开始"方案之中,由地方教育当局和地方教育行动区委员会决定由民间企业、宗教团体、家长团体或志愿组织来接手

---

① 王艳玲:《"教育行动区"计划——英国改造薄弱学校的有效尝试》,《全球教育展望》2004年第9期。
② 杨军:《英国促进基础教育均衡发展之政策综述》,《外国教育研究》2005年第12期。
③ DCSF, *Promoting Excellence for All-School Improvement Strategy: Raising Standards, Supporting Schools*, London: DCSF Publications, 2008, p.3.

经营。可见，新工党把民营精神融入了学校经营之中，倡导以一种标准导向的政策思维和绩效管理的运作方式来引导公私合作。《2002年教育法》（Education Act 2002）的问世，进一步落实了民间力量对于学校经营的参与。法案明确规定，凡经由教育标准局评定后无法达标的学校，就可以考虑由私人企业或志愿团体接受经营，并连学校的校名与管理团队一律替换。可见，新工党为了达到教育标准，不惜将市场机制"残酷"的淘汰规则引入公立学校的经营之中。这也说明"新工党在后福利国家时代的教育政策已经逐渐向商业化靠拢，而这过程中，国家、教育市场、政党、私人企业、宗教团体、志愿团体、社区、家长、学生等不同阶层和团体均在新工党政府一连串的教育政策主导下，渐渐融入强调竞争的市场特性、重视学科成绩表现与效率经营的概念中"①。

2. "追求卓越的城市教育"计划

长期以来，英国的私立学校大多位于郊区或乡村，这些学校往往拥有丰富的教育资源并提供卓越的教育质量，为少数精英阶层服务。而公立学校大多位于社会底层与少数民族聚居的城市或大都市的内城区（Inner City），其在师资、教学以及学生学业成绩等方面都无法匹敌私立学校，因而"城市教育"在某种程度上也用以指称英国薄弱学校。布莱尔首相曾谈及"英国长久以来的城市教育标准实在是太低了……政府应采取更为直接有力的措施解决城市学校中学生学业成就低下的问题；应努力让家长对城市学校能够培养出有抱负、高成就的学生而怀有信心"②。基于此，新工党政府于1999年3月推出"追求卓越的城市教育"（Excellence in Cities）计划。

该计划强烈谴责内城区学校质量低下和经营失败问题，并承诺将立即采取措施做出改进，致力于增进家长和有进取心的学生对城市学校的信心。计划包含四个核心主题，即对每个学生抱以高期待、提供

---

① S. Ball, The Teacher's Soul and The Terrors of Performativity, Journal of Education Policy, 2003, 18（2）：215-228.
② 阚阅：《促进教育均衡发展的新举措——英国"追求卓越的城市教育"计划评析》，《全球教育展望》2004年第9期。

多样化教育、构建学校网络系统、将成功的机会扩展至每所学校①，最终目的在于通过实施一系列改革行动有效改善薄弱学校的管理质量，提高学生的学业成绩，促进教育的均衡发展。大致有三种做法：一是变革学校的运作方式。通过在每个地区建立地方伙伴关系组织（Local Partnership）加强校际间、学校与地方教育当局间的交流与合作。通过伙伴关系形成的学校协作网络分享彼此的成败经验，共享教育资源。二是建立学生发展支持体系。增设学习辅导员（Learning Mentors）岗位，帮助清除学校内外影响学生有效学习的各种阻碍，为学习存在困难的学生提供特殊服务以减轻授课教师的压力，从而为他们留出足够的时间与精力投入面向全体学生的教学工作之中；设立学习支持单元（Learning Support Unit），即为边缘学生按照其特殊需求制订独立的短期教学支持计划，并予以个别指导，帮助他们尽快融入班级群体；建立城市学习中心（City Learning Centre）为伙伴学校的师生以及临近社区提供丰富多样的活动。三是提供多样化的教育方式。如天才学生（Gifted and Talented）发展计划，为每一所中学前5%或前10%的天才学生提供校外支持学习，帮助他们取得更高学业成就；通过实施"大学暑期学校"等一系列计划为他们创造更为广阔的发展条件；创设更多的"专门学校"（Specialist School）满足不同学生在不同学习阶段的兴趣与需求。②

3. "国家挑战"计划

在"伦敦挑战"（London Challenge）中，英国首都的薄弱学校得到了成功改造，学生的学业成就水平明显得到提升。"国家挑战"（National Challenge）计划正是由此而来，实质上就是"伦敦计划"在全国的推广。"国家挑战"计划的战略目标是在2011年之前，使英国每所中学中至少有三成学生的5门GCSE考试（必含英语与数学）成绩达到A*—C③。围绕这一目标，该计划为改造薄弱学校提供了全方

---

① DfEE, *Excellence in Cities*, London: DfEE Publications, 1999.
② 杨军：《英国促进基础教育均衡发展之政策综述》，《外国教育研究》2005年第12期。
③ DCSF, *National Challenge: A Toolkit for Schools and Local Authorities*, London: DCSF Publications, 2008, p.1.

位的支持，制定了一系列新举措：第一，强调校际间的合作帮扶关系，依托改善网络（Improvement Networks）平台引导优秀学校对薄弱学校施以改造行动。第二，政府为薄弱学校配备"国家挑战顾问"并提供为期20天的支持性服务，参与学校的各项改革事宜。第三，出台激励政策，鼓励并支持优秀教师到"国家挑战学校"任教。第四，创建半市场运行机制的公办民营学校、国家挑战信托学校等改善贫困社区的教育环境①。政府为此投入4亿英镑的资金用于对学校教师（尤其是英语与数学教师）与管理人员进行全面的培训，以提高其教学水平与管理能力，并要求在培训过程中使用最新的教育大纲，对学生的学业成绩进行测验与评估。其资金的具体分配情况参见表1-1。

表1-1　　"国家挑战"计划经费分配（2008—2011年）

单位：亿英镑

内容	经费数量
"国家挑战"项目顾问	0.2
对地方性的教育领导与管理的支持	0.2
对教师、教学、学习的支持	1.0
对学院的支持	1.95
基金	0.65

资料来源：http://www.dcsf.gov.uk/nationalchallenge/downloads/7715-National%20ChallengeWEB.pdf，2009-12-10。

"国家挑战"计划作为改造薄弱学校的重大举措，成为"教育行动区"计划与"追求卓越的城市教育"计划的有益补充，它们共同遵循"公平而卓越"的"第三条道路"理念，旨在确保"教育公平"的基础上实现"教育卓越"，亦即旨在"让每一所学校卓越，让每一个儿童成功"。

---

① 张济洲：《"国家挑战"计划——英国政府改造薄弱学校的新举措》，《外国中小学教育》2008年第10期。

(三) 高等教育

英国为提升自己的文化影响力和国际地位，同时受欧洲教育一体化的影响，也在不断采取措施提升高等教育入学率，并对来自低收入家庭的学生提供支持以助力其顺利完成学业，最终推动国家高等教育事业的不断发展。

1. 学生贷款计划

《1990年教育（学生贷款）法案》规定50岁以下的英国全日制大学生均可向政府申请贷款，政府可向生活在伦敦区域的全日制大学生提供115万英镑的3年无息贷款。学生在毕业后的第一个4月开始归还贷款，具体数额视毕业生经济情况而定。若毕业生的收入在全国人均收入85%以下，可以推迟偿还日期。若是发生意外（比如申请者死亡），或年龄超过50岁或贷款时间超过25年，则一笔勾销所贷款项。此外，政府每年向地方教育机构划拨1500万英镑的经费，用作保证贫困家庭学生接受高等教育的特别困难基金。贷款计划执行之后，当时高校实行的助学金制度被取消，全日制的大学生也不再享受收入支持或社会福利等待遇[①]。

2. 先上学再付费

在学费支付上，英国采用的是"先付学费再上学"的学费支付制度。但有些低收入的家庭不能承担这笔费用，再加上高等教育学费的不断增长，更让不少优秀学生望而却步。为了解决这一问题，英国政府从2006年起实施了"先上学再付费"的新制度，规定学生在毕业之后当年收入超过15000英镑时再按照税收制度以9%的比率扣除，以分期付款的方式支付大学学费。与此同时，政府针对家庭经济困难的学生给予减免学费的支持，比如规定向家庭年收入低于2万英镑的学生减免1100英镑。[②] 这些行动均在一定程度上缓解了学生因无钱支付高额学费而辍学的压力。2010年10月，英国政府发布《布朗尼报告》，报告认为高等教育应该免费，从而为学生如何学习以及在什么

---

① 杨义萍：《撒切尔政府的教育改革政策》，《西欧研究》1990年第3期。
② 陈时见、覃丽君：《世界教育改革概览》，高等教育出版社2014年版，第21页。

地方学习提供多样化选择。报告还建议提高学生还款的最低标准,即当年工资达到25000英镑时再开始按比率还款(见表1-2),同时报告的资助建议还包括简化生活贷款制度、提高低收入家庭学生的补助金、用政府补助金取代高校最低助学金等内容。但是,报告针对国家的实际财政能力又提出相关补充建议,比如对于工读学生而言,只有当其学习强度达到全日制学生的1/3时才能获得学费支持。

表1-2　　　　　　　　　学生还付贷款额　　　　　　　　单位:英镑

毕业生年收入	月平均还款额		周平均还款额	
	总收入	还款额	总收入	还款额
0	0	0	0	0
21000	1750	0	404	0
25000	2083	30	481	7
30000	2500	68	577	16
40000	3333	143	769	33
50000	4167	218	962	50
60000	5000	293	1154	68

资料来源:John Browne, *Securing a Sustainable Future for Higher Education in England*, https://www.gov.uk./governmen/uploads/system/uploads/attachment_data/file/31999/10-12-8-securing-sustainable-higher-education-browne-report.pdf, 2017-06-17.

第四节　英国教育扶贫政策的主要特征

英国作为世界上最早发展起来的老牌资本主义强国,在其工业化发展进程中出现了贫困人口基数庞大、社会贫富分化突出等一系列问题。为了解决这些问题,英国政府率先开始了漫长的社会福利制度建设的探索之路。教育扶贫作为社会福利的重要一环,在处理教育公平问题,调节不同群体的特殊教育需求,继而提升整体社会福祉等方面具有不可替代的作用。伴随着英国福利国家现代化进程之中社会福利政策的变革，其教育扶贫政策在指导思想、主导力量、价值取向、内容安排等诸多方面也经历了相应的变革，这里对英国教育扶贫政策的发展特征做一总结，以期对当前区域教育发展不均衡、个体教育机会不公平、儿童贫困代际传递等现实社会问题进行些许思考。

一 "社会共同善与个体权利平衡"的价值取向

不同历史时期教育扶贫政策的伦理观价值取向体现了不同教育扶贫主导力量所倡导的核心伦理精神。与教育扶贫主导力量变革的趋势相应，英国教育扶贫政策的意识形态和价值取向总体上呈现出从两极趋向中间发展的态势。具体而言：

经典福利国家时期，英国社会的主流思潮集体向"左转"，以费边社会主义、新自由主义与凯恩斯主义为代表的集体主义社会思潮主张"国家干预主义"，强调倚赖政府这只"有形的手"来解决社会不公问题，最终实现"社会共同善"的价值诉求。《1944年教育法》作为一项宏观教育政策，集中体现了崇尚"平等""保障"的"社会共同善优先"的核心伦理精神，它为经典福利国家时期英国教育扶贫政策的发展确立了一个总体框架。在此框架指导下，英国政府一方面面向全体儿童推行"中等教育综合化"带有"普惠型"取向的义务教育福利制度结构性改革；另一方面则实施了按照"积极的区别对待"原则建立"教育优先区"、为在校（贫困）儿童提供免费牛奶和膳食等"补缺型"教育扶贫举措。其最终目标是为了实现"最大多数人的最大幸福"这一美好夙愿。

福利国家紧缩时期，伴随着福利国家危机的出现，倡导"国家干预主义"的集体主义社会思潮开始黯然失色，取而代之的"新右派思潮"渐成主流，"新右派思潮"既吸收了"新自由主义"思想元素，主张运用市场机制，实现自由经济的目标，同时又融入了"新保守主义"的思想元素，主张通过强大的国家来维护市场秩序，使社会经济运行更有效率。与之相应，"市场至上主义"渐趋成为保守党政府教育福利改革的关键指导思想。教育福利提供者的国家角色后撤、注重市场效率优先的政策导向、赋予家庭和个体更多责任担当等举措带有鲜明的"市场取向",其中投射出了崇尚"选择""自主"的"个体权利优先"政策伦理观价值意蕴。《1988年教育改革法》作为保守党政府教育福利改革顶层设计的集大成者,更是对"个体权利优先"伦理精神的最好诠释。

社会投资国家时期,保守党政府连续18年推动的"市场至上主义"教育福利改革,大大削减了教育福利开支,提高了教育效率,但是却忽视了教育公平,造成了社会贫富分化矛盾的加剧。出于更加务实的考虑,新工党上台执政以后,创造性地提出了"第三条道路"政治哲学主张,它将老工党推崇的"国家干预主义"思想和保守党的"市场至上主义"思想巧妙地结合起来,将国家力量主导的"社会共同善"价值取向和市场力量主导的"个体权利"价值取向两种看似对立的观念有机地统一了起来。

就卡梅伦政府而言,卡梅伦上台之初正好处于后金融危机时间节点,其面临着焦头烂额的经济状况,2011年爆发的"青少年群体骚乱事件"更是投射出卡梅伦政府的政治伦理和社会治理困境。由此决定了卡梅伦政府在很长一段时间内难以跳出新工党政府遗留的"第三条道路""社会投资国家"的政治经济理念框架,而继续遵从"社会共同善与个体权利平衡"的伦理价值取向。

二 "国家—市场—家庭"多元一体的扶贫力量

"福利三角理论"(Welfare Triangle Theory)的代表人物——罗斯(R. Rose)认为:"在现代社会中,家庭生产的福利、通过市场买卖获得的福利、国家提供的福利三者相加等于福利的总量。"[①] 家庭、市场以及国家共同构成一个福利整体。在此基础上,伊瓦思(A. Evers)将福利三角的分析框架置于社会、政治、经济和文化的情境中作了进一步发展,他将三者具体地解构为对应的组织形式、投射的价值意蕴和内生的结构关系,如表1-3所示。

---

① 彭华民等:《西方社会福利理论前沿:论国家、社会、体制与政策》,中国社会出版社2009年版,第1页。

表 1-3　　　　　伊瓦思的福利三角：组织、价值和关系

福利三角	组织形式	价值意蕴	关系结构
国家	公共组织	平等、保障	行动者与国家的关系
（市场）经济	正式组织	选择、自主	行动者与（市场）经济的关系
家庭	非正式/私人组织	团结、共有	行动者与社会的关系

资料来源：A. Evers & H. Wintersberger, *Shifts in the Welfare Mix：Their Impact on Work, Social Services and Welfare Policies*, Bloomington：Campus Verlag, 1990, pp. 7-30.

依据伊瓦思的这一分析框架考察英国教育扶贫政策的变革历程，可以非常清晰地梳理出其内在的历史演进逻辑。在英国福利国家建成之前，教育一直被认为是某些阶层的特权，国家对教育事业采取不管不问的基本立场。因此，来自家庭、亲友或邻里等民间的自发力量，特别是教会体系成为当时提供教育服务的主导力量，而国家角色迟迟没有介入教育。对于广大贫民家庭而言，学校教育只是一种宗教慈善团体的救助与施舍，而不是一种作为普通公民应享有的基本社会权利。19 世纪之后，随着工业革命影响的不断深入和"国家主义"思潮的兴起，英国逐渐意识到原有民间力量主导的补缺式教育，已经远远跟不上新形势下国家发展的需要，因而"国家"角色逐步以积极的姿态介入教育福利事业。第二次世界大战结束后英国第一届政府按照《贝弗里奇报告》的有关建议开始了福利国家体系的全面建设，自此英国开始步入了经典福利国家时期。《1944 年教育法》是"国家（或政府）主导范式"教育福利改革的顶层设计，它的问世标志着国家力量开始全面加强对教育的领导与控制。而撒切尔上台后，面对国内经济危机以及因福利制度而引发的一系列社会危机，展开了福利国家紧缩的社会福利改革，"自由市场"的力量被推向前台，一场"市场（或经济）主导范式"的教育福利改革也由此开启。1997 年，布莱尔的上台终结了保守党连续执政 18 年的政治格局。面对保守党遗留下来的高失业率和贫富差距持续扩大的社会问题，在撒切尔执政期间兴起的融家庭（民间）力量、国家力量、市场力量于一体的"多元力量混合型范式"的教育扶贫模式日渐发展起来，并在后续卡梅伦政府

执政时期得以存续，"国家、市场、家庭"多元融合教育扶贫主体成为后福利时代英国教育福利改革的主导力量。

三 "以教育阻止儿童贫困代际传递"的战略理念

"'教育'与'贫困'在微观与宏观层面均存在关联。"① 从微观（个体）层面来说，教育水平低下、知识技能准备不足容易使个体或家庭陷入贫困，而陷入贫困的个体或家庭由于教育投资能力有限，又直接影响其子女的教育资源与教育结果，使贫困在代际之间循环往复。从宏观（社会）层面来说，妨碍阶级流动的教育结构化制度安排、区域或校际之间教育资源与质量的不均衡等都不利于弱势群体改变贫困现状，而弱势群体无力脱贫的状况同样又会间接地形成代际循环。正是因为"教育""贫困"之间存在如此密切的关系，所以英国历届政府都高度重视将教育扶贫视作破解儿童贫困代际传递问题的根本途径，"对弱势群体及其子女进行教育扶持，才能保证源头活水，从而在根本上解决贫困与弱势问题"②。

在英国，有不少政客与学者关于贫困产生的原因存在争论，而争论的焦点大体集中于：到底是微观层面的个人懒惰原因所致，还是宏观层面的社会经济结构不合理所致。关于这一问题的不同回答，决定了英国政府在不同历史时期教育扶贫的实践方式有所不同。具体表现在：在经典福利国家时期，英国政界总体上倾向于认为贫困源于社会经济结构不合理，因此其强调国家干预，旨在通过社会资源的二次分配来实现"社会共同善优先"的价值目标，似乎有点"劫富济贫"的意味。与此相应，这一时期在工党主导之下，围绕"人人可以公平接受中等教育"这一目标，开始了艰难曲折的中等教育综合化改革行动，这一改革旨在破除传统"三轨制"教育结构制度设计的不合理。

同时，针对教育落后地区实施的"教育优先区"计划，针对贫困儿童的补缺性教育福利举措等都是倾向于从宏观层面解决教育不公平的问题。在福利国家紧缩时期，英国政界总体上倾向于认为贫困源于

---

① Philip Robinson, *Education and Poverty*, London: Routledge, 2012, pp.24-25.
② 余秀兰：《社会弱势群体的教育支持》，中国劳动社会保障出版社2007年版，第4页。

个体懒惰或家庭责任缺乏,因此其又转向强调市场调节,旨在通过市场机制激活个体抱负与家庭责任担当来体现"个体权利优先"的价值目标,似乎又有点"助人自助"的味道。与之相应,这一时期在保守党主导之下,开始了"市场化(或私有化)"的教育扶贫行动,其最大的转变就是把关于教育公平的理解从社会学意义上的"阶级间入学机会的平等"转向个体意义上的"个人间追求教育成就的平等",在实践方式上也从宏观层面转向微观层面。在社会投资国家时期以及卡梅伦执政时期,英国政界总体上又倾向于认为贫困既有个人层面的原因又有社会层面的原因,于是其又转向主张国家干预与市场调节两者相结合,强调家庭、国家、市场多元力量的混合介入,最终实现"社会共同善与个体权利平衡"的价值目标,似乎又有点"政府扶持,自助为主"的感觉。与之相应,该时期英国政府既从宏观层面解决地区教育不均衡、薄弱学校教育质量低下、弱势群体子女的社会排斥问题,又试图从微观层面去激发每个儿童的教育潜能,从"追求教育成就的平等"进一步"迈向有差异的教育平等",[①] 将教育扶贫从"授之以鱼"的消极福利视角转向"授之以渔"的积极福利视角。

---

① 倪小敏:《从阶级分析到经验的社会学研究——范式转换视角下英国基础教育公平研究的进展》,《浙江社会科学》2012 年第 1 期。

第二章

美国教育扶贫政策

美国是一个典型的多民族国家,在937万多平方公里的土地上分布着3.24亿(2017年)的人口,除却原住民族印第安人,其余多是移民,且白人移民族群更是占总人口的70%左右①。1925年,伊斯雷尔·赞格威尔(Israel Zangwill)在《熔炉》一书中曾谈及"东方与西方、南方与北方、棕榈树与松树、伊斯兰教与基督教……光荣的美国,所有的种族与民族都来此淘金并期盼着未来……"②,史学家赫尔曼·梅尔维尔也直言"美国人的血管里流淌着世界各族人民的血液"③。他们都将美国民族的百纳图描述得淋漓尽致。

美国的贫困程度又如何呢?据官方资料显示,比尔·克林顿(Bill Clinton)当政期间,美国的平均贫困率达到11%。在2008年,这一数字升为13.2%,也是在同一年,自美国华尔街爆发的国际金融危机,导致经济的大衰退接踵而来,及至2012年11月,美国人口统计局的数据显示国家的平均贫困率已攀升至16%,这一数据表明有超过4360万的美国人民深陷贫困的泥淖,且大约20%是美国儿童。美国的贫困率因种族、年龄、教育水平不同而有所差异,也随着经济、社会和人口等因素的变化而改变,不过从始至终占比最高的贫困群体都是未成年的非裔美国人。不同种族和民族间不平等的经济状况时刻

---

① 吴明海:《中外民族教育政策史纲》,中央民族大学出版社2006年版,第133页。
② 史静寰:《当代美国教育》,社会科学文献出版社2001年版,第277页。
③ [美]埃里克·方纳:《新美国史》,齐文颖、林江译,北京师范大学出版社1998年版,第79页。

第二章　美国教育扶贫政策

挑战着美国机会平等的目标和理想。虽然在20世纪后半期，对这一问题的解决取得了长足进步，但进程坎坷，不够深入。大部分基于民族、种族差异并得到法律认可的公然歧视已经消除，但公共政策和习惯做法仍然对不同种族和民族区别对待，少数族裔依然处于弱势地位。而且，在教育、住房及劳动力市场方面习惯性歧视阴霾不散，依然限制着少数族裔充分享受各种机会的权利。凡此种种，均向美国政府的反贫困之举发出了挑战。

美国人历来将教育视为阶级流动的工具，依据美国教育理念，充分且平等的教育是保证美国人民获取充足生存资料的必要条件，是促进美国持续繁荣的重要支撑。然而，基于多民族的国情，美国教育发展很不均衡，少数民族的教育远远落后于主流民族的教育，这有悖于其提倡的教育公平理念。20世纪50年代民权运动的爆发，唤醒人们重视弱势群体受教育权益的意识。由此，美国历届政府开始出台一系列教育扶贫政策以促进美国弱势群体教育的发展。

第一节　美国教育扶贫政策的演进历程

20世纪中叶以前，尽管美国各州以颁布义务教育法并着手建立大批免费公立学校的做法赋予公民平等的受教育权，但优势群体仍是牢牢把持着教育的多数权力，遭受不公平待遇的群体自20世纪50年代开始不断向联邦政府以及州政府施加压力，并提出教育公平的法律诉讼。他们以学校为主要阵地开展民权运动（Civil Rights Movement），力图争取自己的应有权利与社会地位，并随着历史的发展进程不断提出更高级的教育追求与理想。

一　初步酝酿时期（1962—1979年）

1962年，学者迈克尔·哈林顿（Michael Harrington）提出"贫困文化理论"，以此为契机，政府开始推进反贫困文化运动。当时（1964年）20%的美国人生活在贫困标准线下，其中非裔美国人占据贫困人口的50%以上[①]。在《另一个美国：美国的贫困状况》（*The Other America: Poverty in the United States*）一书中，迈克尔·哈林顿指出飞速发展的美国经济将社会"分裂"成"富人国""穷人国"，特别是质量低下的教育使贫困者的处境更为不利，并代代传递下去。基于此，时任总统约翰逊（Lyndon Baines Johnson）提出了"向贫困宣战"（War on Poverty）的口号。

"向贫困宣战"运动致力于通过行政立法、福利补贴、提高办学质量等手段解决贫困问题。教育由此成为消除贫困的重要渠道，成为穷人破解贫穷诅咒的关键工具。1963年，联邦政府出台《职业教育法案》（*Vocational Education Act of* 1963）以及《人力发展与培养法案》（*Manpower Development and Training Act*）这两部法律，要求政府资助职业技术教育和成人培训工作。随后的《经济机会法案》（*Economic Opportunity Act of* 1964）提出在全国推行职业队计划以及"开端计划"（Project Head Start），后者曾在国内引起巨大争议。1964年，联邦政府还颁布了《民权法案》（*Civil Rights Act of* 1964），其中规定在就业与学习方面不得以任何借口对个体施加歧视行为，并提供帮助学区废除种族隔离制度的援助资金。次年出台的《初等与中等教育法》（*Elementary and Secondary Education Act of* 1965，ESEA）规定每年抽出10多亿美元教育经费向青少年提供优质平等的学校教育。在此基础上，联邦政府于1966年和1967年扩充了教育资助范围，并发展了英语掌握欠熟练儿童计划、印第安儿童计划、移民工人儿童计划等。法院也通过采取强制学校对口支援、重新分配教师与学区等措施开启了推动种族融合的进程。

至20世纪70年代，联邦政府不断推出法令政策确保社会弱势群体的正当受教育权利，尤其是在多元文化发展的国际大背景之下推广了移民教育与双语教育，并组建教育部以改革教育管理体制。各类致力于实现教育机会均等目标战略决策的实施，有效地推动了美国不同

[①] Maris A. Vinovskis, *The Brith of Head Star*, Chicago: The University of Chicago, 2005, p.6.

种族与阶层间的教育均衡发展，扩大了弱势群体的受教育机会，抑制了各学区间贫富差距的进一步扩大。

二 全面推进时期（1980—1999 年）

基于新自由主义理念的教育改革行动至 20 世纪 70 年代开始出现不断退落的趋势，伴随而来的是 1980 年里根总统迎来的保守自由主义，由该理念指引的教育改革行动重视标准与问责的重要作用，在注重教育公平的基础上开始强调教育质量。

1987 年，美国经济再次遭遇滑坡，两大阵营的候选人为了赢得选票都将教育视作拯救国家经济的关键，其中布什（George Walker Bush）凭借"教育将是最有力的经济纲领"的口号成功当选美国总统，由其领导的执政党在 1989 年 4 月—1991 年 4 月间先后发布《1989 年教育优秀奖励法》《美国 2000 年教育改革法案》《美国 2000 年教育战略》（American 2000: An Education Strategy）组合拳法案，提出教育是国家兴亡的关键因素，并规定了美国教育发展的六大战略目标以及四步战略策略。[①] 时至 1992 年，在新一轮的大选中，威廉·克林顿（William Jefferson Clinton）承诺他将为美国民众带来一套真正的教育改革方案[②]。在克林顿任期内，其所颁布的《改革美国学校法》（Improving America's Schools Act, IASA）、《学校到就业机会法》（School to Work Opportunities Act）以及《2000 年目标：美国教育法》（Goals 2000: Educate America Act）系列法案，直接促使美国社会与公民的教育理念发生转变，从强调教育数量平等转向强调质量平等。

三 砥砺奋进时期（2000 年以来）

历经 20 世纪 80—90 年代的教育质量改革，美国开始实行国家宏观调控与地方积极参与相结合的教育政策；并从过去单一强调教育机会均等或提升教育质量转而追求优质教育平等。

2000 年的总统大选中，教育依然被两党视作赢得选票的主要阵

---

① 张燕军：《美国教育战略研究》，浙江教育出版社 2013 年版，第 17 页。
② Marls A. Vinovskis, *From a Nation at Risk to No Child Left Behind: National Education Goals and the Creation of Federal Education Policy*, New York: Teacher College Press, 2009, p. 61.

地。共和党主张提高学术标准,缩小学生教育差距,增加教育选择机会,允许各州在一定范围内自行实施恰当的教育计划;民主党则主张加强学业成就测试,提高贫困地区的教师待遇等。最终,布什当选总统并于2002年1月签署了《通过绩效责任、灵活性和选择缩小学业成就差距,不让一个孩子掉队法案》(*To Close the Achievement Gap with Accountability, Flexibility, and Choice, So That No Child Is Left Behind*)(以下简称《不让一个孩子掉队法案》),此举也是美国义务教育由数量公平转为质量公平的重要转折。

2008年,奥巴马(Barack Hussein Obama)总统在就职后依然将教育改革置于重要地位,坚信"为所有儿童提供优质教育对美国未来而言有着重要的战略意义……这种教育可以帮助受教育者在知识与经济的全球化竞争中获得成功"。[1] 因而对教育予以更多重视,以扶助弱势学校与学生的发展为实现教育公平的突破口,延续并开发了多项资助项目,致力于让所有学生都享有优质均等的教育服务。

2016年11月,特朗普(Donald Trump)当选美国新任总统,他所主张的教育政策继续秉承了美国历届总统注重教育公平的原则,并提出更应关注教育公正。他对降低标准提高少数族裔与黑人学生入学率这类教育扶贫政策持否定态度,认为这样的做法有损其他群体学生的正当利益,反而使基于公平目的考量的教育政策制造出不公平的结果并形成"逆向歧视"的现象,因而提出应当保护教育平等与公正而非是公平。这种"白人至上"的民粹主义观念使特朗普政府的教育政策在追求教育公平之路上迷雾重重,难以让不同群体学生在教育层面上获得真正意义的平等与公正。[2] 此外,追求"全面优异"教育也是特朗普政府的战略蓝图,其涵盖"全体优异""全方位优异""全面保障优异"三部分内容,旨在通过提供各项教育资助促使所有学生都能获得全面的成长与发展。

---

[1] Obama Education Policies, http://usliberals.about.com/od/education, 2010-11-02.
[2] 段世飞、辛越优:《教育市场化能否让美国教育更公正与卓越》,《比较教育研究》2017年第6期。

第二节　美国教育扶贫政策的重要主体

美国实行中央和地方分权管理的行政管理体制，在教育领域即直接表现为教育事务由联邦教育部统筹规划协调，州和地方自主推行。这种地方化的教育管理方式难免造成各地教育发展的不均衡，以致影响整体教育扶贫进程。为改变这种状况，提高教育的质量和公平性，联邦政府不断介入教育扶贫事务，并逐渐形成"政府主导、社会参与、民众评判"的扶贫机制。美国教育扶贫目标的实现有赖于全体社会成员长期共同的努力。

一　联邦政府

美国联邦政府对教育的行政管理，主要体现为其联合国会通过政府部门、相关机构，以及其他政策措施对全国的教育事业进行资助、指导与调控。在国家一级与教育相关的机构有教育部、劳工部与内务部等。除此之外，国家科技基金会等20多个联邦机构也会参与国家教育事务。国家教育部的责任在于：保证所有学生享有平等的教育机会；为各州和地方的教育活动提供必要支持；吸引更多公民、家长，以及学生参与联邦教育项目；通过督导评估工作提升美国教育质量。[①] 20世纪80年代以来，联邦政府不断加强对国家教育事务的干预与影响，因此，国家教育部在教育扶贫政策的制定与实施、推动教育均衡发展方面的作用越来越积极，在联邦政府中的地位也愈加凸显。

在教育拨款方面，罗纳德·里根（Ronald Wilson Reagan）在其任职期间主张减少包括教育领域在内的联邦政府公共项目开支，扩充州和地方管理国内事务的权力，推行"新联邦主义"（New Federalism）教育计划。而面对当时国内教育发展的现实问题，专家学者建议实施绩效评价与问责制度将有助于缓解教育质量日益低下的问题，并消除种族之间的不平等。由此，里根政府于1981年成立国家优质教育委

---

① 吴文侃、杨汉清：《比较教育学》，人民教育出版社1989年版，第109页。

员会,并委任其对美国义务教育进行全面考察,考察报告《国家处在危机中:教育改革势在必行》详尽细致地描绘了美国教育质量低下的现状,且重点强调必须加强联邦政府在教育财政资助方面的责任。《2000年目标:美国教育法》系列法案再次明确了联邦政府在教育经费方面的主要责任,厘清了联邦政府与地方政府的权责关系,构建了国家统一教育目标下的教育改革架构,确保所有学生都能享受优质公平的学校教育。《不让一个孩子掉队法案》进一步强化了联邦政府在教育扶贫行动中的宏观调控作用。在对弱势群体学生的资助方面,奥巴马政府简化了联邦财政援助的申请环节,并加大了资金补助力度。而特朗普在其执政期间,则主张将市场自由竞争机制引入教育领域,倡导简政放权,通过"地方化"改革限制联邦政府的作用。

二 州、地方政府

美国各州和地方政府的教育行政管理部门在国家教育行政管理工作中发挥着不可替代的关键作用。从传统意义上讲,州和地方政府的教育行政与联邦政府的教育行政之间是平等协商的关系。虽然联邦政府不断通过立法与拨款对地方政府的教育行政加以干涉,但各州和地方政府仍然掌握着本地教育行政管理的主要职权。各州和地方政府主要依据各自宪法、立法机关以及司法机构的相应要求,通过教育行政机构和监管人员对教育事务进行调控与监督,并提供必要帮助。教育委员会和州教育局构成地方一级的教育行政机构,前者负责教育决策,后者负责决策的具体执行。

在州一级的教育经费方面,发生于1971年的"塞拉诺诉普里斯特案"(Serrano v. Priest)使社会各界都意识到美国境内富饶学区与贫困学区之间的不平等状况亟待解决与改善,且美国儿童的教育质量取决于整个州际的财政运行状况。美国学校的财政改革之路就此开启,各州纷纷推行一系列改革行动缓解学区间教育资源差距过大的压力。改革的主要措施是增加州政府在教育财政分担中的比例,并在经费分配过程中对低收入学区予以适度倾斜,扩大弱势群体的受教育机会。这场改革运动使学区划拨的教育经费首次在三级财政分担比例中低于

50%，州教育经费资助从1970年的39.9%增加至1980年的46.8%[①]。

《不让一个孩子掉队法案》也主张确保各州和地方的教育自主权，并实施绩效问责制度。然而，由于该法案只提供了教育标准的制定框架，并未详细规定各州的标准，因而各州的教育现实依然差距巨大。为解决此问题，奥巴马政府提倡各州制定普适性教育标准，注重促进学生的全面健康发展。以《改革蓝图》为标准，联邦政府推出了"卓越攀登"（Race to The Top）计划，鼓励各州根据此标准建立新的评价制度，引导课程和教学的开发。倡导自由竞争、推动教育地方化改革则是特朗普政府的教育特色，也是其"小政府、大市场"治理理念的集中显现。在教育标准方面，特朗普政府否定了之前推行的在全国建立统一标准的教育计划，主张各地个性化办学。

三 社区、学校与家庭

《美国2000教育战略》指出教育诞生于家庭、学校与社区，由此扩展了教育场所。奥巴马政府倡导"公平问责制"（Fair Accountability），该制度也将学校列为问责的主体，并主张对落后教育学区或州进行问责。因而美国教育战略的实现，离不开社区、学校与家庭的鼎力支持。

奥巴马总统在2015年提出关于社区学院免费的建议，他认为应为美国社会培养更多高素质的专业人才以应对未来激烈的全球竞争。社区学院应像高中一样普遍免费以减轻日益加重的大学生贷款负担[②]，这样的学院在多个州内已经开始运行，芝加哥城市学院（City Colleges of Chicago）就是典型之一。社区学院旨在为当地重点行业培养专业技术人才，并与大学进行合作以帮助优秀学生完成更高的学业追求。

美国一向强调公立学校就近入学的原则，由于就近入学原则致使教育选择权受到损害，美国为此实施了鼓励择校的政策，学生凭借发

---

① Ravitch, D., *The Troubled Crusade-American Education*, 1945-1980, New York: Basic Books, 1983, p. 89.

② The President Proposes to Make Community College Free for Responsible Students for 2 Years. https://www.white-house.gov/blog/2015/01/08/president-proposes-make-community-college-free-responsible-students-2-years, (2015-01-08) [2016-07-27].

行的教育券（School Voucher）既可以自行选择所要就读的学校（需获得政府的认可），也可换取与券值等额的教育经费。此项制度增加了弱势群体学生的教育选择机会，在操作层面上体现了公平民主的教育理念。依托择校政策，美国办学方式发生了巨大变革，并发展出多种类型的学校，如磁石学校（Magnet School）、特许学校（Charter School）、家庭学校、私立学校就是其中的经典代表。其中，家庭学校就是一种特殊类型的私立学校，是指对学校教育活动不尽满意的学生家长通过向地方政府提交申请，不再将子女送入学校，而改由自己设计课程并对子女进行教育。目前，家庭学校的规模不断壮大，已成为美国众多择校行为中增长最快的一种。

第三节 美国教育扶贫政策的制度安排

美国联邦政府高度重视弱势群体在各个阶段的受教育权益，并为此制定一系列教育扶贫政策，采取全方位扶贫措施，以提高贫困人口的受教育水平，继而推动社会经济发展。

一 法律法规

美国国会于1944年通过《退役军人重新适应法》（Serviceman's Readjustment Act），规定由联邦政府供给退役军人入学者以学费和生活费，有力地促进了教育的发展。联邦最高法院在1954年否决了学校教育中针对黑人学生与白人学生实施已久的"分离但平等"的原则，规定学校不得以任何理由实行种族隔离制度。这两项措施对后期的美国教育扶贫行动产生了积极的影响，且相关法案日益完善。

联邦政府于1965年出台的《初等和中等教育法》极具社会意义与价值，它是美国历史上第一部补偿性教育法案，开启了美国教育扶贫的新纪元。法案要求联邦政府向地方政府划拨专项教育经费以满足特殊群体学生的受教育需要，尤其是通过补偿项目向贫困落后地区的学生提供教育资助与服务，以扩大全国学校中贫困、低成就儿童的受教育机会并促进美国教育机会均等。法案有三部分内容直接涉及向贫困地区提供教育支持：① 其一是要求联邦政府向全国贫困学区提供补充教育经费并向贫困家庭的儿童提供补偿教育；其二是要求政府向贫困学区划拨专项教育经费以提升学校的办学条件；其三是授权联邦政府成立辅助教育中心，提供向弱势群体学生进行补偿教育的示范性案例。

进入21世纪以来，《初等和中等教育法》以新的名字出现，即《不让一个孩子掉队》。该法案是对1965年ESEA的最新认可，要求实行绩效责任制，帮助所有儿童（尤其是处境不利者）提高学业标准，奖励成功帮助弱势群体学生获得进步的学校②；强调弱势群体儿童与其他同龄人享有平等的择校权，并要求政府切实解决弱势群体儿童与主流社会儿童之间的教育差距问题③。此外，帮助英语语言运用欠熟练的学生达到英语流利水平、提高夏威夷原住民和阿拉斯加儿童的受教育机会依然是法案的重中之重。

2007年，在争取《不让一个孩子掉队》法案重新获得核准的会议上，布什总统强调他强烈反对在美国社会中存在教育差距，不同群体学生之间学业成就不等并不符合美国的国家利益，《不让一个孩子掉队》法案正在试图弥合这一差距，并为美国的教育改革提供了巨大推力。④ 相关资料显示这一法案在推进美国教育均衡发展过程中成效显著，"2007年，美国四年级和八年级学生的数学与阅读成绩得到了全面的提升。其中，八年级学生的数学成绩创历史新高，四年级学生的阅读和数学成绩均创历史新高。在四年级学生的阅读成绩中，非裔学生与白人学生之间的学业成就差距达到历史新低。四年级与八年级的非裔学生也取得了数学方面的最高成绩"⑤。2009年，奥巴马总统对此法案予以

---

① 生兆欣：《〈初等与中等教育〉与美国联邦政府教育角色的变迁》，《比较教育研究》2009年第3期。
② 傅林：《美国21世纪教育改革蓝图NCIB述评》，《当代教育科学》2006年第15期。
③ 隗峰：《试析"不让一个孩子掉队"法案的事实与发展》，《外国中小学教育》2007年第12期。
④ Remarks from President Bush on No Child Left Behind, http://www.dakotavoice.com/200704/2070413/-2.html, 2017-11-23.
⑤ 马健生、白华：《基础教育区域均衡发展研究——大都市比较的视角》，北京师范大学出版社2016年版，第24页。

充分的肯定，仅对部分内容做了适当调整。其他诸如《1994 美国教育改革法》（*Improving America Schools Act of* 1994）、《2004 残疾人教育法》（*Individuals with Disabilities Education Improvement Act of* 2004）等法案均为美国教育的公平发展提供了制度保障。

二 战略规划

（一）早期开端计划

自 1965 年起，依托《经济机会法案》，旨在对贫困家庭的儿童施以免费早期教育的"开端计划"在美国境内推行开来。后续的《开端计划法案》（*Head Start Act of* 1981）要求联邦政府每年至少划拨 10.7 亿美元的专项基金资助此项计划顺利实施。在此基础上，联邦政府又于 1995 年出台《早期开端计划》（*Early Head Start Program*），对针对 3 岁以下处境不利儿童的相关服务标准作了详细说明。《2007 开端计划入学准备法案》针对计划实施过程出现的问题做出一系列新规定，涉及调整入学准备目标与学习标准、提高教师队伍的专业化水平、规范监测项目等内容。2009 年 2 月，联邦政府为刺激国内经济发展出台《美国复苏与再投资法案》（*American Recovery and Reinvestment Act*），计划在 2009—2019 年投资 7870 亿美元用于教育培训、卫生保健、税收减免等国家事务，其中用于学前教育的资金高达 50 亿美元，主要用于儿童早期教育，包括实行"自主儿童早期开端计划"、资助弱势群体、强化师资培训、提高学前教育质量等[1]。

此外，为保障弱势群体儿童在成长的早期能够接受高质量的保育与教育服务，奥巴马政府还创设了"早期学前教育挑战基金"（The Early Learning Challenge Fund，ELCF），旨在为优质儿童保育与早期教育、孕妇以及其他一系列"0—5 岁服务"提供必要的经费资助，同时也要求各州提供与联邦政府拨款相匹配的资助。[2] 该基金通过"质量途径经费"（Quality Pathways Grants）和"发展经费"（Development Grants）两种途径，为各州早期教育提供帮助，奖励各州在儿童早期

---

[1] The American Recovery and Reinvestment Act of 2009, http://www.recovery.gov/Pages/default.aspx, 2017-12-23.

[2] 乔鹤：《奥巴马教育新政解读》，《比较教育研究》2009 年第 9 期。

教育领域的成功改革，推动各州形成高度一体化的教育系统。

（二）卓越攀登计划

经过20世纪末期的教育改革，美国学生在基础教育阶段的学业成绩仍是不尽如人意。为提高美国学生的学业成就水平，提升基础教育质量，并推动基础教育的均衡发展，奥巴马总统在其上台之后推出了"卓越攀登计划"这一竞争性拨款项目，设立43.5亿美元的"卓越攀登基金"，以鼓励各州积极推行教育改革项目，提升学生的学业成就。① 计划对各州提出了四点要求：第一，提高学业评价标准，对传统的测试内容与方法加以改进。促进各州联合开发适用于全国的统一学业评价标准，对学生的知识与技能进行综合评价。且评价的指向在于促进学生的未来学习能力以及职后工作能力发展。第二，创建全国学生学习资料的数据库，用以检测学生的学业表现，并提供反馈信息促使教师改善教学活动。第三，吸纳优秀校长与教师。贫困地区缺乏优秀的师资力量是教育教学质量难以提升的直接原因。"卓越攀登计划"非常注重发挥卓越教育工作者在教育活动中的天然优势，通过绩效评估和提供专业支持鼓励优秀校长与教师在贫困地区任教，提高贫困落后地区学校中的优秀师资比例。第四，改进薄弱学校。联邦政府授权各州政府对表现不良的学校施加干预，改善其教育教学质量。在计划推进过程中，联邦政府以巨额教育资金作为指挥棒，各州政府为达到上述目标获得奖励资金纷纷展开办学竞赛，有力地推动了基础教育的发展。

（三）经济投资战略

联邦政府非常重视高等教育的作用，奥巴马总统甚至认为提高教育质量是促进美国经济恢复的根本。因此，联邦政府不断加大其在教育行动中的作用，以拨款、资助的形式加强对教育的主导权，并通过政府立法推动各项计划的实施。如2009年通过的《美国复苏与再投资法案》规定，从国家"刺激资金"中划拨908.7亿美元用以直接投

---

① U. S. Department of Education: Race to the Top Overview, http://www.ed.gov/Programs/racetoracetothetop/slidenotes, 2017-10-13.

资教育，其中的 156 亿美元用以弥补佩尔助学金项目的不足，将低收入家庭学生每年接受佩尔助学金资助的最高额度提升至 5350 美元，并与通货膨胀率结合起来，确保这个最大额度的增长率高于通货膨胀率。① 此外，分配 138 亿美元用于资助符合条件（家庭年收入少于 18 万美元）的大学生，分配 2 亿美元用于直接资助高校学生的工读计划。这样以法案的形式将每年对高等教育的各项投资加以固定，既能保证资金投入到位，促进教育改革的顺利进行，又能确保资金合理、均衡分配，最大限度地发挥政府拨款的作用。

三 支持计划

（一）学前教育

儿童的原生家庭与其学业成就以及未来的生活质量密切相关。罗尔斯（John Bordley Rawls）提出公正的一个原则就是通过补偿弱势群体来缩小差距，促进社会公平②。美国联邦政府在相关法案的指导下实施了相应计划并加大对贫困家庭的支持力度，以促进学前教育公平。

1. 儿童保育和发展拨款计划

为了给儿童保育提供充足的经费支持、提高儿童保育质量，奥巴马执政后，重新调整了《儿童保育和发展固定拨款》法案（Child Care Development Block Grant，CCDBG），为低收入家庭儿童提供保育方面的资金支持，该项目经费主要由人力服务部和教育部负责。

2. 亲子计划

为了帮助新手父母更好地照顾孩子的健康，实现婴幼儿身心健康发展，联邦政府积极实施"亲子计划"，选派受过专业训练的护士为全国新手父母提供育儿指导，帮助他们共同确保幼儿的健康；同时，为处境不利的婴幼儿提供营养均衡和精神健康方面的指导。亲子计划的实施不仅可以为孩子日后正常入学和生活做好准备，而且能够为弱势群体儿童的全面健康发展奠定坚实的基础。

---

① 王永康：《奥巴马谈美国教育改革的五个支柱》，《基础教育参考》2009 年第 4 期。
② 王宁、姚伟：《政府在儿童福利中的责任：以当代美国为借鉴》，《江西社会科学》2015 年第 12 期。

3. 推进普及幼儿园计划

由于此前对学前教育领域的忽视,致使美国很多州都缺乏足够数量的学前教育机构,在适龄学前儿童人数不断增长的压力之下,各州有限的学前教育机构难以为所有儿童提供优质的幼儿保育与教育服务。为了提升美国儿童学前教育入学率,各州都在联邦政府的经济支持下向所有儿童开办普及的、义务的幼儿园,确保每一位美国儿童在成长早期都能接受高质量的学前教育服务,为后续发展奠定良好的基础。

(二)基础教育

教育公平理念一直贯穿于整个美国社会,并在历届政府的基础教育改革行动中备受重视,这从一系列旨在追求全面优异教育的支持计划中可见一斑。在美国促进教育公平的一系列政策法规的影响下,美国基础教育发展取得了突出成效,其中主要采取的措施有:校际层面上,通过"薄弱学校改进计划"促进校际间的均衡发展;区域层面上,通过扶助农村义务教育以缩小城乡教育差距;群体层面上,为处境不利儿童提供教育辅助计划,促进学生群体间的均衡发展。

1. 薄弱学校改进计划

美国将薄弱学校的改造作为一种国家层面的政府行为提上议事日程始于克林顿执政期间。联邦教育部于1998年发布了题为《改造低绩效学校:州和地方领导指南》的报告,克林顿总统在其中要求州和地方教育当局必须对失败或表现不良学校加以改造或整顿,应当由更为有效的领导或教师助其重新开放。《不让一个孩子掉队》法案更是要求各州依照现实情况设计学校改进机制,并对薄弱学校的改造工作提出了具体的目标。

"学校改进"意味着将一些落后学校、薄弱学校升级成更加适合学生学习的场所,为学生提供良好的学习环境,提高学生的学业成就,促进学生的终生发展。依照《不让一个孩子掉队》法案的规定,受联邦政府资助的学校应达到"适度年度进步"(Adequate Yearly Progress,AYP),否则,若是连续两年不能实现AYP,将被列为"需要改进"的学校,所具有的选择权也随之缩小,如表2-1所示。美国目前主要形成四种成功的"学校改进"模式①：第一种是替换模式（Turnaround Model），该模式通过撤换校长并重新聘请教职人员的方式为学校发展注入新鲜血液，同时给予校长在挑选工作人员、财政预算和制定学校规章制度等方面充分的自主管理权，并采用先进的系统教学方法促进学生学业成就的提升。第二种是重启模式（Restart Model），该模式是对那些失败学校进行关闭并重建（Reconstitution）。重建者可以是特许学校的开办者、某个营利性质的管理组织或教育管理组织，不过他们必须通过严格的审查程序方能被批准重建这所失败学校。第三种是学校关闭（School Closure），即直接关闭失败学校，并将学校的学生直接转入该地区稍好一级的学校。第四种是转换模式（Transformation Model），该模式则要求替换校长，并通过一系列计划行动促进教师与学校领导者专业素养的提升，增进其教学效能和领导效能；采取综合教学改革措施进行学校改革；延长学习时间，建立面向社区、为社区服务的学校；给予学校管理者充分的自主权，同时各级政府给予持续的支持。

表 2-1　　　　　　　　　　　学校改进选择

改进期（第一年）	连续两年未实现 AYP 的学校需要被改进，这些学校必须接受地方学区的专业帮助，允许学生转学到其他公立学校。此类学校还必须制订或修订一个地方教育机构认可的为期两年的"学校改进计划"
改进期（第二年）	连续三年未实现 AYP 的学校，应为低收入家庭的学生提供校外教育辅导
矫正期（第三年）	连续四年未实现 AYP 的学校，地方学区应依据学校的现实需要，采取系列措施：调离失败学校的相关责任人；开设基于科学研究而制定的新课程；大力减少学校管理权限；委任一位校外专家担任顾问，使其为实现学校发展出谋划策；从根本上改组学校

---

① U. S. Department of Education, Applications Now Available for MYM3.5 Billion in Title I School Improvement Grants to Turn Around Nation's Lowest Achieving Public Schools, http://www.ed.gov/news/pressreleases/2009-12/12032009a.html.

续表

重建期（第四年）	连续五年未实现 AYP 的学校则需要重组。地方学区在对其进行改组的第一年，应准备一份计划，采取妥善措施，选择并完成下列任务中的一项：将学校转型为特许学校；更换管理人员与教职员工；将经营权交由表现良好的私营部门；交由州政府接管；重组学校管理结构

注：在上述学校改进的不同阶段，地方教育机构始终为学校提供专业支持，为学生提供选择到其他公立学校就读的机会。此外，在第四年"结构重组"后一学年开学之前，地方教育机构还要对学校实施可选择性托管计划。

资料来源：U. S. Department of Education, "Key Policy Letters Signed by the Education Secretary or Deputy Secretary", Washington, D. C., July 24, 2002.

2. 推广农村教育成就项目

美国联邦政府要求州和地方学区采取专门措施扶持农村地区的义务教育发展，以缩小州内农村地区与城市学校学生在学业成就方面的差距。自 2002 年开启的"农村教育成就项目"（Rural Education Achievement Program, REAP）就是一个专项拨款方案，截至 2009 年，联邦政府已累计拨款 4.98 亿美元用于推广该项目在全国的运行[①]。项目的资金主要用于提高弱势群体学生的学业成绩、培训并招聘优秀的教师和校长等方面。

由于农村地区聚集的绝大多数都是少数族裔学生，因而从另一个层面来说，该项目的落实也为提高少数族裔学生的受教育机会贡献了力量。在具体操作方面，项目包含两项子工程：一是"小型农村学校成就项目"（Small Rural School Grants），该项目可以由地方教育当局（学区）直接申请，申请成功的学区不仅能获得州或学区额外的资助，还能从联邦教育部获得其他资金。这一项目只覆盖满足以下两个条件的学区[②]：平均每日出勤人数不超过 600 名学生的社区，或是平均每英里人口密度不超过 10 人的学区；一些被国家教育统计中心确定的

---

① U. S. Department of Education, Rural Education Program, http//www.ed.gov/nclb/freedom/local/reap.html, 2009-8-14.

② U. S. Department of Education, Office of Communication and Outreach. Guide to U. S. Department of Education Program 2006, Washington, D. C., 2006-06, http//www.ed.gov/programs/gtep/gtep2006.

学区代码为7或8的学区，或是教育部长基于各个地方的教育状况而核定的，或是州教育部门核定为"农村"地区的学区。二是"农村和低收入地区学校资助项目"（Rural and Low-Income School Grant Program）。该项目由州教育部门申请，联邦拨款给州教育部门，州再将资金下拨到学区教育当局。学区教育当局只有满足以下三个条件方可申请：一是该学区超过20%的5—17岁的儿童来自贫困家庭；二是该学区不具有申请"小型农村学校成就项目"资格的学校；三是学区代码为7、8的学区内学校。①

3. 处境不利学生教育扶助计划

联邦政府在《不让一个孩子掉队》法案中明确指出了要采取有效措施提升处境不利学生的学业成就，并专门称为一个专题：TitleⅠ——促进处境不利学生学业成绩的提升。此项条款旨在确保每一个孩子都能获得平等的受教育机会并接受高质量的教育服务，至少达到州级学业标准，能够接受学业评估。该法案不仅要求进行学校教师队伍建设、学校教学能力和课程等方面的改进，而且强调最大限度地满足低成就儿童（Low-achieving Children）接受教育的需要，同时还要求缩小高学业成就与低学业成就学生之间的差距，特别是缩小少数族裔学生与主流群体学生、弱势群体学生与其同龄人之间在学业成就上的差距。为此，联邦政府和州政府不仅要赋予学校和教师更多的自主权和决策权，而且要为儿童提供更加丰富多样的教育计划，提高教学技能等。②

处境不利学生包括英语掌握欠佳学生、流动儿童、残障儿童、印第安儿童、犯罪儿童及那些有阅读障碍的儿童等。为了更好地提升这类学生的学业成就，地方教育当局首先通过拨款到相应学校增加此类儿童的受教育机会。同时，一些州成立了专门的管理办公室，如纽约

---

① U.S. Department of Education, Office of Communication and Outreach. Guide to U.S. Department of Education Program 2006, Washington, D.C., 2006 - 06, http//www.ed.gov/programs/gtep/gtep2006.

② U.S. Department of Education, Elementary & Secondary Education. TitleⅠ—Improving the Academic Achievement of the Disadvantaged, 2009 - 12 - 20, http：//www.ed.gov/policy/elsec/leg/esea02/pgl.html.

州"Title I 学校和社区服务办公室"的主要职责之一就涵括促进 Title I 学校的发展,开展被忽视学生或贫困学生扶助计划,移民教育、麦金尼—文托无家可归学生扶助项目(McKinney-Vento Homeless Student Program)等①。

近些年,联邦政府针对英语掌握不佳的学生实施"双语教育"项目,如州资助英语语言习得(English Language Acquisition State Grants)项目。州每年对这些学生进行测试,看是否逐渐精通地掌握英语并达到州标准。州教育部通过下拨经费给地方教育局来保障英语欠熟练学生的语言学习。地方教育局又将经费下拨到各个学校来具体帮助实施语言教学项目,并通过科学的方法进行评估。此外还有针对流动儿童的优先安置奖励计划(Advantaged Placement Incentive Program)、无家可归儿童和青年人教育扶助项目(Education for Homeless Children and Youths—Grants for State and Local Activities);以及针对残疾、犯罪、被忽视儿童和处在危险中儿童的预防和干预措施(Prevention and Intervention Programs for Children and Youths Who are Neglected, Delinquent, or at Risk)等。

(三)高等教育

美国拥有大批世界一流的高等学府,其卓越的教学质量享誉全球,与此同时,其高额的收费也对多数美国家庭造成一定的负担。公立学校一般来说每年要 1.5 万美元左右的学费,有的私立大学甚至高达 4.5 万多美元。基于此,美国各级政府与众多高校都创设了相当完善的助学贷款与奖助学金制度,并通过立法给予贫困大学生顺利完成学业的保障。

1. 税收减免计划

美国在 2008 年以前就开始普遍实施"税收减免"政策,即在计算纳税人个人所得税时,可以从个人所得总额中扣除减免税收的款项,包括子女抚养费、高等教育费用等。奥巴马上台后,将高等教育

---

① Reyes, R., McKinney-Vento Homeless Student Program, New York State Education Department, 2009-12-24, http://www.emsc.Nysed.gov/nyc/TitleI/.

领域的"税收减免"政策具体化为"美国机会税收减免"政策，旨在减轻低收入家庭的高等教育学费负担。政策规定普通家庭子女在入学时可得到政府的税收减免优惠，金额为4000美元，用以支付普通公立大学2/3的学费或社区学院的全部学费，并要求获益学生每年要无偿为社区服务100小时。该计划的实行，有效减轻了低收入家庭的学费负担。

2. 联邦助学金计划

美国高等教育阶段奖助学金主要有政府和私人两大类。包括哈佛、耶鲁在内的许多院校对贫困本科生均提供全额奖助学金，而研究生多以在校工作的方式减免学费。

美国联邦助学金（Federal Student Aid）主要包括三大类，即奖学金、助学贷款以及工读金。联邦政府对学生的资助政策在1975年之后倾向于以贷款为重心。联邦政府的奖助学金大多按需设置，用以对在获得认可的高等院校注册上学的学生提供财务支援，"佩尔助学金"（Pell Grants）是其中的核心。一般来说，"佩尔助学金"更多地面向家庭年收入在2万美元以下的学生。奥巴马上台后，对佩尔助学金制度进行了调整，使其避免受到政治或市场波动的影响，而成为国会每年必须兑现的一个承诺；同时，联邦政府也不断增加经费投入。自2005年起，佩尔助学金的资助金额及受资助人数不断增加。此外，联邦政府还简化了申请程序，以提高助学金的覆盖面，资助更多学生。

3. "帕金斯贷款"计划

"帕金斯贷款"计划（Perkins Loan Program，PLP）由政府和高等院校分担贷款成本，以资助低收入家庭的学生顺利从高等院校毕业，目前已发展成美国一项非常重要且普遍的贷学金项目。然而，由于高校在决定受贷学生和受贷金额时往往具有很大的随意性，并且该项目的一些优惠政策没有完全落实，使很多真正需要贷款的学生不得不因此辍学或转借高利息贷款。为了提升帕金斯贷款的资助功能，使学生真正从中受益，奥巴马执政后将其更名为"联邦帕金斯直接贷款"（Federal Direct Perkins Loan），并从2009年起，每年为该项目提供60亿美元的资金，改革贷款分配方式，由联邦教育部依照学生家庭具体情况进行评估分配。① 改革后的联邦帕金斯贷款将为更多的学生提供资助,为美国储备人才。

第四节 美国教育扶贫政策的主要特征

美国教育扶贫的条款和精神突出了教育是服务于国家利益的工具这一观念,以保障教育机会均等并推进教育优异为核心使命,强调追求教育的全面优异,并在发展过程中形成一定特征。

一 以教育立法和经费投入实现制度保障

美国教育扶贫行动之所以能够快速推进,在于其有着完善的教育立法系统。这些立法不仅仅具有目标性的导向作用,同时为其具体实施提供操作化支持,如特许学校法对特许学校的性质、办学目的、创办方法、资金来源、办学权利、监督管理机制等问题都做出了具体详细的阐述。从观念、规则和操作层面分别加以引导、限定和说明。这使学校创办者得以最大限度地促进学校的发展。同时,美国联邦政府对教育经费投入的持续增长使各个教育项目的实施有了足够的经费支持,尤其是带有政策倾斜性质的项目,使教育均衡发展有了更大的可能。

二 以推动校际间的均衡发展为直接手段

学校是学生获得教育的主要场所,也是保障所有学生接受公平教育的主要载体。美国政府采取多种方式促进公立学校系统的发展,其中择校制度和学校改进计划的实施,为公立中小学教育带来了很大的发展。

美国择校制度之所以进展顺利,就是因为该项行动在操作层面上改变了传统公立学校"就近入学"原则,不要求学生提供入学前的成绩以及参加入学考试,并通过随机抽样的方式挑选学生,以最大限度

---

① 张燕军:《美国高等教育资助问题及奥巴马政府应对政策》,《现代大学教育》2010年第2期。

地保证每位学生的入学机会均等。纽约市特许学校数量的急剧增长就是一个很好的例证。同时，美国各州根据学区的具体情况针对薄弱学校或低绩效学校，从资金、政策和师资等层面给予更多的政策支持和财政保障。此外，这种择校制度还充分给予各个学校办学自主权，使学校可以立足于自身发展需要和学生的实际需求开发多种类型的教学模式，为不同学生提供适宜其发展的教育。如特许学校就拥有极大的自主权，同时必须承担极大的绩效责任，这样不仅有利于提升学生的学业成就，同时还能充分考虑学生的特别需求，创造符合学生发展的教育方式，这样它才能快速成功地发展。特许学校根据地区的需要而设定自己的学校发展理念，为该地区的家庭和学生带来了希望，能使学生找到更适合自己的发展空间，促进这些弱势群体学生的个性发展。

美国在促进校际均衡发展的过程中，采取多种方式以促进教师、家长、学校管理者或领导者、社区组织及其他一些社会组织参与到学校办学中来。特别是特许学校由于责任明确，并且面临着随时被关闭的危险，因而学校领导时刻着眼于社会现实需求，不再仅仅局限于学校内部的发展，还对学校和家长、其他学校、组织等的关系也给予高度重视，特别是强调对社会资源的充分利用，培养社会需要的人才。

三　以促进群体间的均衡发展为最终诉求

群体间教育的均衡发展是教育公正性公平的最终体现。依照罗尔斯的观点，追求公正性公平就是保证人们在获得自身合法利益之时，更加关注那些弱势群体，并补偿他们的利益缺位。美国在推进教育均衡化发展的过程中，一直将"社会处境不利群体"放在法律政策考虑的首位，在具体策略的实施过程中，不管是从校际层面，还是从区域层面都将这些儿童的学业成长作为核心目标来进行关注。从实施时所取得的成效中可以看出，美国学生整体的学业水平的提升是离不开处境不利群体学生学业成就的提升的。教育的均衡发展最终追求的也是不同群体间的均衡发展。

第三章

加拿大教育扶贫政策

加拿大位于北美大陆最北端,领土面积达998万平方公里,位居全球第二,人口数量超过3600万(2017年)。加拿大也是一个移民大国,共有一百多个民族会聚在这里,官方一般以原住民族、建国民族和移民民族加以区分,但"建国民族"的概念并未得到多个少数民族的认可,或许称他们为多数民族更加适切,同时也可将"移民民族"改称为少数移民民族。威尔·金里卡(Will Kymlicka)结合加拿大的历史社会现实,认为少数民族群体在被纳入主权国家前业已在自己的历史家园、生活部落内形成完整且正常运作的社会,他将少数民族区分成"亚国家民族""原住民族"两个范畴。[①] 前者指称在过去曾经建立或一直寻求建立以自己为多数人的国家的群体,他们目前因各种错综复杂的原因与其他民族共同生活在一个主权国家之内,这可能是由于他们之间建立的国家被强者征服或吞并或被迫割让;或是因为相互协商联姻与合并,自愿形成互惠互利的联邦。后者,即原住民族,则是世代生活在本地的原始居民,他们因外来者的侵略而被迫与其合并在一个国家之内。与众多少数族裔梦寐以求希冀获得与民族国家平等的地位不同,原住民族人口希望有一定的能力保持自身特定的传统生活方式及信仰,并按自己的条件参与到现代世界中来。因长期饱受殖民统治的压迫与束缚,加拿大境内的原住民族学生整体受教育

---

① 吴明海、梁燕玲:《世界民族教育史专题研究》(第1辑),民族出版社2016年版,第9页。

水平偏低，失业率与贫困率一直居高不下，成为阻碍社会整体进步的绊脚石。近些年来，一系列扶持原住民族发展教育的扶贫方案在加拿大公立学校教育体系中得以确立，使原住民族学生受益匪浅。

第一节　加拿大教育扶贫政策的演进历程

加拿大的教育扶贫政策遵循的是由低向高阶梯状的客观发展规律。在实践中总能看到，诞生于不同情况与不同时期的教育扶贫政策，在最初总是能直面切实的问题的，但它的局限性也在实践过程中不断呈现出来，从而催生当局者采取更高层次的教育决策，不断循环前进。

一　初步探索时期（1960—1971年）

加拿大联邦政府在建国后颁布了基本法案——《不列颠北美法案》（*British North America Act*），在此基础上，又于1960年颁布了具有宪法性质的《加拿大权利法案》（*The Canadian Bill of Rights*），该法案针对之前的系列法案中对基本公民权漠视这一问题，明确承认了人的自由权利，尊重人的尊严、价值及地位。此外，法案还确认"当自由建立在道德和精神价值以及法制的尊重的基础上时，个人和团体才能保持其自由"[①]。

在《加拿大权利法案》的原则框架下，1963年莱斯特·皮尔逊政府建立"皇家双语与二元文化委员会"，以考察与英语和法语联系的两种文化的状况，促进文化间的共存、平等、合作与繁荣，这是联邦解决国内严重语言和文化矛盾的第一个重要措施。继其之后，联邦政府在1969年9月出台的《官方语言法》（*Official Languages Act*）中将英语和法语规定为本国的官方语言。委员会的成立与语言政策的确立说明加拿大联邦政府试图确立二元主义的文化政策。然而，这种二元主义的文化政策实质是白人至上主义文化，对原住民族以及少数

[①] 姜峰：《加拿大文明》，中国社会科学出版社2001年版，第285页。

族裔群体而言是不公正的，仍旧不能充分显现加拿大移民和原住民族多元文化的社会现实，没有充分承认并尊重多元文化的价值与地位。基于此，皇家委员会转而研究多元文化主义政策并在教育领域广而推之。

二 稳步发展时期（1972—1999年）

20世纪60年代的魁北克运动足以说明联邦政府的政策失误，即便是采取二元文化政策，也是扬汤止沸。立足于加拿大社会移民与原住民族的多元文化传统与现实境况，联邦政府遂于1971年10月8日宣布在国内开始正式实行多元文化主义政策。时任总理特鲁多（Pierre Elliot Trudeau）在宣布此项政策时曾言："应该公平对待所有加拿大公民，实行多元文化主义政策是加拿大政府保证所有加拿大公民文化自由的最适切方法。"[①] 1982年，联邦政府出台的《加拿大权利和自由宪章》（Canadian Charter of Rights and Freedoms）给予多元文化主义教育政策在宪法高度上的承认。教育被视作公民的基本权利之一，且受到联邦政府与地方政府的联合保护。不过法案在确保公民受教育权的同时也强调个体必须承担相应的教育责任。

在政策落实的过程中，加拿大当局政府不断依据现实情况对政策加以调整以使其更贴近实际需要，并于1988年颁布《多元文化法》（Multiculturalism Act），再一次从法律的高度确保多元主义政策的贯彻执行。值得关注的是，该法案对存在于教育领域的民族歧视予以彻底否定，确立了各民族人民在教育与受教育机会方面一律平等的原则。此外，面对各民族在经济与社会地位中实际存在不平等的客观现实，多元文化主义政策还有针对性地提出确立对弱小民族实施优惠和支持的教育政策，并采取了一系列行之有效的具体落实措施，如划拨专项资金支持多元文化发展项目、探寻更具针对性的语言教学方式、鼓励更多研究者开展民族问题的相关研究等。

1990年，加拿大联邦政府出台旨在保留与发展原住民族语言的

[①] 吴明海：《中外民族教育政策史纲》，中央民族大学出版社2006年版，第207页。

《西北属地官方语言法案》,① 将在西北地区广泛使用的几种原住民族语言的社会地位提升至与英语、法语等同的高度。时隔六年,加拿大联邦政府将每年的6月21日确定为国家原住民纪念日,以此来承认并肯定原住民族知识与文化的价值与贡献,同时起到进一步弘扬发展的作用。

三 全面奋进时期(2000年以来)

进入21世纪,缩小不同群体间的教育差距受到加拿大联邦政府的高度重视,各个地方政府也同样意识到了原住民教育在推进社会经济文化发展中的重要性,因而教育部长理事会将发展原住民族的教育作为一项关键事项提上日程。

2005年11月,在多方领导人联合出席的会议上,加拿大政府提出要在十年内消除原住民学生与主流群体学生间的教育差距。2008年,在"加拿大教育部长理事会"(The Council of Ministers of Education, Canada, CMEC)② 发布的《学习型加拿大2020》(Learn Canada 2020)教育文件中,联邦政府将原住民教育问题,尤其是缩小原住民学生与其他群体学生的学业成就差距问题列为重点关注领域,最终目的在于为全体加拿大公民提供平等且优质的终身学习机会。同一时期出台的《原住民教育行动计划》(Aboriginal Education Action Plan)则进一步制定了明确的战略措施,强调联邦政府将要致力于实现四个基本目标:帮助原住民儿童获得积极的学习体验;提升原住民学生的人生幸福感;提高他们的学业成就;增强其进入劳动力市场的竞争力和能动性。

2009年2月,加拿大教育部长理事会联合原住民教育事业的相关负责人召开了"促进原住民成功"教育峰会,会议的首要目标就是要探讨如何消除原住民学生与社会主流群体学生间的学业成就差距。作为会议的延续工作,2011年12月,加拿大教育部长理事会召集原住

---

① 曹迪:《从同化到多元:加拿大原住民语言教育政策的发展特征与启示》,《河北师范大学学报》(教育科学版)2014年第5期。

② The Council of Ministers of Education, Canada, What is CMEC?, http://www.cmec.ca/11/About/index.html, 2018-01-20.

民组织代表、相关学者，以及一线教育工作者等人士，就原住居民的教育现实问题与未来行动方向展开了更为深入和明确的探讨。

总之，加拿大联邦政府基于维护国家政治、经济、文化利益而实施的多元文化主义教育扶贫政策，在强调官方语言与文化的同时，愈加重视复兴原住民族的知识与文化，这对提高新一代原住民族学生的文化认同感与民族自信心，助其更快更好地融入国家社会政治与经济生活发挥着不可估量的作用。

第二节　加拿大教育扶贫政策的重要主体

《不列颠北美法案》确立了加拿大实行的是联邦政府与地方政府分权管理的行政体制，同样这种分权管理制度在教育领域也体现得淋漓尽致。加拿大联邦政府与地方政府拥有各自的教育管辖权，各司其职，互不干涉。教育管理是地方政府的主要行政事务之一，这一模式在具体教育扶贫行动中清晰地显现出来。

一　联邦政府

首先，联邦政府能够发挥其主导性作用。加拿大联邦政府通过立法措施保障各级教育质量，促进教育事业的整体发展。由于加拿大地方分权的教育管理体制，加拿大各个行省的立法机构都可以独立制定教育方面的法律法规，对本省的教育质量标准、学位申报事宜等进行严格管理。而加拿大联邦政府则可通过立法的形式对各个行省和地区政府所拥有的教育评估权、监控权做出具体规定，从而对各级教育的发展进行领导。如《不列颠北美法案》在将教育管理权赋予各省的同时也规定联邦政府可以拒绝各省所颁布的教育法规，但须对各省政府的教育管理权予以尊重。[1]

其次，联邦政府通过教育拨款发挥其先导效用。虽然加拿大宪法

---

[1] 李中国、皮国粹：《加拿大高等教育质量保障体系及其改革走向》，《黑龙江高教研究》2013年第2期。

中明确规定了教育由地方自主管理,联邦无权过多干涉地方教育事务,但随着社会的发展,联邦政府逐渐意识到教育在促进社会发展方面的重要作用,因而通过经济手段加强对教育的介入和领导,主要是通过加大资金支持力度,增加联邦政府的间接拨款项目,使联邦政府的资金支持成为教育扶贫行动的重要资金来源。

二 省级政府

加拿大并未设立国家教育部来落实全国教育事务的统一管理工作,对于各行省、各地区来说,教育都是完全自治的,每个行省或地区都有权力依据客观现实情况自行确定适合当地教育发展的战略及政策,自行决定教育年限、师资及聘用标准,也都设有自己的教育部长与教育部,负责具体教育决策与财政事宜。而涉及省际的交流与合作的相关事宜则由教育部长理事会进行调控。再低层次的则由学校董事会(District School Board)负责管理并执行教育计划。加拿大的教育机构大部分是公立的,由联邦、省和地方资助,教育经费占全国GDP总量的5.4%。①

省级政府在很多领域都发挥重要作用。曾经,几乎所有学校的资金都来源于地方财产税,后来因所需资金金额巨大,由地方财产所有者承担压力过大,特别是不同学区财富差异较大,省政府开始提供拨款,并且逐渐承担更大比例。从20世纪70年代开始,各省政府开始全面控制教育投入;后来,仅有一个省份的地方财产税在教育投入中发挥重要作用,其他省份几乎都由省政府提供100%的拨款。省政府不仅在资金投入上发挥更大作用,而且已经在教育体系的每个领域发挥更主动的作用,越来越多地在课程、教学、评价、纪律以及其他方面为地方校董会提供指导。如安大略省从20世纪90年代末期开始,省政府在提供教育经费的同时也拿走了安大略学区的很多其他权力。此后,其他行省与地区也纷纷效仿此策略。

三 学区与学校

总的来说,加拿大省际的教育政策与实践差异不大,大多数省份

---

① Education in Canada, http://en.wikipedia.org/wiki/Education_in_Canada, 2018-01-20.

的教育体系大同小异。各省都通过立法确立学区,并由当地选举出的学校董事会实施管理。地方学区制度是欧洲移民最初创立的教育管理体制,负责管理当地从课程、校舍到教师聘任等几乎所有事务。与省级政府不同,学区在加拿大并不具有宪法地位,学区的力量主要取决于其政治合法性。由于选举人对校董会选举的兴趣降低以及参与的人数不断减少,省级政府开始行使越来越多的权力。同时,交通与通信的发展以及更多学生接受更高层次教育的需求也不利于小的学区保持强势地位。因此,加拿大在过去的几十年曾多次削减学区数量,通过减少学区数量,增加省级政府权力来稳定当时的趋势。不过,在实际运行过程中,校董会仍旧在校长和教师聘任、学校课程分配、制定学校预算、校舍持有和运营等方面发挥重要作用。

学校在加拿大的教育扶贫行动中也占据着重要的地位。发展良好的学校不但可以让学生在安全和谐、充满人文关怀的校园环境中顺利完成学业要求,更能鼓励学生表达自我、完善自身、实现理想价值追求。此外,学生的多元文化学习也应密切联系所处的社区,如安大略省就通过定期邀请社区内的长老及部落文化的传承人开展演讲和讲座向学生们传授书本以外的知识以及还传授与生活息息相关的民族文化与习俗礼仪等。

第三节 加拿大教育扶贫政策的制度安排

加拿大政府每年投入数量可观的教育经费支持各级各类教育的发展,其人均教育投资在经济合作与开发组织的成员国中是最多的;在八大工业国组织里,其教育经费占 GDP 的比例位居第二。相应地,加拿大的教育扶贫体系也相对比较完善。

一 法律法规

20 世纪 60 年代,在《加拿大援助计划》(*The Canada Assistance Plan*)的明确要求之下,社会公共福利成本由联邦政府与地方政府共同承担,这其中也就自然包含了贫困家庭儿童学前教育与保育项目的经费部分。1971年的《所得税法》（The Income Tax Act）及次年的《儿童保育费用减免政策》（Child Care Expenses Deduction）分别就税费改革，以及如何实行进行了详细规定。同一时期，幼儿园被纳入学校教育体系中来，相继建立一大批公立幼儿园也成为一项重要政府工程，"学前教育成为儿童的一项基本权利，多数5岁儿童都可以就读半日制公立幼儿园"①。相应地，幼儿保育也成为社会福利体系的一部分，教育扶贫从贫困家庭儿童扩大到了所有家庭儿童的保育部分。

至20世纪90年代，加拿大政府的扶贫范围就不再局限于儿童保育方面，而是转向学前教育的各项工作。如在1993年出台的《儿童社区行动项目》（Community Action Program For Children）和1994年出台的《加拿大产前营养项目》（Canada Prenatal Nutrition Program）中就涉及为儿童及其父母提供卫生与社会综合服务的内容；1996年颁布的《加拿大卫生与社会转移支付》（Canada Health and Social Transfer）和此后出台的《幼儿发展协议》（Early Childhood Development Agreement）都要求政府划拨一定教育经费资助幼童的发展与学习，后者还提出向地方儿童项目投入新的资金②，表现出对学前教育的极高热情。

二 战略规划

（一）早期教育战略

在教育扶贫工作中必然会涉及教育公平的问题，而确保学前教育公平的重点就是保障弱势群体儿童的正当受教育权利，这就需要借助教育投资、优惠项目、减免学习费用等措施来实现。

在加拿大的教育体系中，省级政府和特区政府是发展学前教育的主力军。从2000年开始，加拿大联邦政府与地方政府着手合作构建国家学前教育体系，并于2003年在双方认可的基础上签署了《早期学习与儿童保育多边框架》（The Multilateral Framework on Early Learn-

---

① Jane Beach Martha Friendly, Carolyn Ferns, Nina Prabhu, Barry Forer, Early Childhood education and Care in Canada 2008, http：//www.childcarecanada.org/publications/ecec-Canada/09/11/early-childhood-education-and-care-Canada-2008.

② Jane Beach Martha Friendly, Carolyn Ferns, Nina Prabhu, Barry Forer, Early Childhood Education and Care in Canada 2008, http：//www.childcarecanada.org/publications/ecec-Canada/09/1/early-childhood-education-and-care-Canada-2008.

ing and Child Care）。次年，确立国家建立学前教育体系应当遵循高质量、普及性、易获得以及发展性的四项基本原则。然而，随着2006年保守党执掌政权，联邦政府对教育的行政干预与经济支持力度逐渐减少，发展学前教育事业的重心重回各个行省与特区，它们各自纷纷采取新的、积极的措施（如加强学前教师培训、改善学校硬件设施等）发展学前教育。

（二）加拿大机遇战略

联邦政府于1994年7月通过《加拿大学生经济助学法案》（*Canada Student Financial Assistance Act*）并于1995年8月1日起开始执行。该法案彻底取代了此前实施近三十年的《加拿大学生贷款法案》（*Canada Student Loans Act*），规定在联邦政府的担保下，由私人机构完成一系列大学生贷款的后续工作；并设置各种奖学金项目支持穷困学生等。学生贷款项目由此从政策性质转变为商业性质，在实际操作过程中不断凸显各类问题。《加拿大机遇战略》（*Canadian Opportunity Strategy*）是联邦政府对学生资助政策的又一次系统调整，在此之后，联邦政府开始创新性地采用专项拨款的模式对学生进行资助，并投资大量的高等教育科研项目。在实际操作中，联邦政府综合考量各地区经济发展的实际状况合理分配教育经费，以期使教育投资获得最大限度的回报；并且明确了教育资助经费的具体使用项目，主要涉及高科技研发、高级人才培养、偿还学生学习贷款、实现互联网广泛使用等方面。

三　支持计划

（一）早期教育

为改善教育成就，减少教育体系内的不平等，加拿大政府致力于解决教育领域的一切不平等现象，确保儿童在人生之初就具有良好的起步，为接受学校教育做更好的准备，这一理念通过一系列教育行动得以显现。

1. 资助原住民儿童专项学前教育项目

在针对加拿大原住居民儿童教育项目中，联邦政府、省级政府、社区分别承担着资助者、负责者以及服务者的角色，联邦政府负责统筹协调整个项目的走向。此外，在联邦政府推出的一系列诸如原住民开端计划、特殊教育计划、原住居民儿童保育计划、父母参与计划、产前营养计划、光明未来计划等关于原住民儿童学前教育的专项项目中，都极力要求儿童父母及其所在社区积极行动以提供必要的支持。这些项目就服务对象与内容，以及管理单位都做了明确的说明。以原住民开端计划为例，该计划在接受联邦政府经济资助的基础上，由原住民非营利性组织负责具体行动，计划旨在为6岁以下的原住民儿童提供综合服务。后期的研究结果也确实证明曾参与过该项计划的适龄入学儿童准备情况更好，留级比例也更低。

2. 接纳特殊儿童进入主流学前教育项目

加拿大宪法保护每一位适龄儿童的正当受教育权利，法律明确规定培养单位不得以任何理由将适龄儿童拒之公共教育门外。在学前教育阶段，联邦政府主张在主流学前教育项目中纳入特殊儿童，然而这一计划需要充足的资金支持以及必要的技术支持，还需配备专门教师。因此，一些行省及特区政府通过增加教育投资并增加保育学位扩展特殊儿童的入园机会。在具体实践过程中，各个地区的做法因为客观现实条件而有所不同，如安大略省通过实行幼儿教育计划扩展了两万个儿童保育学位接纳特殊儿童；新斯科舍省、萨斯喀彻温省通过扩充教育经费缓解特殊儿童家庭的经济困难；安大略省、魁北克省变更资格标准提高特殊儿童的入学机会，还有一些行省侧重于教师补给与物质支持[①]。

（二）基础教育

加拿大的各个行省与地区因为教育自治而各自拥有完善的法律制度与教育体制以应对各自所面临的多民族问题，因而在基础教育阶段地方特色也十分明显，充分显示出政府推行"文化镶嵌"（Culture Mosaic）政策的多元文化发展理念。近些年，联邦政府不断采取各类措施推进民族地区的教育发展进程，帮助原住民族学生更好地融入主

---

① The Standing Senate Committee on Social Affairs, Science and Technology, Early Childhood Education and Care: Next Steps, http://rightsofchildren.ca/wp-content/uploads/early-childhood-senate-report.pdf.

流社会。

1. 官方语言教育计划

加拿大政府设立官方语言教育计划的直接目的是为了使少数民族儿童无论是在校内或是在校外,都能自如使用官方语言进行交流。目前被大多数学校认可并接受的项目有包班项目、集中学习项目、过渡项目和融入主流文化项目四类。在官方语言教育计划中,允许同时使用两种语言进行教学操作,但本民族语言只是作为学生们学习官方语言的媒介,以更好地理解学习内容。从其效果来看,双语教学得到了社会各界的广泛认可,致使越来越多的学生家长主动自觉地将孩子送至开展双语教育的学校中学习。

2. 文化保存计划

语言仅是文化的一种表现形式,如果说上述的官方语言教育计划包含着帮助学生借助语言来加深对民族文化的认识与了解的目的的话,那么这里的文化保存计划则更加直接而高效。文化保存计划的类型多样,在实践中以不同的形式存在于各个学校,主要内容是相关教师在每天抽出固定时间向少数民族学生讲授传统文化,激发其他民族学生与教师接纳并理解少数民族传统文化的兴趣。

早在20世纪70年代初,多伦多的华人社区就呼吁让当地学校向学生传授中国语言与文化,促进家庭文化与学校文化的和谐共生。当地政府采纳这一建议,并实施了双语、双文化项目,学生每天花费30分钟进行学习。随后的评估结果显示,在这一行动过程中,学生关于中国文化背景的知识显著增加,民族自尊心也得到显著增强。

3. 反种族主义教育

加拿大的原住民族在历史进程中经历了种族主义的持久迫害,严重危及他们的人权。我们可以看到,如今加拿大政府针对这一问题进行不懈的努力与尝试,从法律的高度对原住居民予以保障,甚至对之前不合理的行为给予适当赔偿。但是,种族主义的毒瘤并未在加拿大社会彻底消除。究其根本原因,在于原住民族的自身反抗意识并未觉醒,而这需要依靠群体的共同力量。基于此,反种族主义教育就跃入联邦政府与地方政府的视野中,被提至国家层面的高度。

反种族主义教育计划立足于整个少数民族群体，旨在唤醒他们的民族意识。具体而言，即是通过在教育机构中实行反种族主义教育，消除学校教育过程中存在的各种形式的歧视（如对少数民族的态度以及"隐蔽课程"中的文化歧视）等，使个体在学校这一小型社会机构中更加鲜明地体验到社会与政治间的关系，以小见大，反思整个社会的现实状况。这就要求每一位个体都要具备批判性思维，面对统治的不平等问题勇于发出声音、提出质疑，在不断探索中实现个体与群体民族平等与民族意识的提升与进步。

（三）高等教育

加拿大前总理让·克雷帝安（Jean Chrétien）曾指出，高等教育具有重要的战略意义，一个接受过高等教育、掌握先进科学技术的劳动大军可以保证加拿大在21世纪持续繁荣。然而现实情况却是，这个国家长期饱受着高等教育机会不平等的困扰，首当其冲的就是少数民族与贫困人口的高等教育欠发达问题，因而联邦政府对此尤为重视，联合当地教育机构通过实施建立社区学院、招生倾斜、高校学生资助等项目向原住民族地区与学生倾斜教育资源，帮助他们顺利地接受并完成高等教育。

1. 建立社区学院计划

联邦和教育部门均意识到若想发展原住民族的高等教育，在贯彻主流教育的同时，还必须认识到原住居民学生在高等教育发展中的特殊性。社区学院的建立能够让原住居民学生和教师在自己熟悉的环境中、生活的社区中展开学校教育，学习有利于原住民族繁荣发展的知识与技能。社区学院开设的课程往往更具综合性，包括大学基础课程与职业技术课程，前者指向有意愿接受更高一级教育的学生，后者针对打算毕业进入劳动市场的学生。

在加拿大的众多社区学院中，比较具有代表性的有育空学院（Yukon College）、极光学院（Aurora College）和北极学院（Nunavut Arctic College）等。这些社区学院统一实行开放的入学政策，只要年满17岁的原住居民都能提出申请，入学门槛较低。同时，为贯彻其"为就业而培训"的教育宗旨，社区学院为原住居民学生提供了不同学科类型的培训及补习科目。这些科目大多与当地的产业结构和社会需求直接相关，能够帮助原住居民更好地、有针对性地提升自身素质适应社会发展的需要。

2. 招生倾斜计划

加拿大政府通过政策倾斜与划拨专项资金对原住居民学生给予支持。在政策层面上，直接体现为对原住居民学生实行招生倾斜的制度。各高校的招生政策对原住居民学生的入学要求都较低，还设置专项奖学金使原住居民学生享受额外优待，甚至在就业和教育等方面都享有优先权。如维多利亚大学的招生政策规定"不符合入学标准的原住民族学生可享受为其制定的特殊教育政策。录取委员会将会从申请者的受教育史，本人提供的可以证明其可以成功接受大学教育的非学术成果等方面对申请者进行综合考量。同时，申请者还需出具两份（最好其中一封出自公认的原住居民组织）推荐信。在审批过程中，原住居民组织的推荐信所占权重较大。政府与学校每年规定此类申请者的限额，依照统计数据，在 2009 年的秋季入学中，通过特殊申请获得批准的原住民族学生只有 25 人"[①]。

不难看出，虽然各个高校在政策方面确实对原住居民学生予以优待，但对录取的程序和人数也都有严格的规定。原住居民学生的民族身份在入学时是一个重要的考量因素，但并非无原则地向其倾斜。

3. 高校学生资助项目

面对日益高涨的高等教育费用，加拿大政府扩大教育经费支出以向学生提供财政资助，主要通过助学贷款、助学补助金和税收扣除等方式来减缓学生及其家庭在教育支出方面的诸多压力。如联邦政府于 1998 年划拨 25 亿美元的专项教育资金用以设立"加拿大千禧年奖学金基金"（Canada Millenium Scholarship Foundation），计划在 2000—2010 年，每年向 10 万名在高等院校学习的学生颁发奖金，该基金重点为成绩优异、生活困难的学生提供资助。[②] 通过"加拿大学生贷款

---

① 刘婧娟:《加拿大高等教育招生政策研究——以维多利亚大学与麦吉尔大学为例》,《教育与考试》2011 年第 3 期。

② 朴雪涛:《加拿大高等教育改革的新动向》,《外国教育研究》2002 年第 5 期。

项目"（Canada Student Loans Program），联邦政府每年可资助大约35万名大学生接受高等教育。此外，通过"储蓄补助项目"（Canada Savings Grant Program），联邦政府也会给予有孩子接受高等教育的家庭部分教育补贴。

总之，联邦政府通过对高等教育的间接资助，加强了对高等教育的领导，成为高等教育资金投入的有力后盾。除此之外，许多非营利组织与商业机构也对贫困学生施以救助，保障其接受高等教育的合法权利。

第四节 加拿大教育扶贫政策的主要特征

加拿大的教育扶贫行动，在促进不同民族文化和谐共生、协调中央与地方政府的权责关系、加强不同地区间的合作与交流等方面为我们提供了有益经验。

一 "多元文化共存"的战略理念

加拿大之所以实行"多元文化共存"的教育理念，在促进教育自身发展以外，还有其深刻的政治意义。因为加拿大是一个在1867年建国的年轻国家，在发展过程中内部摩擦不断，魁北克的独立问题一直悬而未决。联邦政府在寻求国家统一、实现民族共同繁荣的过程中创造性地提出了在给予魁北克更多的自治权的同时大力推行多元主义文化的国家政策。这种多元主义文化政策一方面承认各民族文化存在的合理性与必要性，关注各民族文化在加拿大社会发展中的地位与贡献，强调要尊重、保护并充分利用各民族文化的独特价值；另一方面又强调加强不同民族文化之间的相互交流与借鉴，以此促成多元文化的融合与发展，共同推进加拿大的文化繁荣。

"印第安人控制印第安人教育"运动可以说是非常具有代表性了。在这场运动中，教育权利发生转移，印第安人实现了教育自治，体现出政府对印第安民族及其传统文化地位的承认与赞同。在促进印第安人教育发展的过程中，也进一步提高了印第安人参与加拿大社会经济文化建设的地位和作用，增强了印第安人的民族自信心，唤醒了他们的民族平等与民族觉醒意识，进而通过文化自信推动教育发展。从本土语言、文化的传承与发展的角度来说，这一运动把具有印第安特色的民族语言和文化纳入日常学校教育教学活动中，为印第安学生提供良好条件以促进民族文化的保存与发展，有利于民族精神的弘扬。

二 "强地方弱中央"的运行机制

加拿大联邦政府与省级政府之间共同遵循的"强地方弱中央"的权力运行制度早在1867年的《宪法法案》（Constitution Act of 1867）中就被确立了，这项制度是与加拿大教育扶贫政策中各主体的作用与地位是相辅相成的。以学前教育体系为例，联邦政府的权限相对较小，主要负责省际政策协调、国家财政拨款等辅助性工作，而地方政府则负责主要管理工作，如制定具体教育政策、设计教育方案、实施评估与监管等。这种管理体制在一定程度上确保了地方学前教育的持续稳定发展，以地方各自为主体展开学前教育管理的各项工作，既能够缓解国家层面的突发情况（如执政党更替、财政状况恶化）对教育所带来的冲击，同时又能保障地方发展富有特色的学前教育内容与项目。在联邦政府的统筹协调之下，不同行省及特区间又通过经验交流与共享机制，进一步促进学前教育政策与实践的发展。

在治理体制上，加拿大教育重视各方参与以及共同承担责任。一方面，虽然国内一贯实行地方分权的教育管理体制，但是联邦政府对于原住民的教育问题却是日臻关注与重视，在近期的政策制定与落实中均能看到联邦政府在此工作上的经费支出较之以往是明显扩大的。同时，联邦政府也赋予地方政府更多因地制宜发展民族教育事业的权力。另一方面，在新出台的政策中重视少数居民组织及社区、家庭在教育活动中的积极参与，这与发展社会学的观点相契合——欠发达地区的发展必须重视内生性，即重视一个群体的内部力量和资源及其合理的开发与利用[①]。

三 "经验与成果共享"的合作机制

从加拿大教育扶贫的实践来看，经验与成果共享机制在推动教育

---

① 刘绪贻：《美国通史》，人民出版社2008年版，第494页。

公平发展过程中发挥着越来越重要的作用，这是因为异质群体间的交流与分享能够实现信息的最大传播与利用，达到事半功倍的成效。纵观加拿大的各个行省与社区，其教育政策及实施效果、教育质量上都存在相当程度的差异，各有所长。这就需要联邦与地方政府间通过贯彻合作交流机制，实现不同地区之间的资源共享，最终促成共同发展。经验与成果共享机制建立的前提是要对少数民族学生的受教育现状进行客观考察与分析，《原住居民教育行动计划》中明确指出任何相关教育决策都应该是"基于实证研究"的结果，只有这样才能保证所出台的教育政策是科学合理、切实可行，且具有现实价值与意义的。

在2009年召开教育峰会以及之后的两个相关研讨会中，都从联邦政府的层面发布了关于原住民族教育的相关数据，并从这些数据和指标出发确立地方教育活动中需要优先发展的事项与内容[①]。充分体现了以客观数据为基础而制定教育政策的科学决策过程。同样，决策实施的经验成果共享问题不容忽视，教育扶贫的本质目的在于全体成员都能在自身基础上有所成长与发展。《原住居民教育行动计划》提出要为原住居民学生分享已有的最优教育实践成果，以此为目的，加拿大已建成一个最优教育实践的数据库，库中包含大量论文与文件，且对公众全面开放，使用者可以依据主题、学校级别以及教育行政管理等不同分类选项进行相关信息的资料收集与整理，进一步保障了弱势群体学生的教育成就。

---

① 常永才、呼和塔拉：《西方多元文化教育政策的理论局限及其超越》，《当代教育与文化》2011年第3期。

第四章

澳大利亚教育扶贫政策

澳大利亚是一个市场经济高度发达、国土面积位居世界第六、总人口超过2400万（2017年统计数据）的典型移民国家。大约有140个民族的人群共同生活在这片广袤的土地上，澳大利亚也被喻为"民族的拼盘"。从最初原住民族聚居的地方发展至多元文化并存的民族国家，澳大利亚既走过了艰难的发展道路，也历经了不同时期社会政策的变革以及价值观念的转变。

20世纪70年代之前，澳大利亚一直奉行"白澳政策"，旨在将全部澳大利亚人都同化成单一以英语为交流工具的不列颠文化民族，其他原住居民及有色人种的教育活动受到严重损害，这种极不平等的教育政策也致使澳大利亚社会与经济的发展极不稳定。70年代之后，联邦政府逐渐意识到推崇多元文化、促进种族融合在社会经济发展方面的重要性，并顺应国际发展潮流以多元文化主义为指导，废除了违背人类社会历史发展规律的"白澳政策"，强调尊重多元文化的知识与价值观，并在国内实行无歧视的移民政策。与此同时，联邦政府也着手制定"多元文化"教育政策，在特定区域实行双语和多元文化教育制度，特别关注弱势群体学生的受教育权益。这些政策一直延续至今，涵括了处境不利地区或群体教育发展的方方面面，有力地促进了澳大利亚教育的均衡发展。

第一节 澳大利亚教育扶贫政策的演进历程

为构建一个"多民族、多文化"的和谐社会，澳大利亚联邦政府不断修改其针对移民和原住居民的教育发展政策，在促进原住居民教育方面做出了不懈的努力，以推动社会的整体进步。澳大利亚教育扶贫政策旨在提高澳大利亚原住民族与其他少数族裔的教育成就，内容涉及各级各类学校教育活动与教学内容，对促进澳大利亚的教育均衡发展产生了意义深远的影响，其教育扶贫政策的演进历程主要有以下几个时期。

一　改革探索时期（1965—1972 年）

自 1965 年国际会议提出消灭种族歧视的公约之后，澳大利亚政府开始在全国限制并废除一系列针对原住民族的行政体系及限制性法规，并着手采取特殊措施维护原住居民的公民权利，在全澳范围内实行一体化（Integration）政策。一体化是指不同民族之间彼此吸收借鉴对方文化，保留本民族文化的主要特点，是不同民族文化的相互补充与完善，而非消除主流文化之外的异类文化。一体化倾向的教育政策承认少数民族文化的独特价值，并以保留其主要社会特点为基础。

1967 年，为修改宪法中的两项条款，联邦政府举行全民公决并得以顺利通过。修正后的法案将原住居民纳入人口普查的范围，强调联邦政府应把原住民族人口包含在任何种族的人民之内，并有权和各州一起协商通过有关原住民族的特殊法令条例。至此，联邦政府获得了对国内原住民族行使立法的权利，并且正式承认原住民族人民享有与其他群体平等的公民权。之后，在国家层面上，联邦政府设立了原住民族事务局和原住居民事务办公室以及原住居民事务理事会；在地方层面上，各州政府和地方政府也相应地设立了原住居民事务管理机构；在民众之间，人们自发成立了大量原住居民团体和组织扶持原住民族尽快融入主流社会，获得全面的发展。1972 年，联邦政府废止了《教师手册》（*Teachers Manual*）中关于拒绝原住民族儿童入学的相关条款①。然而，究其本质，一体化政策仍是建立在盎格鲁—萨克逊种族优越论的单一文化基础之上的，种族主义倾向十分明显，因而在实施过程中问题频发，所以八年后它就被新的尊重各民族文化和传统的多元文化主义教育扶贫政策所代替。

二 稳步推进时期（1973—1999年）

1973年，澳国移民部长将"多元文化"（Multiculture）的概念从加拿大引至国内，联邦政府借此开始在全国推行多元文化主义政策。该政策主要体现在文化认同、社会公正以及经济效率三个方面：所有澳大利亚公民都有权利在规定范围内分享各自民族的传统文化（包括语言和宗教）；都有权利享受平等的待遇和机会，消除由于社会背景而带来的不利；每位公民的技术、才干都需要得到支持、发展并有效利用。此后，多元文化主义的概念、内涵及原则等相关内容在1977年的《作为一个多元文化社会的澳大利亚》、1979年的《多元文化主义和它对移民政策的影响》以及1982年的《为所有澳大利亚人的多元文化主义》等报告中得到了进一步的扩充与发展。

澳大利亚多元文化主义的内容包括8个目标：所有澳大利亚公民都应献身澳大利亚并为国家未来利益分担责任；不因社会背景而受到歧视；享有平等的待遇与机会；必须有充分机会参与社会和直接影响他们的政策制定过程；能够发展并利用自身潜力为国家经济和社会发展服务；有机会提高英语熟练程度，并学习其他语言理解其他民族文化；可以发展和弘扬本民族的传统文化；政府各机构应该了解、反映国家文化的多样性。②

1989年，《一个多元文化的澳大利亚国家议程》的出台正式将发展多元文化上升为基本国策，并要求政府各部门的工作计划都必须包含多元文化的内容。国会还通过了《反歧视修订法案》，严惩种族歧视的个人与机构。1999年，国家多元文化咨询理事会发布《走向新世纪的澳大利亚多元文化：无所不包》报告，重申自由民主制度是实

---

① 杨洪贵：《论澳大利亚土著人的同化政策》，《世界民族》2003年第6期。
② 侯钧生、陈钟林：《发达国家与地区社区发展经验》，机械工业出版社2004年版，第102页。

行多元文化政策的前提基础,并发展了包括文化尊重、社会平等、公民义务、有效益的多样性在内的多元文化基本原则。

三 全面发展时期（2000年以来）

新千年伊始,澳大利亚联邦政府依据多元文化主义思想出台了《原住民族教育（目标援助）法案》[Indigenous Education (Target Assistant) Act 2000],致力于发展原住民族的教育事业。此外,法案还对具体实施过程以及经费运作情况作了详细说明,为原住民族参与教育事务管理活动提供了法律支持。2003年,联邦政府又出台了新的法案——《多元文化的澳大利亚：多样化的统一》,对未来三年多元文化教育政策的行动方向作了具体规定。2004年,国家教育、科学和培训部部长宣布将在未来四年内划拨专项经费支持原住民族各级各类教育机构的发展。为使拨款有序高效地进行,联邦议会在同年对《原住民族教育法案》作了部分修订,提升了2004年后的拨款数额。[①]

2008年2月13日,陆克文（Kevin Rudd）总理在一次讲话中代表新政府向澳洲原住民族百年来的不公遭遇正式道歉。他说"我们为历届议会与政府的政策深表歉意,那些不公平政策给我们的同胞带来深深的悲伤、痛苦与损失"；"我们要对那些母亲、父亲、兄弟姐妹们,那些被打破的家庭与社区说声对不起。我们要对给一个自豪的民族与文化带来的侮辱与歧视说声对不起"；"我们反思过去的虐待行为,特别是对被偷的一代人的虐待。这是我们的一个历史污点"[②]。这充分表明了新政府开始正视历史,勇于承担责任的胆识、魄力以及胸怀。

而今,在多元文化主义政策的指引之下,在各州和地区政府的高度关注之下,原住民族与移民的教育事业得到了空前的发展,获得了喜人的教育成就。

---

① Indigenous Education (Targeted Assistance) Act 2000, http://www.desk.gov.au/.
② 汪诗明：《陆克文政府支持〈土著人民权利宣言〉原因探析》,《太平洋学报》2009年第9期。

第二节　澳大利亚教育扶贫政策的重要主体

20世纪80年代以来，澳大利亚逐渐将教育视作一种产业来发展，全国各级教育机构通力合作，着力解决处境不利群体的教育问题，希望通过提高其教育发展水平来促进公平、均衡、平等的教育目标的实现。

一　联邦政府

澳大利亚于1901年脱离英国殖民统治而成为独立联邦国家，因而其教育体制带有明显的英式色彩。澳大利亚的教育管理体制为地方分权制，联邦政府设有国家教育部，负责全国教育政策的制定以及付诸实践工作；地方政府设有各自的教育行政管理部门，对教育事务进行具体管理，且享有较大的自治权。20世纪90年代以前，澳大利亚延续了自18世纪以来州政府负责统一管理学校教育及课程的传统，在各州都实行集权管理制度，州教育主管部门直接管理本州的中小学课程，包括制订教育教学发展规划、编制教学大纲与教学计划、监管评估等。90年代之后，受公共管理理论的影响，澳大利亚州政府开始在教育管理工作上简政放权，强调学校自我管理，尤其是校长被委以重任负责实现学校教学课程的自我管理。

在教育经费方面，联邦政府与各州和领地政府历来都执行双边协议，即联邦政府对非政府学校的教育拨款承担主要责任，各州和领地政府承担公立学校的主要办学经费。近些年，由于教育在推动国家经济社会发展方面的贡献日益显著，联邦政府不断通过教育拨款、设立专门教育机构等方式介入教育事务的管理工作，尤其是针对处境不利群体的教育活动。各州和领地政府也出台相关法案提高原住居民在与自身相关教育活动中的参与度。

二　专门机构

为了更好地贯彻执行多元文化政策，扶持原住民族与移民发展教育事业，联邦政府设置了成套的专门机构负责实施与监管工作，这些机构大体分为三个层级：第一级是国家权力机构：澳大利亚的各个在野党的议会之中都设有多元文化委员会专门负责相关事务，联邦政府成立了国家多元文化事务办公室和原住居民人事务办公室并由总理直接领导，该机构负责协调国家高级部门之间的相关事务。部级机构设有移民与多元文化事务部（Department of Immigration and Multicultural Affairs）①和原住居民与托雷斯海峡岛屿委员会（Aboriginal and Torres Strait Islander Committee），它们分别负责少数族裔和原住民族包括教育活动在内的各项具体事务。各州和领地政府也都设有民族事务委员会，负责各州的民族事务。第二层级是民间团体：如民族社团理事会全国办公室、多元文化基金会、艺术委员会等，这些都是介于政府与民众之间的半官方机构，一般配合国家机构执行各项教育扶持政策。第三层级是社会服务机构：如原住居民研究院、翻译中心、民族咨询局、特殊语言学校、多元文化健康中心等，这些机构的职责主要是帮助更多澳大利亚人理解少数民族文化，促进不同群体间的和谐共生。

三 原住居民学校

在澳大利亚，原住居民的受教育程度普遍较低。为了改善这种教育现状，让更多的原住居民享受高质量的教育服务，缩小与主流群体学生之间的教育差距，联邦政府规定原住居民学生与其他群体学生享有平等的教育权利，且公立学校与私立学校均不得以任何理由剥夺原住居民学生的正当受教育权。在原住民族聚居地区，各州或领地政府还建立专为原住居民服务的学校，此类学校的硬件基础设施、教育方法及课程教学内容都尽可能地贴近原住居民的传统文化与生活习俗；在教学过程中，这类学校大都执行"原住居民教学辅助员"制度，顾名思义，即招聘原住居民担任教学辅导员，配合富有经验的非原住居民教师完成日常教学工作，并促成教师与学生之间、学生与学生之间的良性交流与互动；在教学内容与教学语言方面，学校也是采用"双文化与双语"的教育方式，让弱势群体学生在熟练掌握英语之际可以更好地传承本民族的语言与文化，增加对本民族的认同感与自豪感，

---

① 该部门成立于1985年，原名为移民和民族事务部。

提升民族自信心。

此外，澳大利亚政府也高度重视利用信息技术之便，在掌握先进数字技术的过程中开发远程教育资源，建立远程教育中心。远程教育的学校课程门类齐全且授课方式灵活多样，学生可以依据个人实际情况自行安排学习计划。如悉尼的 VSDEP 学校中，大多数学生都来自偏远的农牧地区，或是来自一些海岛，还有一些学生因为其他特殊情况不便入学。接受远程教育的学生在开学之初必须亲自到校，完成入学报道注册工作，而后教师会将相关学习资料（每次包含 8 个星期的内容）通过邮寄的方式送至学生或其监护人手中。学生在两周之内完成作业并邮寄给授课老师，老师再通过录音的方式向学生反馈作业修改意见。[①] 远程教育学校拥有严格的学籍管理制度，且学生要定期参加国家规定的资格考试，因而教学效果良好。

第三节　澳大利亚教育扶贫政策的制度安排

20 世纪 80 年代以来，澳大利亚逐渐将教育视作一种产业来发展，且为了落实对原住民族教育机会均等的理念，联邦政府通过制度安排对基础教育、高等教育和职业教育等领域进行了全方位改革。

一　法律法规

澳大利亚联邦政府将提高原住民族的受教育水平作为教育均衡发展的战略重点。1985—1987 年，联邦政府制定并实施了若干原住民族教育计划，每年划拨一定教育专款以资助原住民族学生接受优质公平的学校教育。1989 年，联邦政府出台《原住居民教育法》（补充资助），提出向原住民族学生提供补充性财政资助。联邦政府对原住民族学生进行高等教育方面的经济资助始于 1998 年发布的《高等教育资助法案》，法案要求设立专项资金，且所拨款项用以支持提高原住

---

① 黎海波、魏晓燕：《澳大利亚的土著教育措施》，《贵州教育》2007 年第 10 期。

民族学生的高等教育入学率和帮助学生获得成功的各项事宜。①

1999年4月,澳大利亚联邦政府召开全国第十次"教育、就业、培训及青年事务部长委员会"(Ministerial Council on Education, Employment, Training and Youth Affairs, MCEETYA)会议,并签署通过了《关于21世纪学校教育国家目标的阿德莱德宣言(1999)》(Adelaide Declaration on National Goals for Schooling in the 21st Century 1999)②,宣言强调国家要在追求卓越教育的基础之上重视弱势群体的教育机会均等问题,勾画了未来澳大利亚学校教育的美好愿景,并倡导合理配置使用公共教育资源,力争让每个澳大利亚学生都能享有优质教育服务。为了实现这一宏伟目标,宣言制定了一系列特殊措施,从各方面推进澳大利亚基础教育均衡发展。

在2005年的全国高等教育研讨会上,来自墨尔本大学的玛西娅·兰顿(Marcia Langton)教授以"教育使原住民族能力恢复:整合政策议程"为题,向联邦教育、科学与培训部作了相关报告,提出大学应该支持更多的研究者加入对原住民族传统文化的研究工作之中。因为在原住民族争取社会权利和地位的运动中,高等教育所发挥的作用不容小觑,且高等院校在认可原住民族及其文化中应该扮演关键角色③。理事会的愿景是建立一个良性运转的高等教育系统支持原住民族学生接受优质高等教育,提高他们在全球经济发展中的竞争力。此外,联邦教育、科学与培训部于2003年发布的《大学:支撑澳大利亚的未来》(Our Universities: Backing Australia's Future)、联邦议会通过的《高等教育支持法案》(Higher Education Support Act)及其修正案均包含了对高等教育的经费拨款和资助制度的相关规定。

2008年5月,澳大利亚国家教育部签署通过《澳大利亚青年教育

---

① 吴明海:《中外民族教育政策史纲》,中央民族大学出版社2006年版,第331页。
② Ministerial Council for Education, Early Childhood Development and Youth Affairs. Adelaide Declaration on National Goals for Schooling in the 21st Century (1999), http://www.mceetya.au/pdf, 2017-12-26.
③ Improving Indigenous Outcomes and Enhancing Indigenous Culture and Knowledge in Australian Higher Education, http://www.desk.gov.au/.

目标墨尔本宣言》(*Melbourne Declaration on Educational Goals for Young Australians*),重新规划了未来十年澳大利亚的学校教育目标,要求学校之间形成强有力的稳定伙伴关系,尤其要重视提升处于不利境地学生的学业成绩。随后,联邦政府在 2009 年 3 月推出了一项"四年计划"(A Four Year Plan),该计划就如何形成强有力的稳定伙伴关系、实现优质教学、改善贫困落后地区学生的学业成绩等问题作了具体说明。

2010 年 2 月,联邦政府推出"智慧学校"(Smarter Schools)计划,其实质是"澳大利亚伙伴协议"(National Partnerships)子计划之一。联邦政府旨在通过提供大量教育资金,借由澳大利亚伙伴关系协议实现各州之间的有效合作以提高学校教师的专业素质以及领导者的管理水平,提升偏远落后地区学校的教学水平以及学生的学业成就水平,以此实现让所有学生都获得更好成绩并确保每个孩子都能实现顺利发展的目标。此计划出台之后,联邦政府专门制定并实施了一系列配套措施确保计划的顺利开展。

由上可以看出,澳大利亚联邦政府围绕原住民族学生的教育问题所开展的一系列改革运动,均是为了缩小原住民族学生与主流群体学生之间的教育差距,促进教育均衡与公平目标的实现。

二 战略规划

在多元文化政策的国际大背景下,澳大利亚联邦政府在 21 世纪之交推出了一系列旨在促进原住民族教育均衡发展的新战略。这些教育规划涉及原住居民教育发展的方方面面,产生了意义深远的影响。

(一)原住居民教育规划

1998 年,联邦政府为提高原住居民参与职业技术教育的概率,发布《学习文化伙伴:执行蓝皮书(2000—2005)》[*Partners in a Learning Culture: Blueprint for Implementation* (2000-2005)],该文件的出台主要基于四个方面的考量:第一,让更多原住居民参与政策、资源配置,以及计划运行方式的决议过程,重视满足原住居民的特殊需求,为原住居民学生量身打造文化课程。第二,缩小原住居民与其他群体在职业技术教育方面的差距,针对原住民族学生实行"跨文化意识"的教学方案,学校充分利用当地社区、工商企业所提供的教育资源为学生开设紧贴现实需要的高质量课程。鼓励原住居民学生在完成职业技术教育之后进入高等院校学习。第三,依托数字信息技术平台为原住居民学生提供线上文化教育服务。第四,强化职业技术教学过程与就业之间的联系。在此基础上,联邦政府于2005年推出《澳大利亚原住民族教育方向(2005—2008)》[Australian Directions in Indigenous Education(2005-2008)]计划,目的是在未来四年内提高原住居民学生的学业完成率,计划认为支持更多原住居民学生接受职业技术培训和高等教育是扭转原住民族社会经济地位不佳这一局势的关键策略。

(二)缩小原住居民与非原住居民教育差距战略

澳大利亚联邦政府出台此项计划的目的在于消除原住居民学生与主流群体学生之间存在的巨大"教育鸿沟",提升原住居民的教育成就,构建地位平等、文化多元的民主社会。联邦政府为此拨付460万美元作为战略行动基金,主要涉及六方面的改革内容[①]:缩短原住居民与其他群体在预期寿命上的差距;在未来五年之内,确保所有四岁原住居民儿童都有机会接受高质量的学前教育服务;在未来十年之内,五岁原住居民儿童的死亡人数减少一半;在未来十年之内,将原住居民学生与其他群体学生在阅读、计算与写作方面的学业成就差距缩小一半;在未来十年之内,将原住居民学生与非原住居民学生的就业差距缩小一半;在2020年之前,将原住居民学生十二年级(同等水平)的完成率与主流群体学生的完成率缩小一半。

(三)原住居民高等教育2006—2008年战略

澳大利亚联邦政府实施此项战略的目的是在高等教育领域建立一个多元文化教育体系,在这个体系之内,各方主体都鼓励更多专业人员从事原住民文化的研究工作,对原住居民知识与文化的价值予以充分肯定并支持保留与继续发展,因而相关学习活动便成为课堂教学工

---

① 刘琴:《澳大利亚缩小土著与非土著教育差距政策研究》,硕士学位论文,西北师范大学,2015年。

作必不可少的组成部分。多元文化教育体系着力在原住居民内部培养领导者,从而提高原住居民工作人员在高等院校重要管理岗位上的比例。战略计划要求在实践过程中遵循尊重原住居民知识与文化;政府、高校、原住民族共同承担发展教育之责;跨部门的综合计划;高期望值;目标清晰五项基本原则,并提出优先发展原住居民高等教育的七项具体内容:一是鼓励并支持大学联合各级学校、职业技术与继续教育学院,以及其他培训组织探寻提高原住居民人口民族自信与发展期望的有效路径;二是提高原住居民学生的本科入学水平;三是提高原住居民学生的研究生入学水平,鼓励更多研究者从事原住居民知识与文化的相关研究工作;四是提高原住居民学生学业水平;五是提高研究原住居民知识与文化的工作者的社会地位;六是在高等院校的管理岗位中提高原住居民工作人员的比例;七是提高原住居民在高等院校相关事务中的参与率。

三 支持计划

(一)基础教育

澳大利亚联邦政府对基础教育质量予以高度重视,努力确保所有学生不论何地何时在任意一所学校就读,都可以接受同等质量的教育,并通过国家机构监督中小学的教学、研究与管理工作。21世纪以来,联邦政府针对基础教育的未来发展与改革方向制定了多部法律法规,并实施了一系列项目计划,其基本立足点都在于促进基础教育的宏观发展,推动地区之间的教育均衡,扶持与资助弱势群体学生。

1. 贫困乡村地区计划

为帮助贫困乡村的教育,追求教育的城乡公平,澳大利亚很早就提出"贫困乡村地区计划",由政府拨款扶持乡村教育的发展。在管理方面主要采用分级管理模式,如在昆士兰州与新南威尔士州就形成了"州—学区—学校"的三级管理模式,其中,州级政府负责制订乡村地区的教育发展规划、分配教育资金,并就教育实施情况进行监管评价;学区起到上传下达的连接作用:一方面将州级政府的教育政策与方案明确传达给乡村学校,另一方面向州级政府汇报乡村学校教育活动的具体情况,并负责监督经费的使用状况;学校具体执行各项计划方案，定期向学区管理委员会报备计划落实事项。联邦政府支持在乡村地区建立私立学校或独立学校，并予以资金支持。计划的其他具体内容包括改善乡村学校的办学条件、提高乡村教师队伍的质量、开发乡村教育课程、利用多种教学组织形式进行教学、创办乡村地区计划发展基金等。通过结合城市与农村教育资源的方式重点扶持贫困落后地区的教育发展，推动优势资源之间的交流与扩散，以最终促进教育均衡发展。

2. 原住居民与托雷斯海峡岛民2010—2014年教育行动计划

2010年5月，在原住居民改革协议中，联邦政府推出《原住居民与托雷斯海峡岛民2010—2014年教育行动计划》（Aboriginal and Tomes Strait Islander Education Action Plan 2010-2014），旨在通过普及原住居民儿童的学前教育，提升其在阅读、计算与写作方面的能力，缩小与主流群体学生的学业成就差距。计划要求政府、非政府、社区、企业，以及慈善部门之间形成一致合力，扶持原住居民发展教育事业，推动目标的如期实现。澳大利亚教育、学前儿童发展及青年事务部（The Ministry Council for Education, Early Childhood Development and Youth Affairs）负责推行并监督计划的有效运行，以更有力地帮助原住居民学生在关键阶段（学前教育—小学教育、基础教育—高等教育、高等教育—就业）顺利度过并获得成功。为确保原住居民学生在关键阶段可以获得教师、学校以及社区的全力支持，在未来生活与工作中获得良好开端，并顺利进入劳力市场，事务部支持教师、学校，以及社区积极引导原住居民学生接受学校教育，在学生毕业之前为其提供实习机会并进行相关指导，帮助学生顺利完成学业走向工作岗位。

（二）高等教育

澳大利亚高等教育的大众化与国际化程度都较高，但与基础教育领域相似，高等教育领域也饱受"高质量低公平"这一问题的困扰，因而联邦政府不得不出台相关律令并推行与之相应的配套措施支持处境不利群体接受高等教育。

近些年来，澳大利亚联邦政府出台了三项学生贷款计划，① 其中"高等教育供款计划—高等教育贷款计划"是在原先的高等教育供款计划之上发展而来的，因而此计划仍保持原有的运行机制，即受助学生的学费由联邦政府支付，学生免付利息，依据毕业收入状况归还贷款。所不同的是，新的还款额度的底线高于之前的供款计划。"全额自费—高等教育贷款计划"是为公立高等院校和有资格的私立高等院校的全额付费学生提供帮助，以收入作为申请条件对符合要求的学生提供贷款，学生既可以就学费申请全额贷款，也可以申请部分贷款，但总额不得超过50000澳元。"海外学习—高等教育贷款计划"意在面向海外留学生提供支持以使其顺利完成学业，资助国家认可的全日制高等院校本科生到海外求学。该计划规定每期为学生提供的贷款不超过5000澳元。2008年，计划提供了10000份的海外学习贷款，相较2005年增长了4倍。② 学生贷款制度的改革在一定程度上确保了高等教育领域的公平性，为提升澳大利亚的国际竞争力以及对外关系贡献了重要力量。

(三) 职业教育

澳大利亚的职业教育与培训支撑了其经济和社会的发展，经过一百多年的不断革新与发展，已形成独具特色的教育模式。随着国际竞争的日趋激烈和产业结构的变化，澳大利亚政府将更多视线聚焦在原住居民对社会经济的贡献率上，提出不能让原住居民阻碍国家经济的健康可持续发展。因而联邦政府着手发展原住居民的职业教育，提高原住居民的生产能力，以期缩小原住居民与其他群体在经济方面的差距，并在相关文件的指导之下采取一定措施。

1. 原住居民青年流动教育计划

联邦政府一直以来都致力于发展原住居民学生的职业技术教育，但覆盖全国主要城镇的职业技术训练并不一定适用于偏远的原住居民群落，原住居民人口依旧在就业竞争中处于劣势地位，难以参与当地

---

① 陈时见、覃丽君：《世界教育改革概览》，高等教育出版社2014年版，第144页。
② 吕达、周满生：《当代外国教育改革著名文献：日本、澳大利亚卷》，人民教育出版社2004年版，第470页。

社会经济建设活动。为此，联邦政府在2007年做出承诺，意在使原住居民学生获得与主流群体学生同等的受教育机会与就业机会，"原住居民青年流动教育计划"便是承诺的一部分[①]。该项计划承诺至少提供600个机会支持原住居民青年参与职业技术培训及就业，通过对其家庭与部落进行援助，帮助更多原住居民青年学生在教育、医疗卫生、经济、商业管理等领域接受相关教育与培训并考取相应资格证书，提升他们在劳动力市场的竞争力。

计划的主要内容包括：拓宽偏远部落原住居民青年学生在大中城市学习与就业的路径；增加参与职业技术培训的原住居民青年学生人数；在特殊领域（如教育、医疗、贸易、会计等）扩充原住居民青年学生人数；提高本地原住居民青年的工作技能，使其更好地服务于当地经济建设活动，推动原住居民部落发展。计划由原住居民教育委员会与其他相关部门组建全国管理委员会负责推行与监管，计划参与方定期向委员会提供质性或量化研究报告。

2. 原住居民青年之路

联邦政府于2011年10月出台《2011—2018年原住居民经济战略》，意在使所有澳大利亚公民在未来共享经济发展带来的丰硕果实，让原住居民与主流群体拥有平等的权利接受教育以及参加工作，强调每个个体在促进居民平等中的重要性。为此，联邦政府出资5000万美元成立"原住居民青年之路"项目，为全国原住居民青年提供中学水平且极具针对性的职业技术培训，以期让这些学生在最短时间内熟练掌握未来从事工作所需的知识与技能，顺利走向工作岗位。这项战略计划可谓是"一石二鸟"，既能帮助原住居民青年学生提高个人生活水准，又能为国家劳力市场补充力量。项目主要涉及帮助原住居民青年学生提高识字能力、鼓励在校学生积极投身实践项目并给予充分指导、劳动力市场为原住居民学生提供适合其发展的实习或就业机会等内容。

---

① Indigenous Australians Opportunity and Responsibility Commitment, http://www.desk.gov.au/.

第四节 澳大利亚教育扶贫政策的主要特征

由于独特的社会政治背景,澳大利亚教育一直饱受"高质量低公平"之扰,随着全球经济竞争的加剧以及产业结构的不断调整,联邦政府愈加意识到原住居民以及其他移民在澳大利亚政治经济生活中的重要作用,因而不断拟定政策以整合国家教育资源、缩小不同群体间的教育差距、推动教育的均衡发展。

一 "兼顾公平与优质"的价值取向

回顾澳大利亚教育扶贫的发展状况,近些年愈加将教育公平与优质教育的价值诉求付诸到实践当中。澳大利亚是一个典型的移民国家,在漫长的发展历程中一直顺应国际潮流并结合国内实际情况更新教育理念、出台相应政策。在倡导优先发展教育、教育机会平等的战略行动中,联邦政府颁布了一系列针对弱势群体的教育政策与法规,并不断加大对贫困落后地区的教育支持力度,以推动当地教育发展。联邦政府教育扶贫所关涉的弱势群体包括各类残疾儿童、有特殊教育需求的学生、学习存在障碍的学生、原住居民学生、非英语国家的移民学生以及社会经济地位低下的穷困学生等。针对这些学生,联邦政府在各级各类教育活动中不断推出扶持项目,帮助缩小弱势群体学生与主流群体学生之间的教育差距,让所有澳大利亚学生共享社会教育资源以及优质教育服务。

在不同的历史时期,澳大利亚教育扶贫行动所遵从的价值理念呈现出螺旋上升的趋势,从最初追求"教育机会均等优先,提高教育质量"发展到"公平优先,提高质量",又发展到"质量优先,确保公平,竞争全球",再到如今的"基于公平,追求卓越"[1]。澳大利亚的教育变革朝着越来越有利于向学生提供兼顾公平与优质教育服务的方

---

[1] 段晓明:《基于未来的变革图景——澳大利亚〈墨尔本宣言〉的解读》,《外国中小学教育》2011年第3期。

向迈进。最近几年来,联邦政府将追求教育公平的重心放在弱势群体学生的教育结果之上,并对此提供有计划、有针对的系统支持,力求改善弱势群体学生的教育结果,帮助处境不利群体积极融入主流社会。

在所有的国家和地区,人们的受教育水平都直接与就业机会、经济收入、医疗卫生水平、健康状况,以及社会地位息息相关。因而针对弱势群体进行教育扶贫,可以缩小澳大利亚不同群体间的学业成就差距,帮助弱势群体学生掌握基本生活所需的知识与技能,尤其是帮助原住居民更好地参与当地经济建设活动,最终实现经济发展与国家富强的宏伟目标。

二 "多元文化共荣"的教育理念

澳大利亚在推动不同群体教育公平发展的过程中,遵循了国内的政治、经济以及文化背景,这些背景因素暗含在不同时期教育发展的理念与政策之中。澳大利亚民族众多,是一个典型的多元文化国家,因而在其推动不同群体教育均衡发展过程中,非常重视民族平等与多元文化理念的传播,并将这些理念付之于实践工作,在全国范围内推行包容性教育与多元文化教育。包容性的教育方式不考虑学生在种族、性别、文化、社会、行为与情感方面的差异,意在向所有澳大利亚学生提供平等且优质的教育服务。

在具体实践过程中,为了满足少数族裔人口迅速增长而出现的特殊教育需求,自20世纪80年代起,澳大利亚联邦政府及各地政府就开始制定并实施各层次、各类型的多元文化教育政策,如针对少数族裔学生推出的语言教育计划、多元文化教育计划等。针对原住居民发展落后的现状,联邦政府也制定了专项法律法规与战略计划扶持原住民族的教育事业,提高原住居民学生参与经济活动的机遇。[①] 澳大利亚的多元文化教育多在少数民族聚居的贫困落后地区实行,体现出联邦政府对促进教育均衡发展的重视程度。同时,联邦政府也高度重视原住居民知识与文化的传承与保留工作,肯定与尊重原住居民文化的

---

① 牛道生:《澳大利亚基础教育》,广东教育出版社2004年版,第90页。

意义与价值，提倡在原住居民学校的教学过程中渗入民族传统文化，并鼓励所有澳大利亚公民更好地理解原住民族文化。此外，澳大利亚也是一个移民大国，由于社会文化背景的差异，移民学生在某种程度上相较本土学生处于更为不利的境地，为了解决这一难题，澳大利亚各个学校教育机构针对移民学生引入新的教学内容，促进家长、社区与学校的交流与互动并建立起良性协作的组织，以对移民学生提供监督与指导，帮助其尽快融入主流社会，接受高质量的教育服务。

三 开发应用远程教育的技术路径

随着知识经济的发展，人类已然迈进数字信息化时代，信息技术在经济与社会的发展过程中发挥着越来越重要的作用，并扮演着关键角色。澳大利亚在面对教育发展不均衡的现实境况时，注重利用信息技术手段对学校教育发展进行有利的补充与完善，利用信息技术手段解决区域间教育发展不均衡的问题，实现优势教育资源的交流与扩散。在实际应用中，发挥了非常重要的作用，从硬件设施的改善，到应用软件方面的升级，再到资源与技术手段的结合。从实施情况来看，电脑硬件设施得到了极大改善，网络技术应用得到了有效开发，远程教育方式也极大地提高了偏远民族地区学生的受教育水平，确保学校借助新科技来不断提高教育水平成为可能。同时，地方政府鼓励中小学校与高等院校之间开展广泛深入的合作，联合研发适用于教育教学的新兴技术，为学生提供更优质丰富的教学或学习资源。尤其是信息技术、艺术类以及多媒体课程，通过信息手段的应用，向学生传播有利的各种资源。总之，借助这一新兴技术，不同地区之间的优质教育资源得以相互沟通并有效交流，同时也促成了传统教育资源与先进资源的优势互补。

第五章

印度教育扶贫政策

独立之前,印度大多数国民就处于极度贫困状态。独立之后,贫困问题依然是社会顽疾。据世界银行统计,印度总人口10亿多人,其中生活在贫困线以下的人口和每日低于1美元的人口占总人口的比重分别从1992年的40.9%和52.5%下降到1994年的35%和47%。[①] 尽管如此,印度还是一个极度贫困的国度。印度贫困的发生有一定的地域性和特定人群。在地域方面,印度的各邦中属北方邦、比哈尔邦、中央邦和奥里萨邦最为贫困,人口也最为密集。在这4个邦中都有超过55%的人口生活在贫困线下。在这些贫困地区,弱势群体是其重要组成部分。由于弱势群体的内涵和涉及十分广泛,彼此交织很难区分,而印度的表列种姓(Scheduled Castes,SCs)、表列部落(Scheduled Tribe,STs)和其他落后阶级(Socially and Educationally Backward Classes,SEBCs)是其中最贫困、最落后的群体。[②]

2011年印度全国人口普查显示,表列种姓占16.2%,表列部落占8.2%,信仰穆斯林的人口占13.4%。[③] 印度其他落后阶级的人口

[①] 世界银行:《1999/2000年世界发展报告》,中国财政经济出版社2000年版,第232页。

[②] 杨洪:《印度弱势群体学生教育资助体系探析及启示》,《贵州工程应用技术学院学报》2016年第2期。

[③] Statistics on Demographic & Socio-Economic Characteristics, http://www.censusindia.gov.in/Census_Data_2001/India_at_glance/glance.aspx.

占总人口的52.4%。① 由此我们可以得出印度整个表列群体的人数占总人口的65%以上，并多聚居于农村，他们生活条件落后，受教育水平低下并饱受社会各界的歧视。由于表列种姓和表列部落长期处于印度社会的最底层，这就使部落中大多数人接受教育的权利被剥夺，这也就造成了该种姓和部落的高辍学率和低识字率。2011年人口普查显示，印度人口的识字率为64.8%，其中，表列种姓和表列部落分别只有54.7%和47.1%。②

自独立以来，印度历届政府高度关注弱势群体的教育，制定了一系列扶贫政策，实施了一系列扶贫措施来保障弱势群体受教育权利，提高弱势群体的受教育水平，消除弱势群体的贫困和社会歧视，从而提高他们的社会地位和生活水平，实现教育公平公正发展。

第一节 印度教育扶贫政策的演进历程

1947年独立之后，印度政府致力于提高国家在国际中的地位，希望印度能够成为一个支配南亚次大陆并在处理国际事务上有一定发言权的大国，与美国、苏联和中国相提并论。为了实现这样的宏伟蓝图，印度在五年规划中把"社会公正""消灭贫困"视作发展经济事业的关键内容和首要目标。印度共和国的第一任总理尼赫鲁（J. Nehru）意识到，为了减轻并消除贫困，只有依靠科学技术和教育。因此，印度政府出台了多项教育发展战略，并经过了独立后的失衡探索、20世纪80年代后的全面发展，最终迎来了21世纪以后的包容共进期。

一 失衡探索期（1951—1985年）

独立后印度政府面临的首要问题就是大力发展教育，摆脱殖民地

---

① Ministry of Social Justice and Empowerment, Government of India, Annual Report 2011-2012, http://www.social justice.nic.in/pdf/arlleng.pdf, 2017-10-15.

② Ministry of Social Justice and Empowerment, Government of India, Annual Report 2011-2012, http://www.social justice.nic.in/pdf/arlleng.pdf, 2017-10-15.

时期教育发展模式,改善教育落后的局面。尽管政府财力有限,但是对教育的经费支持并未减少。20世纪50年代初,国家对教育的投入资金为1.98亿卢比,教育经费占国民生产总值的1.2%。到了60年代,国家对教育的资金投入增加到14.627亿卢比,增幅高达至7倍,教育经费从1.2%增至2.5%。

独立初期,印度政府在教育的各个方面做了初步努力,尤其体现在高等教育方面。独立后的印度政府十分看重发展高等教育事业带来的前景,并将高等教育的繁荣视作增强国力的重要途径。政府秉持基础教育和高等教育同时发展,但高等教育优先发展的理念,在印度独立后的十年里,印度高等教育获得了迅速发展。到第二个五年计划末期,全国共有41所大学,1050所学院,入学率从1950—1951年度的0.7%,增加到1960—1961年的1.4%。[①]

在对国家弱势群体的政策扶持方面,印度在《宪法》(*The Constitution of India*)中明确规定,要彻底摒除各教育机构对表列种姓和表列部落的歧视,保证他们在公立学校接受教育的合法和同等地位,所有公立大学(学院)要为表列种姓和表列部族分别保留15%和7.5%的高等院校入学名额。另外,政府还需要不断地加大投入,对弱势群体完成大学教育提供经济援助、奖学金资助,以帮助弱势群体的学生完成大学学习。在国家宪法的支持下,高等教育从城市扩大到了乡村地区,向众多的弱势群体青年提供了高等教育的机会。

但是,在此过程中,基础教育受到了忽视。从第二个五年计划开始到1969年,国家对初等教育的资金投入从占教育总经费的33%左右下降到了24%。同期,国家对高等教育和高等技术教育的经费比例占教育总经费高达50%。另外,《宪法》中提出的要在10年内普及8年义务教育的目标并未得到政府的重视,这使基础教育发展缓慢,从而加深了贫富鸿沟。这又反过来严重阻碍了高等教育的进步,为弱势群体提供保留大学入学名额的这一措施也大打折扣,引起了社会的异

---

① Sharma, Kavita A., *Sixty Years of the University Grants Commission: Establishment, Growth, and Evolution*, New Delhi: University Grants Commission, 2013, p. 4.

议。另外，中等教育和职业教育的发展也较为缓慢，畸形发展教育体系是政府有效实施各类教育扶贫计划的阻碍，弱势群体的贫困地位并没有得到明显的改善，种姓问题越发凸显。因此，从 20 世纪 80 年代中期开始，印度政府的政策着力点开始发生转变。

二 全面发展期（1985—2007 年）

由于"头重脚轻"的畸形教育体系对印度教育带来的不利影响，印度政府从 20 世纪 80 年代中期开始减少普通高等教育的投入，转而逐渐增加对初等教育的投入。在第七个五年计划期间（1985—1990 年），高等教育经费占据教育经费总量由持续了 20 年的 20% 以上首次回落到 20% 以下，从 1990—1992 年度的 12% 降到第八个五年计划期间（1992—1997 年）的 8%；与此相对，初等教育经费的比例从此前的 33% 上升到第七个五年计划和 1990—1992 年度计划期间的 37%，第八个五年计划期间增至 47%。[①] 90 年代初，拉奥（P. V. Narasimha Rao）执政后印度开始通过大幅减少国家控制步入了自由化改革之路。此时，国家教育战略开始发生转变。政府对教育关注点的转变以及印度经济的快速增长，使印度各界一致认为普及 8 年初等义务教育对印度的发展有深刻意义。

认识的转变促使了发展策略的调整。印度将教育关注的重点由高等教育转移至基础教育，并以促进教育公正和均衡为基础教育的主要着力点。在这一时期，为提高弱势群体的教育水平，从根源上铲除他们的贫困，印度政府从宏观政策到具体计划全方位地保障弱势群体接受基础教育的权利。1985 年，拉吉夫·甘地（Rajiv Gandhi）政府在广泛听取各界人士的意见后，出台了《国家教育政策》（National Policy on Education），主张通过重视长期受到压迫和歧视的弱势群体的实际需要来消弭教育差距，达到教育机会均等。《1992 行动纲领》（Programme of Action 1992）中明确提出了人人有受教育的权利，同时对弱势群体的基础教育规划做了具体说明。在国家宏观政策的指导下，印度开始普及基础教育，为弱势群体提供更大的受教育权益。

---

① 安双宏：《印度教育战略研究》，浙江教育出版社 2014 年版，第 65 页。

"操作黑板计划"（Operation Blackboard）、"县域初等教育计划"（District Primary Education Plan，DPEP）、"营养午餐计划"（Mid-Day Meal Scheme，又称"营养午餐计划""午餐计划""国家小学营养支持计划"）自 20 世纪 80 年代后期陆续开始实行。

21 世纪初期，印度开始实施了自普及初等教育运动以来最广泛和最强有力的"初等教育普及计划"（Sarva Shiksha Abhiyan，SSA），并将其作为第十个五年计划（2002—2007 年）的重点。2009 年，政府批准通过了《儿童免费义务教育权利法》（*Right of Children to Free and Compulsory Education Act* 2009，RTE），该法案与 SSA 计划联合行动，有力地推动着弱势群体的教育发展。印度政府还设置各类奖学金来减轻弱势群体的经济负担，为他们提供更加公平的受教育机会。随着普及初等义务教育的目标的实现，印度又提出普及中等教育的目标。在印度，政府着力普及初等教育和提高高等教育质量，中等教育长期遭到忽视。然而，"如果不对发展中等教育给予足够的重视，国家消除贫困、创造更加公平的社会想要取得重大进展几乎是不可能的"。[①] 国际经验表明中等教育是打破贫困代际传递的重要途径，它可以使年轻一代摆脱贫困。"中等教育普及计划"（Rashitriya Madhyamik Shiksha Abhiyan，RMSA）于 2009 年 3 月正式启动开始实施，该计划为弱势群体提供了更广阔的学习环境和更多样的学习机会，但是普及中等教育的工作困难重重，成效不大。在高等教育领域，这一时期政府减少了财政投入但是并没有忽视其发展，印度在这一时期继续加大对弱势群体奖学金的拨款力度，为他们增加了学习保障。

经过印度政府的多年努力，弱势群体的教育状况有明显改善，其贫困人口有所减少。据调查显示，2004—2005 年度到 2009—2010 年度，表列种姓和表列部落农村贫困人口比例降速比为 2.25% 和 2.98%，均高于全国脱贫速度。但是由于经济基础薄弱，表列种姓和表列部落贫困人口比例仍高于全国平均水平的 10% 以上。[②] 由此可知，

[①] 王燕：《G20 成员教育政策改革趋势》，教育科学出版社 2015 年版，第 45 页。

[②] Planning Commission, Government of India, Faster, Sustainable and More Inclusive Growth: An Approach to the 12th Five Year Plan, New Delhi, 2012, pp.101-136.

要提高弱势群体的受教育机会，进而改善弱势群体的贫困状态，印度政府还需付出更大的努力。

三 包容共进期（2007年以来）

20世纪末期，印度开启了经济私有化与自由化的局面。1991年后的经济改革极大地增强了印度经济的活力，国民生产总产值从1991年的2748亿卢比增长到2014年的20669亿卢比，增加了将近7倍。经济的快速发展使印度成功跻身于G20组织并成为"金砖五国"一员，逐步成为具有国际影响力的国家。

2006年12月，印度政府颁布了包括教育在内的第十一个五年战略规划。在"十一五"规划中，印度再次对教育给予了特别强调，规划对印度2007—2012年教育发展目标作了实质性的规定，要在全球化进程不断深入的过程中继续普及义务教育、提高教育质量，推进教育公平。2012年12月发布的"十二五"规划（2012—2017）《更快可持续和更具包容性增长：十二五规划路径》（Faster, Sustainable and More Inclusive Growth: An Approach to the 12th Five Year Plan）将教育质量、教育机会作为重点，提出了一系列指向弱势群体的计划和倡议，以解决与不平等、贫困相关的问题。由此可见，教育在促进社会和经济发展方面的作用已经成为普遍的共识。可以说，印度已经把教育提高到了前所未有的高度。

进入21世纪，印度对弱势群体的教育更为关注，实现教育公平更为迫切。2005—2006年度，表列种姓、表列部落和其他落后阶级的辍学率均接近10%。总的来说，这些未能顺利接受教育的弱势群体人数占总辍学人数的50%以上。为此，印度政府提出要消除入学上存在性别、阶级和宗教差异，降低初等教育阶段儿童的辍学率，调整初等教育普及计划的经费预算、扩大营养午餐计划的规模以及扩大参与正规和非正规教育计划，并运用多元化措施来为弱势群体所在地区的学校加大扶持力度。这些措施强调了弱势群体儿童接受教育的平等权利，保障了他们的入学机会。

在高等教育方面，经过一段时期的调整和沉淀，加上经济的繁荣，印度高等教育实现了以兼容性发展和质量建设为核心的第二次扩张，建成了世界上第二大高等教育系统。2007年之后，印度政府还通过新增21所中央大学（Central University），即国家直属大学、为所有中央大学提供特别经费、开办补习班，提供住宿、开设免费补习项目、在资源匮乏地区建立社区学院、保留多样化语言等措施来提高弱势群体的受教育机会。为了提高弱势群体接受高等教育的不利境遇，印度政府还通过加大奖学金资助力度、扩大高等教育规模消除区域差异。[①]

在全球化的时代背景下，印度政府秉持"保证公平、追求卓越"的教育理念，运用包容的多元化措施来帮助弱势群体摆脱贫困的社会生活条件。但是，应该看到，由于印度种姓制度的根深蒂固，以及印度社会经常出现的各种社会问题，绝大多数弱势群体依旧生活贫困，在教育方面依然受到严重歧视。因此，随着时代的进步，印度还需为改善弱势群体贫困的生存状况方面做出更大的政策倾斜。

第二节 印度教育扶贫政策的重要主体

在印度，中央政府和地方政府是教育扶贫政策的主要制定者，其作为国家扶贫的中坚力量，在印度教育扶贫过程中发挥着极为重要的作用。但是，仅靠政府层面的单一行动，是不可能彻底解决弱势群体的教育贫困，必须与非政府组织相互合作，并充分调动弱势群体参与扶贫的积极性，全面利用各扶贫主体的资源优势，使扶贫资源的整合和配置得到最大限度的发挥。

一 中央政府

政府始终是一个国家反贫困的中坚力量。在教育领域，印度的教育管理是中央与地方共同对教育事业负责，如表5-1所示。因此印度的教育扶贫政策主要由中央和地方共同负责，国家的教育发展规划和

---

① Sharma, Kavita A., *Sixty Years of the University Grants Commission: Establishment, Growth, and Evolution*, New Delhi: University Grants Commission, 2013, p.244.

第五章 印度教育扶贫政策

重大的教育扶贫计划由中央和地方共同制定,中央政府与邦政府根据宪法制定法令,加强对各级各类教育的管理。

表5-1　　　　　　　印度中央与地方之间的权责分配

中央	地方	共同职责（中央与地方）
国防、原子能、外事	法律和秩序（警察、监狱、公平正义）	教育
货币、对外贸易	本地行政事务	药物和毒品
金融服务（银行、保险）	交通（州和地方高速公路、港口）	劳工福利
控制工业、矿山等	土地收入、车船税、奢侈品等	报纸、书籍等
通信	农业、渔业、灌溉等	电力
交通（铁路、航空等）	公共健康和卫生	经济和社会规划
所得税、关税、消费税		港口

资料来源：Constitution of India and Neelkanth Mishra and Ravi Shangkar, "India Market Strategy: India 2014 Outlook", Asia Pacific/India Equity Research, Credit Suisse, December 2, 2013, Fig. 14 on p. 5.

印度1976年宪法修正案教育条款将中央政府与地方邦政府的职责作了明确的划分,规定了中央政府在加强教育的全民性和一体化方面负有更多的责任,中央政府负责制定目标、规范和规划,中央教育咨询委员会和教育局长联席会议讨论通过,由各邦政府负责具体管理、规划以及筹集社会有关方面的资源。由此可知,中央政府对全国教育事业拥有更大的话语权,[①]它是印度教育扶贫政策制定的首要主体,其发挥着主导的作用。在中央政府层面,印度与教育扶贫有关的管理部门主要有:[②]

（一）人力资源开发部

人力资源开发部（The Ministry of Human Resource Development, MHRD）。MHRD的地位与外交部、国防部和财政部同等。国内的教

[①] 安双宏:《印度教育战略研究》,浙江教育出版社2014年版,第36页。
[②] 安双宏:《印度教育战略研究》,浙江教育出版社2014年版,第36—41页。

育事务主要由其下属的教育司掌管。教育司主要负责制定各种教育方针计划，组织学校开展各项活动，监察教育的发展状况，出版全国教育统计资料和其他与教育教学有关的出版物，给各邦拨出教育款项，缩小各邦间在教育领域的差距等。

（二）中央教育咨询委员会

中央教育咨询委员会（The Central Advisory Board，CABE）。CABE是印度教育领域中向中央政府和各邦政府提供建议的最高咨询机构，一般来说，经CABE通过的报告提交给中央政府有关部门后通常会被批准为全国性政策。中央教育咨询委员会在检查教育发展状况和为改善教育制度而采取的措施中起重大作用。

（三）大学拨款委员会

大学拨款委员会（University Grants Commission，UGC）。印度中央政府对高等教育的规划、指导与管理主要通过UGC进行。UGC主要负责与各大学及其他有关机构协商，采取适当措施以促进和协调高等教育的发展，并在大学中的教学、考试中发挥重要作用。

（四）全国教育研究与培训委员会

全国教育研究与培训委员会（National Council of Educational Research and Training，NCERT）。NCERT主要对中央政府和各邦政府教育政策的落实予以协助、提出建议，在中小学领域发挥着重要的作用。

（五）中央中等教育理事会

中央中等教育理事会（Central Board of Secondary Education，CBSE）。CBSE主要负责规定中等教育的各项教育事宜。

在中央层面的教育扶贫管理部门之外，印度专门针对弱势群体成立了社会公正与合法权益保护部（The Ministry of Social Justice & Empowerment）、部落事务部（Tribal Affairs）、落后阶层委员会（SEBCs Committee）、东北地区发展部（Development in India's Northeast）以及全国表列种姓和表列部落委员会（The Tables Listed Caste and Tribal Council）来处理印度有关弱势群体的各项问题，这些部门的主要职责是处理弱势群体的福利、社会公正与合法权益保护等问题。

二 地方邦政府

印度的教育扶贫政策由中央政府和地方政府共同参与制定并落实。中央政府在其中发挥着主导作用，同时地方政府在本地区的教育扶贫方面起着关键的作用。在地方政府层面，印度各邦的教育行政情况同行政区划一样复杂，全国也不统一，总体上可以分为4个层次的区划和5个层次的区划。4级制主要划分为一级行政区（邦、中央直辖区、首都辖区）、县、乡（市）、村（镇），5级制在4级制基础上增加了专区一级。在教育方面，邦教育部主管各邦教育事务。中央政府规定，各邦至少要投入20%来发展教育，喀拉拉邦的教育投入高达40%。

邦教育部在审查、指导各邦教育发展方面发挥着重要作用。邦教育部的审查职能主要体现在对教科书的审订、对考试的组织等方面，指导职能主要体现在对邦教育计划的制订、发展建议的提出等方面。另外，邦教育部还具有执行职能，如在各邦设立大学、中学和小学的权力。印度各邦还定期召开教育部长级会议，主要目的是认真贯彻执行中央政府的具体指令，同时协调各部之间的教育事宜。另外，在1986年修订的《国家教育政策》中明确指出，需要县、村等邦政府以下的地方级参与教育管理，尤其是基础教育的管理。县教育委员会具体负责管理高级中等阶段以下的教育，其职责是负责制定教育策略、制订和实施教育计划、监督所有的教育活动；建立村教育委员会以调整教育的整体管理情况。《1992行动纲领》也再次倡导，组建村教育委员会使其对村级的教育行政负责，以管理村级教育，负责微观教育计划。

三 非政府组织

非政府组织是一种除政府组织之外新兴的存在形态，它可以有效地解决市场和政府失灵的问题，其具有民间性、非营利性等特征。与其他发展中国家相比，印度非政府组织的数量众多，遍及各邦以及直辖区，其在20世纪80年代之后发展迅速，在缓解社会矛盾，维护社会安定团结，加速社会政治、经济、文化、教育等方面全面发展的过程中扮演着重要角色。

印度政府在总体上积极支持非政府组织的发展和活动。自20世纪80年代以来，印度政府提供资金来保证非政府组织在改善妇女儿童以及农村和城市贫民的生存条件中的重要地位。另外，政府颁布法律并明文规定，非政府组织要大力关注多个偏远地区的反贫困工程，要每年为非政府组织拨款50亿美元来实施具体的扶贫项目，从而为地区、弱势群体脱贫创造优良环境和条件。随着"八五"计划的逐步开展，政府不但主动要求加大非政府组织在社会服务领域的参与份额，并对其在改善农村贫困地区经济状况中所发挥的重要作用给予了肯定。

多年来，印度致力于为弱势群体提供一个公平包容的教育环境。在这个过程中，非政府组织的贡献极大。印度古吉拉州巴罗达地区的非政府组织Deepak Foundation（DF）就是典型的例子。该组织在20世纪80年代早期由Deepak化工责任有限公司基于其企业的社会责任建立，主要关注农村中弱势群体，尤其是妇女和儿童在家庭中的地位，帮助她们健康发展。在教育方面，DF参与了实行儿童健康成长项目，该项目向0—6岁贫困儿童提供看护中心，为其提供食物和教育，还为加入这个项目的古吉拉州3—5岁的2000多名儿童提供了校服。另外，DF为妇女宣传优生优育的健康教育知识和建立妇女自助生产团队。非政府组织的活动为留守儿童、女童、女工提供适宜课程，例如，印度"丽诗谷教育资源学会"主要通过复式教学模式、参与地方课程、从当地招募有基础的有志青年等措施来提升薄弱地区教育质量，这使贫困地区居民观念与生活水平得到了提升。[1]

另外，人民群众也是教育扶贫政策制定和实施的重要主体之一。阿玛蒂亚·森（Amartya Sen）的能力贫困理论就是强调了人民自身在脱贫中的重要作用。也就是说，外部条件对个体的帮扶是重要的存在，但是要实现脱贫最根本的在于个体自主脱贫意愿的提高以及主观能动性的发挥。"人民是创造历史的主人"，在印度的扶贫开发过程中

---

[1] Blum, N., "Small NGU Schools in India: Implications for Access and Innovation", *Community Development Journal*, 2004 (4): 332-335.

充分体现了这一点。例如,印度在普及县初等义务教育的过程中,在学校层面设立的众多基层管理机构,如从地方、学校和家长层面设立的委员会和家长母亲教师协会等,其在普及初等义务教育的过程中发挥着巨大的作用,它们的设立不仅能调动各界参与教育扶贫的积极性,还能将具体的措施落到实处,因地制宜。

由上可知,非政府组织在印度教育发展过程中不可或缺,它们充当着多重角色,不仅在中央政府的领导下进行教育活动,更是中央政府的合作伙伴,共同致力于教育发展。非政府组织是政府和社会之间的"传话筒""润滑剂",由于它具有的专业性、与弱势群众的紧密性以及自身的灵活性,它们在很多方面制定的扶贫项目比政府的项目和计划更具有可行性和针对性,这在帮助改善印度弱势群体的生存状态方面发挥着无可替代的作用。另外,充分调动人民群众的积极性,让其参与到教育扶贫政策的制定和整个实施的过程中,并且发挥他们的监督反馈作用,如此才能起到事半功倍的效果。

第三节 印度教育扶贫政策的制度安排

多年来,印度的种姓制度、性别歧视、城乡差距等社会因素严重制约着教育的发展。在种种社会问题中,弱势群体的教育问题是政府关注的重点。独立后,印度《宪法》中提出了众多保护弱势群体权益的众多条款,这为政府制定各项政策措施提供了法律保障。由此,印度的五年教育计划也开始执行,其对教育的重要地位进行了肯定。1968年,印度公布了第一份有关教育的纲领性文件——《国家教育政策》(National Education Policy),其中提出了保障弱势群体权益的多项措施。随后,印度政府分别于1986年和1992年对其进行不断的修订和完善。在《宪法》和国家战略规划的宏观指导下,印度政府制定了一系列覆盖学前教育到高等教育整个教育体系的扶贫政策计划,从而保证了弱势群体的终身受教育机会。

一 法律保障

《宪法》由印度制宪会于1949年11月通过，1950年1月26日（印度独立日）生效，是迄今为止世界上最长的宪法之一。截至2015年，《宪法》共进行了100次修正。《宪法》中提出了对弱势群体权益的众多保护条款。例如，"所有人都是平等且独立的个体，不得以宗教、种姓、种族、性别、出生地等方面的原因而对公民产生歧视和限制他们使用公共场所的权利"；"任何居住在印度的有独特语言、文字和文化的居民都有权保持其语言、文字和文化"；"各邦及其地方政府应该保障少数民族群体在校接受母语教育的有利条件，国家应该保护他们免受社会一切形式的不公正待遇和剥削"；"各邦应尽力为所有儿童在其年满6岁前提供早期看护和教育"；"国家必须为所有儿童提供至少到14岁的免费义务教育"；"保留表列种姓、表列部落在各级人民法院中的议席和国家机构及国营企业中的就业请求权"；"国家应维护弱小阶层的教育和经济利益尤其是表列种姓、表列部落人民的利益"。但是，在这一条款中，政府并没有被赋权。因此，1951年宪法修正案增加了第4款，即授权政府为表列种姓、表列部落和其他落后阶级制订一切能促进社会发展的教育发展特殊计划。[①] 2019年1月9日，宪法第一百二十四修正案先后在印度人民院和联邦院通过。该法案补充了宪法第15条，允许印度各邦为经济落后群体（Economically Weaker Section，EWS）制定特别条款，而这些特别条款指的正是为该经济落后群体保留在行政、教育等公共部门高达10%的工作和学习的名额。由上可知，印度《宪法》针对弱势群体颁布具有强制性、原则性和宏观性的规定，是此后国家制定一系列教育扶贫政策的法律保障和坚实基础。

二 战略规划

早在印度共和国的初创阶段，其国家领导人就在对教育与国家之间的关系认识方面取得了一致。他们认为，教育是发展生产力，从而

---

① The Constitution (First Amendment) Act, 1951, Ministry of Law And Justice (Legislative Department) New Delhi, https://www.india.gov.in/my-government/constitution-india/amendments/constitution-india-first-amendment-act-1951.

提高经济水平的决定性因素。基于印度教育发展现状，从1950年开始，印度政府就制订了五年发展计划，迄今为止，印度已经有十二个五年计划。其中，教育问题受到重点关注。进入21世纪以来，印度在"十一五"（2007—2012年）和"十二五"（2012—2017年）时期，高度重视弱势群体的受教育权利，关注各地区之间的教育差异，并由此制订了各项教育发展计划，致力于维护整个社会的教育公平。五年计划对印度政府教育政策的制定产生了积极的影响。

1968年，印度政府公布了独立以后的第一份纲领性文件《国家教育政策》，该政策在免费义务教育、教育机会均等、扫盲和成人教育等多方面制定了发展原则。进入20世纪80年代，展望日益临近的新千年，印度政府将1968年《国家教育政策》作为依据和根基，于1986年颁布了新的《国家教育政策》。1992年，印度政府为适应新时代的要求，对1986年《国家教育政策》的部分内容又进行了补充和修订，从而更为全面、具体地指出了印度教育改革的目标和方向。

（一）"五年"计划

"五年"计划是印度1950年成立共和国后针对经济、社会、文化、教育等方面的发展而制订的发展纲领和规划，该计划通过借鉴苏联和中国的经济发展模式，从而为印度各方面的发展指明了方向。第一个五年计划（1950—1955年）即"一五"计划指出，在一个国家有计划的发展领域中，教育是首要的领域。进入21世纪，印度政府将教育发展提高到了前所未有的重要地位，在"十一五"（2007—2012年）和"十二五"（2012—2017年）时期，国家对教育给予了特别强调。

印度在第十一个五年计划中对各级各类教育做出了明确规划。印度在第十一个五年计划中对初等、中等、职业、高等、成人教育和科学技术六个领域的教育做出了明确规划。在各级各类教育发展过程中，政府高度关注弱势群体的受教育机会和权利，着力普及初等中等教育、发展职业教育、关注成人教育、扩大弱势群体接受高等教育的机会均等，力求在整个教育质量提高的同时，兼顾教育公平的实现。① 基于"十一五"计划期间教育发展的成效和问题,印度"十二五"计划相关文件"更快、可持续和更具包容性的增长:'十二五'规划实施路径(2012—2017年)"进行了论述,对教育的发展方向做出了规定。文件指出,"十二五"计划必须直面挑战,保证所有儿童能享有平等的受教育权和进入教育机构学习的机会,并且要加强教育系统的各个层次:初等教育、初中教育和高中教育以及高等教育。国家在发展各级各类教育时要特别照顾弱势群体,颁布各种教育援助计划及项目,努力减少贫困,缩小地区差距和性别差异。"十二五"计划还对在各个领域实施的各类教育发展项目如"初等教育普及计划""免费午餐计划""普及中等教育计划"等的进展和效果进行了全面总结。

(二)《国家教育政策》

1968年《国家教育政策》是印度独立以来在国家层面公布的第一份与教育有关的纲领性文件。该文件简明扼要,共包括了17项内容。针对弱势群体,文件指出,要将"教育机会均等"作为教育发展的指导原则,并要在如下几个方面作出努力:要纠正各地区间存在的教育设施不平衡的现象,为农村地区和其他落后地区提供良好的教育设施;发展落后阶级的教育尤其是部落民的教育;扩充为身体和智力残障儿童提供的教育设施,尝试为其开发与正规学校相一致的一体化课程。此外,该文件提出要统一学制,在全国上下实施"10+2+3"的教育结构。该政策的实施大大地提高了教育普及的程度并改善了学校的办学条件,对弱势群体的关注一定程度上促进了教育公平。但是,1968年《国家教育政策》的多项原则没有被付之于行动,许多要求没有得到落实,这使英国殖民时期遗留的旧问题和新时代发展的新问题交织在一起,教育积弊日深。

进入20世纪80年代后,印度放眼全球,以科技促发展,以教育促振兴,致力于营造和谐有利的国内环境,力争在国际中取得有利地

---

① Planning Commission, Government of India, Towards Faster and More Inclusive Growth: An Approach to the 11th Five Year Plan, Volume Ⅱ, New Delhi, 2007.

位，成为未来在世界范围内能发挥重大作用的大国强国。鉴于新时代的新要求，印度人力资源开发部于 1986 年颁布了新的教育改革与发展的《国家教育政策》，并在同年公布实施新教育政策的 24 项计划。《国家教育政策》是以 1968 年《国家教育政策》为蓝本而制定的，两者的基本内容和理念大致相同，但《国家教育政策》中提出的原则更为全面、精细，并且具有很强的操作性。另外，针对教育的民主、平等，1968 年《国家教育政策》中只是对弱势群体的教育简要提及，而在《国家教育政策》中直接提出了平等教育，并对弱势群体制定了较为详尽的细则。例如，在论及表列群体的教育时，1986 年《国家教育政策》从外在学校的建设、奖学金的设置还是内在课程的规划、教师的任命等方面都做出了明确又详细的规定。这保障了弱势群体公平平等地接受教育的权利，为教育民主化提供了更加有力的保障。

由于执政党的更迭以及政府对教育问题认识的提高，1992 年对《国家教育政策》进行了补充修订，形成了《1992 行动纲领》。《国家教育政策》中提出国家要保障所有人能平等地接受优质教育的目标，并且在职业教育、扫盲教育、妇女及民族教育方面做出了具体规定。《1992 行动纲领》对《国家教育政策》的 35 条进行了修改，并在其第四部分以"为了平等的教育"为名，分别以"表列种姓的教育""表列部族的教育""其他教育落后的部分和地区""少数民族"等为题，论述了在这些方面应该采取的措施以及采取这些措施的必要性。[①]与《国家教育政策》相比，《1992 行动纲领》更加重视教育的平等与民主。因此，它是印度自 20 世纪 80 年代末至今教育改革和发展的最基本的指导性文件。

三 援助计划

在国家《宪法》和教育战略规划的宏观指导下，印度政府为保障弱势群体的受教育机会，阻断弱势群体的贫困代际传递，从学前教育开始着手，着重普及初等义务教育，重视中等教育的发展，为保障弱

---

① Department of Education, Ministry of Human Resource Development, Government of India, Programme of Action 1992, http//mhrd.gov.in/sites/upload_files/mhrd/files/document-reports/POA_1992.pdf, 2017-10-18.

势群体接受公平的高等教育制定开发了一系列教育发展计划。

(一) 学前教育扶贫政策

印度是儿童人数最多的国家,同时,儿童的生活条件也十分艰苦。社会中存在对弱势儿童的种种偏见和歧视。此状况在学前教育领域有着充分的体现。据调查,印度只有1/3的儿童才有接受学前教育的机会和权利。[①] 在印度的幼托机构中,公办机构不足1/3,但这有限的公办教育资源将弱势群体作为其主要服务对象。

1.《国家儿童发展政策》

1974年是印度学前教育发展的转折点。这一年,印度政府专门针对儿童制定并颁布了《国家儿童发展政策》(National Policy for Children)。由此,改善儿童的教育状况成为印度政府的重要着力点。该政策保障儿童的切身教育利益,为他们提供一切形式的教育,包括在非正式教育领域,扩大儿童接受教育的机会。为此印度政府还设立了"全国儿童理事会"(National Children's Board)来监督各项计划的实施和各种活动的组织进行。随后政府又陆续颁布了一系列政策措施如"儿童健康养育计划"(Reproductive Child Health, RCH)、"初等教育普及计划"(Srava Shiksha Abhiyan, SSA)等来保障儿童的各项权益。

2. 托儿所系统支持计划

政府在全国范围内建立了托儿所系统,并设立了国家托儿所资金(National Creche Fund),以支持该系统的正常运行,该系统主要为工作妇女提供托儿所和日托中心服务。除政府之外,非政府组织和私立机构也为3—6岁儿童提供学前教育服务。私立机构的类型丰富多样,包括从托儿所到学前班再到小学预备班的各种类型。私立机构服务的对象涵盖了不同的阶层,提高了弱势儿童的受教育机会。

3. 综合儿童发展计划

学前教育领域的扶贫政策以综合儿童发展计划(Integrated Children Development Scheme, ICDS)最广为人知并在世界范围内产生了

---

① Wikipedia, India Integrated Child Development Services (ICDS), 2008, http//www.Unicef.org/earlychildhood/files/india_icds.Pdf.

重要影响。该计划由联合国基金会在 1975 年发起，主要为 3—6 岁儿童提供早期教育、健康服务和营养物质。另外，ICDS 对偏远和落后的贫困地区极为重视。例如，2001—2002 年，中央政府针对印度东北部的贫困地区，投资了 60 亿卢比建设了 4800 个儿童活动中心；2002—2004 年累计投资 190 亿卢比建立了 15200 个儿童活动中心。[①]自该项目实施以来，从 1975 年的 33 个工程（projects）和约 5000 个儿童活动中心发展到 2014 年的约 7000 个工程和 140 万个儿童活动中心，惠及 3000 多万 3—6 岁儿童。[②]

（二）基础教育扶贫政策

印度《宪法》规定中对政府的具体职责作了规定。在基础教育方面，印度政府承诺要为所有 14 岁之前的儿童提供免费的、义务的教育。为此，印度政府通过一系列政策措施来保障弱势群体接受基础教育的机会。

1. 初等教育普及计划

印度《宪法》规定，要为所有 14 岁之前的儿童提供免费的、义务的教育。但是该项法律规定在印度独立后的四十多年里未能真正地受到重视。1986 年《国家教育政策》的颁布推动了普及初等教育的进行。

（1）县域初等教育普及计划。

《1992 行动纲领》及印度"八五"计划（1992—1997 年）把县而不是邦作为普及初等教育的规划单位，并提出了"县初等教育计划"设想。1994 年，印度基础教育具有标志性的计划——县域初等教育计划颁布并实行。该计划率先在阿萨姆邦、哈里亚纳邦、中央邦、卡纳塔克邦、马哈拉施特拉邦、泰米尔纳德邦和喀拉拉邦的 42 个县开展。1996 年又扩展到了奥里萨等 9 个邦。目前印度大部分的人

---

① Venita Kaul & Deepa Sankar, *Education for All Mid-Decade Assessment Early Childhood Care and Education in India*, New Delhi: National University of Educational Planning and Administration, 2009, pp. 30-33.

② Ministry of Women and Child Development Government of India, Progress in ICDS Reforms, http://wcd.nic.in/, 2017-08-10.

口大邦都已经实施了该计划。① 计划规定，中央需要将权力下移，要求各地根据实际来实施，充分发挥各邦的能动性和积极性并根据实际情况来重点关注弱势群体的教育。各县要为弱势群体开设新学校（包括非正规教育）、增加新教师并向弱势儿童提供补习教育等。其目标在于使初级小学的学习成绩、识字计算能力等方面都要提高到一定的比例并且降低弱势群体与其他社会群体之间在入学、辍学方面的差异。②

（2）初等教育普及计划。

2001年，印度政府宣布实施初等教育普及计划，该计划是印度政府实施的范围最广、力度最大的行动计划。该计划旨在2005年前使6—14岁所有适龄儿童入学并接受八年初等教育，致力于缩减小因性别等在接受教育方面的巨大差距，从而保证整个初等教育学业成就和质量的提高。计划明确表示，截至2010年，要实现整个初等教育阶段的性别和社会阶层的平等。2002年修订的《宪法》明确承认了教育是印度每一个孩子的一项基本权利，这是初等教育领域一个具有里程碑意义的发展。2009年，政府为了跟进宪法修正案中的重要指示，通过并颁布了《儿童免费义务教育权利法》，通常被称为《教育权利法案（2009）》，自2010年4月1日起生效。有关资料显示，国家对初等教育普及计划的资金支持十分可观。2010—2015年，中央政府和地方邦政府对东北地区落后的各邦在该计划方面的投入分别达到了90%和65%以上，资助金额平均每年超过了4600亿卢比。③

为进一步落实RTE，印度政府开始关注辍学儿童，提出了"专项训练"（Special Training）的概念。2013年10月8日，印度人力资源发展部学校教育司针对这种训练项目颁布了《2009年免费义务教育法案：专项训练干预策略》[*RTE：Special Training Intervention Strategy*

---

① 王长纯：《世界教育大系：印度教育》，吉林教育出版社2000年版，第238页。
② DPEP: Logic and Logistics, http://www.education for all in india.com/page91.html, 2017-12-12.
③ Ministry of Human Resource Development, Government of India Annual Report, http://mhrdgov.in/sites/upload_files/mhrd/files/AR2010-11.pdf, 2011: 23.

（2009）］。为实施这一专项训练进行了政策上的设计和论证，以期推动适龄儿童的普及教育，使儿童享受应有的教育权。文件强调，专项训练需要在课程、教学、学习方式等方面灵活安排、协调进行，在教师准备和管理方面不断创新。在实施过程中要特别注意鉴别辍学儿童，对多元文化背景下的学生要进行积极的包容和容纳，这对于弱势群体的辍学儿童来说具有重要的意义。另外，印度政府对于如何吸引和劝导辍学儿童回归学校进行了比较周密的安排和部署，甚至考虑到了很多细节问题。如文件中提到要开发一些评价辍学儿童的指标体系如表5-2所示。显然，这些描述性指标对于评估辍学儿童的学习水平、帮助他们回归正常的生活有重要意义。①

表5-2　　　　　　　　有关辍学儿童的描述性指标

序号	指标	对指标的说明
1	观察和记录	汇报、讲述和绘画、阅读图画书，作画、绘制图表
2	讨论	听、说、表达观点，归纳别人的观点
3	表达	绘画、身体动作，创造性写作，雕刻
4	解释	推理，进行合乎逻辑地关联
5	辨析	分类、分组，对比和比较
6	质疑	批判地思考，提出问题
7	分析	预测，提出假设
8	实验	做准备，做实验
9	关注公正和公平	对弱势群体保持敏感，关注环境问题
10	合作	负责任地谈话，与他人分享并一起工作

资料来源：Department of School Education and Literacy, Ministry of Human Resource Development, Right of Children to Free and Compulsory Education Act 2009: Interventional Strategies for Special Training, http://mhrd.gov.in.

---

① 北京师范大学国际与比较教育研究院：《国际教育政策与发展趋势年度报告（2015）》，北京师范大学出版社2016年版，第310—315页。

2. 中等教育普及计划

在印度，政府重视初等教育的普及和高等教育的公平，中等教育长期遭到忽视。然而，"如果不对发展中等教育给予足够的重视，国家消除贫困、创造更加公平的社会想要取得进步是无望的"。① 国际经验表明，中等教育对于打破贫困的代际传递十分重要，它是青年学生脱离贫困之域的重要途径。此外，一方面由于认识到实现经济增长需要发展中等教育，另一方面由于初等教育的快速发展给中等教育带来了压力，2005 年 6 月，印度中央教育咨询委员会（CABE）推出了中等教育发展项目"中等教育普及计划"，其旨在增加入学率和提高教学质量。

计划预计达到四个主要目标，即全面普及、平等和社会正义、与发展环境接轨以及结构和课程改革。计划用五年时间把中等学校入学率从 2005—2006 年的 52.26% 提高到 75%，到 2017 年实现 100% 的入学率和 2020 年年末（"十二五"计划末期）实现中等教育保持率 100% 的目标，并计划到 2015 年使所有 16 岁的青年儿童被囊括进中等教育领域，到 2020 年进一步延伸到 18 岁。② 根据计划的设想，没有孩子会由于性别、社会经济地位或其他原因而被剥夺接受良好中等教育的机会。

3. 各类教育资助计划

印度在独立前，就实施了针对贫困学生的资助计划。20 世纪 80 年代以来，印度政府加大了资助力度，实施一系列基础教育资助计划，如"操作黑板计划""免费午餐计划"以及为弱势群体提供各类助奖学金、少数民族区基础设施计划、非正规教育计划等。这些计划大大地减轻了弱势群体的经济负担，扩大了弱势群体接受基础教育的机会。

（1）操作黑板计划。

操作黑板计划于 1980 年由印度教育家依莫尔（Elmore）提出，

---

① 王燕：《G20 成员教育政策改革趋势》，教育科学出版社 2015 年版，第 45 页。
② Central Advisory Board on Education（CABE）, *Report of the CABE Committee：Universalisation of Secondary Education*, New Delhi：CABE, 2005, p. 18.

该计划旨在通过不断改善中小学教师的教育教学环境，为普及初等教育提供外部资源保障。随后，《1992 行动纲领》重申了操作黑板计划的目标：每所小学教师必须到位，教师数量不少于 2 个；为每所学校提供黑板、地图、图表、玩具及其他必需的学习材料和学校图书馆；每个学校至少有 2 间全天开放的教室。中央政府要求各邦在给表列种姓和表列部落人口聚居区给予充分的资金支持，已累计投资 62 亿卢比用于支持该计划，各邦政府承担修建校舍的费用更是多达 98 亿卢比。

（2）营养午餐计划。

营养午餐计划作为中央资助的计划（Centrally Sponsored Scheme）于 1995 年 8 月 15 日在印度 2000 多个乡启动。该计划包含三个目标，一是提升学校入学率，二是改善在校生的营养状况，三是鼓励弱势群体中贫困儿童返校完成学业。根据该计划，中央政府向各邦和中央直辖区的所有公立学校和私立公助学校 1—5 年级的学生提供每人每月 3 千克的粮食作物，条件是这些学生要保证 80% 以上的出勤率。到 20 世纪末，该计划覆盖了全国所有的乡。21 世纪初，该计划成为烹饪好的"营养午餐计划"，要求所有公立学校和私立公助学校 1—5 年级学生都能享受到一份烹饪好的、最低含 300 卡路里和 8—12 克蛋白质的午餐，每年至少供餐 200 天。截至 2006 年，印度各邦都积极执行了该计划，其中表列群体学生和表列群体所在地区受益最大，表列群体学生的受益者占总受益人口的比例高达 36.53%。该计划可以帮助提高儿童的出席率和改善儿童的营养状况，由于让所有的儿童坐在一起共进午餐，它还有助于消除种姓壁垒。

（3）资源资助计划。

为了减轻弱势群体的经济负担，并帮助他们完成学业，印度各邦的公立学校实行义务教育阶段学费免费政策。尤其是弱势群体学生，在享受免费学费的同时，还拥有各邦为他们提供的免费校服和免费服装。另外，政府还为其提供助、奖学金。例如于 1971—1972 年实施的农村天才奖学金，该奖学金旨在激励 8—12 岁努力上进的农村学生，为他们提供更多公平的教育机会，并能够继续接受深造。截至目前,该计划每年设置将近4万个奖学金数目,其中有1万多个奖学金专门为弱势群体保留,占总数的1/3以上,①体现了政府对弱势群体的关怀和政策倾斜。

(4)少数民族区域基础设施计划。

2009年,MHRD颁布了《民族学校优质教育纲要》,并实施了"少数民族区域基础设施计划"来提升少数民族的教育水平。一方面,主要通过学校中各类科目的设置和对教师的培训来提高少数民族学生的文化素养。另一方面,对少数民族人口占20%以上的县采取优先发展措施,②通过对学校外部条件的改善、扩充和加强来关注少数民族学生、妇女儿童等群体的教育发展。在《民族学校优质教育纲要》实施四年后的2013年,印度政府委托拉扎克(Azara Razzack)教授作为评估项目主任,对民族学校发展状况进行评估。2013年12月,项目组在人力资源发展部官网上公布了《民族学校教育纲要:评估报告》,该报告主要对民族学校优质教育纲要的实施效果进行评估,分析实施过程中取得的成功经验和存在的不足,为下一步推进民族学校发展提供建议。该报告提出了要简化援助资金申请程序、提高拨付款的额度,增加教师工资、增加教师数量、设立行政岗位、为民族学校购买更多书籍和教学材料等措施来发展少数民族的教育。

(5)非正规教育计划。

根据印度的国情和教育现状,目前印度还有许多教育落后地区和弱势群体的儿童没有条件也没有能力接受正规教育,而这些地区的人口又占印度的大多数,因此,实施非正规教育对提高弱势群体的基础教育水平起着至关重要的作用。非正规教育是对教育体制之外教育活动的混合形式的总称,是相对于正规教育而言的,它不是一种体制。

从1978年开始,印度开始重视非正规教育的作用。国家政策层面的保障体现在《国家教育政策》中,其中明确指出要为处于不利地

---

① MHRD, Government of India, The Scheme of Scholarship at Secondary Stage for Talented Children from Rural Areas, Scholarship, http://education.nic.in/schbenefrl.asp.

② Scheme for Infrastructure Development in Minority Institute (IDMI), http://mhrd.gov.in/idmi, 2017-10-21.

位的儿童制定一项适宜的和系统的非正规教育计划。非正规教育主要是针对6—14岁中因为多种原因不能入学的儿童。印度中央政府为了保证他们的教育机会，通过民办机构或农村的村级自治机构创办的各种非正规教育中心给不能正常入学的儿童提供与正规学校相匹配的课程和教育配置。另外，该计划还对这些儿童提供各种类型的教育活动如建立四季学校、开展户外交流活动等来丰富他们接受教育的形式，以更为多样的方式来帮助他们完成基础教育阶段的学业。

(三) 职业教育扶贫政策

印度的职业教育主要从高中阶段开始，可分为学校系统内和学校系统外两大系统。中央政府和专家学者高度职业教育发展，致力于平衡"脑力和体力"、学术研究和专业技术之间的关系。

1. 中等教育职业化计划

"中等教育职业化"于20世纪60年代的"科塔里教育委员报告"中提出，1988年2月正式启动。该报告认为中等教育发展中最为重要的问题是教育职业化，并规定了全国的"10+2+3"教育学制，并在高中2年进行多样化课程设置，实施分流，规定了学校课程的终身性、多样性、适切性等。自该计划实施之后，印度很多邦已开始在高中阶段实施教育职业化。另外，印度的职业教育方式多元化，包含了普通教育职业化、艺徒培训、技术员教育和技术教育等类型。①

2. 教育职业化五年计划

教育职业化五年计划（1985—1990年）是《国家教育政策》的补充，其主要规定如下：第一，实行社会有用生产工作（工作经验）计划 [The Socially Useful Productive Work（Work Experience）Programme]，强调教育与工作以及提高职业道德与养成良好工作习惯之间的紧密联系。第二，要求在教学过程中应更好地利用和综合社会专门知识，并利用当地工厂的设备来提高学校的办学水平。第三，加强教育与生产联系。职业教育的设备包括农业、工业、贸易、社会服务等诸多领域。学校应给予学生足够被雇用或自我就业的知识和技能，向学生提

---

① 梁忠义、李守福：《职业教育》，吉林教育出版社2000年版，第57页。

供进入高等普通或专业教育学习的机会。第四，成立专业委员会。专业委员会在评估职业化计划的同时，要对计划进行重组和完善，以促进教育更好地满足经济发展对劳动力的需要。另外，在此期间印度政府提出要大力发展信息技术（IT）产业的政策，积极提倡职业学校、企业或培训机构实施 IT 职业教育与培训。

3. 国家职业教育资格框架

21 世纪初，印度对职业教育发展而进行的积极探索更为全面。2012 年 9 月颁布的国家职业教育资格框架（National Vocational Education Qualifications Framework，NVEQF），昭示着印度职业教育现代化的开端。该框架属于一个描述性框架，它依据一系列的知识层次和技能标准来组织资格证书框架。无论是通过何种学习方式（正式、非正式、非正规教育或培训），学习者必须掌握特定的能力，然后有关机构按照国家职业标准，从知识或技能层面对学习结果进行认定，给予学习者一定学分，最后根据学分颁发资格证书。因此，这种资格框架能提供多种贯通衔接的学习渠道，既能在职业教育内部，也能在普通教育、职业教育和劳动力市场之间，建立一个从较低层次学习到另一更高层次学习的通道。无论学习者在教育还是在技能系统中的任何起点，均能获得继续发展。[①]

（四）高等教育扶贫政策

印度弱势群体长期遭受的极端不公正待遇，使他们受高等教育的机会十分有限。为了发展弱势群体的教育，政府为弱势群体在升学和就业方面保留了一定的名额，这在一定程度上为弱势群体接受高等教育奠定了良好的基础。另外，政府还提高了弱势群体接受高等教育的资助力度，设立了专门机构来监督各部门的运行以及评估弱势群体项目的进展，从而对弱势群体进行全面资助。

1. 保留权计划

保留权计划（Reservation Policy）是一项针对弱势群体而制定的

[①] 李继延：《中外职业教育体系建设与制度改革比较研究》，复旦大学出版社 2014 年版，第 131 页。

优惠保护政策。该计划指出,中央政府和各邦政府要在宪法的保障和规定下,根据弱势群体在总人口中所占的比例,为表列种姓、表列部落以及其他落后阶级在升学和就业方面保留一定名额的政策,其目的在于改变他们在社会经济、政治和教育上所处的劣势地位。印度独立以后,为处于社会底层长期受压迫和歧视的表列种姓、表列部族以及其他落后阶级分别保留了15%、7.5%和27%的高等院校入学名额。该政策保证了弱势群体学生在入学时的优先录取权。但是,该项政策因为存在很多的争议,于2008年才开始正式实施。

尽管该项政策产生了极大的社会争议,且其政策落实进展缓慢。但值得肯定的是,该政策的实施对弱势群体的社会地位、教育水平、人口素质等方面有明显的改善作用,为印度和谐社会的构建做出了极大的贡献。据统计,印度的医学院每年接收大约1万名学生,其中有将近1/4的学生来自落后种姓和部落。

2. 学生资助计划

为了发展弱势群体的教育,印度中央和地方政府提供了各类奖学金,主要包括大学拨款委员会奖学金、高中层次以上助学金、劳动部颁发的奖学金、中央颁发的奖学金、拉吉夫·甘地全国研究生奖学金。针对民族学生的高等教育毛入学率低于非少数民族学生的毛入学率问题[①],印度大学拨款委员会在《关于"十二五"计划期间的工作报告》(*The UGC's Approach Paper to the XII Five Year Plan*)中提出了关于对少数民族学生的建议。UCG建议扩充现行的一些计划以便提高少数民族学生高等教育入学率。这些计划包括为表列群体和少数民族学生提供本科、研究生和博士后奖学金,建立寄宿制补习学校,开设高等院校补习班,提供书籍等。在语言学习方面,"巴沙计划"(Bhasha Initiative)指出,要重视印度语在提升弱势群体学习成绩方面的重要作用。根据此计划,建立有关印度语的教育资源中心并开发教学和学习资源材料如图书、媒体等。

---

① 安双宏等:《印度教育公平战略及其实施成效研究》,浙江大学出版社2015年版,第133页。

3. 整合评估计划

"十二五"时期，印度政府在全纳教育理念的影响下，将缩小并消除性别、区域、阶层之间的差距作为高等教育关注的焦点，致力于构建公平、和谐的高等教育体系。为此，印度政府实施了众多措施，其中对教育资源的整合成了一项重要任务。在第十二个五年计划开始实施以后，印度政府加大了对弱势群体的奖学金资助力度，并提高数额、整合所有的学生资助计划并付诸统一实施。另外，印度对高等教育的各执行部门进行了整合，将在高等教育领域实施的有关教育公平和减贫的各种计划统一整合为"高等教育机会均等计划"，这大大地提高了各部门执行的效率和力度，方便统一管理和实施。政府还将国家多维"弱势指数"（Index of Disadvantage）机制运用到综合评判各高校对弱势群体学生的容纳和财政支持方面的表现，从而对高校更完善精准地实施扶贫提供监督。

第四节 印度教育扶贫政策的主要特征

印度的教育扶贫政策在历经了独立后的失衡探索、全面发展，最终进入21世纪的包容共进期。在这一过程中，教育扶贫政策体系呈现出了三大特征，即以人为本的价值取向、多元参与的扶贫机制、全面覆盖的扶贫体系。

一 以人为本的价值取向

弱势群体是印度政府一直关注的重点，提高弱势群体的受教育水平直接关系到印度基础教育的普及和人口素质的提高，关系到如何让全民尤其是弱势群体享受到社会发展带来的红利，关系到印度社会经济持续稳定和繁荣。印度政府认识到，只有将弱势群体的发展纳入国家宏观发展战略中，通过有质量的教育让弱势群体掌握知识与技能，改变意识与态度，从而实现脱贫，如此才能够实现印度的"大国梦"，这充分体现了印度政府以人民为中心、以人为本的价值追求。

早在独立之前，英印政府就开始重视弱势群体在社会发展中扮演的重要角色，意识到改善社会弱势群体教育状况的紧迫性，并通过立法对弱势群体进行保护和照顾。独立后，印度从未降低对弱势群体的重视程度，宪法中对弱势群体的保护条款如"国家应特别关注弱势群体的教育和经济利益，并保护他们不受社会的不公正待遇和各种形式的剥削"中明确指出了保障弱势群体教育权利的重要性和迫切性。宪法还授权政府"为表列种姓和表列部落的教育发展制定特别补充条例"。在《宪法》的规约之下，1986年《国家教育政策》以及《1992行动纲领》对发展弱势群体的基础教育、高等教育等方面做出了具体而又全面的论述。另外，中央政府和各邦开展的各项弱势群体教育援助计划如操作黑板计划、营养午餐计划、专为弱势群体开办的非正规教育中心、各类奖学金计划等也为弱势群体公平地接受教育提供了良好的条件。

在国际上，以人为本的价值取向还主要体现在联合国的各项国际会议中。1990年，泰国宗迪恩召开了世界全民大会，提出的全民教育思想对全世界人民影响深远。1993年，九国高端会议通过的《德里宣言》（The Delhi Declaration）对印度的影响很大。从1994年起，印度政府大力开始普及基础教育和扫除文盲，主要通过《初等教育普及计划》和《全民扫盲计划》（National Literacy Mission）来实现目标。2000年，联合国教科文组织（United Nations Educational, Scientific and Cultural Organization，UNESCO）通过了《达喀尔行动纲领》，要求各国政府在2015年以前保证所有因为各种特殊原因不能接受教育的儿童能够接受并完成免费的、有质量的教育。

在国际教育思潮的影响下，2004—2005年在MHRD年度报告中，专门强调了要提高贫困和弱势儿童接受教育的概率和对他们实施大力度的特别资助等措施。21世纪以来，印度为了促使辍学、失学儿童重返校园接受优质教育，规定每年4月的一周为全民教育周，并将其作为一项长期实施工程，纳入国家发展规划之中。由此可以看出，历届政府针对弱势群体的各项支持措施都无不体现其以人为本的价值取向。

二 多元参与的扶贫机制

为构建"有声有色的大国",确保印度社会公平正义的实现,印度充分发挥政治和制度优势,不仅由中央政府与地方邦政府共同发力,还动员全社会共同参与,强化非政府组织、人民群众的作用合力扶贫,发挥脱贫工作的最大效益。

印度主要通过中央和邦通力合作管理教育事业。印度中央政府和各邦政府对全国经济和社会发展计划的指定工作负有共同责任。中央政府是印度制订宏观的教育扶贫规划计划和进行财政投入的中坚力量,各邦政府接受中央政府的领导,在中央政府的重要指示下,开展各邦的具体扶贫工作。各县、乡级行政单位也被赋予各自的教育管理权限,在扶贫工作中起了重要的作用。各邦在负责各级教育的过程中积极性得到了最大限度的发挥。由此,针对弱势群体的教育扶贫政策,如初等教育普及计划、中等教育普及计划、妇女平等教育计划等在政府层面上得到了有效的保障。

非政府组织在印度教育扶贫过程中充当着极为重要的角色。印度的非政府组织有20.4%活跃在教育领域,并且大多数都集中在农村偏远地区。20世纪80年代以后,政府开始采用资金直接支持非政府组织的方式,将非政府组织纳入国家扶贫规划的具体项目中,典型的如乡村综合发展项目、乡村妇女儿童发展项目、非正规教育项目、全民扫盲运动等。非政府组织的存在在一定程度上制约并监督国家教育扶贫政策的制定和实施,成为沟通社会各界的桥梁,这在一定程度上推动着教育扶贫攻坚的进程。另外,在整个扶贫过程中,弱势群体也积极参与进来,努力提高自身教育能力,力争阻断教育贫困的代际传递。

三 全面覆盖的扶贫体系

印度的教育扶贫政策在经过了七十余年的不断完善后,形成了扶贫的全方位覆盖,实现了贫困地区弱势群体学前教育、义务教育、中等教育、职业教育、高等教育、学校基础设施建设、学生资助体系、非正规教育等领域的教育扶贫全方位覆盖,这成为印度构建学习、知识型的和谐社会的坚实基础。

第五章 印度教育扶贫政策

在这些教育政策措施中,既有对贫困地区弱势群体教育发展的总体部署,也有具体的项目支持。例如,颁布《宪法》从法律上确保弱势群体的教育权益、出台基于"机会平等"的《国家教育政策》、实施基于"弱势补偿"的教育计划。既有针对外部基础设施建设的具体规定,也有致力于提高贫困学生个人素质的措施。例如,操作黑板计划改善了贫困地区的设施条件,初等教育普及计划保障了弱势群体的受教育机会,提高了弱势群体的受教育水平。既有对学前教育的具体规定,也有对初等教育、中等教育、职业教育、高等教育的具体要求。从实施的领域看,既有对正规教育的要求,也有专门针对贫困地区的非正规教育。例如,印度政府十分重视非正规教育在初等教育中所起的作用,且非正式教育这一与正规教育并存的教育体系对近 1/3 的初等教育学生产生了影响。[1]

另外,印度政府对教育的资金支持是构建全面覆盖的教育扶贫体系的重要支柱。自1986年影响印度教育发展进程的《国家教育政策》颁布以来,印度中央和地方教育部门教育经费的支出大幅度增加,二者对教育的投入金额总额高达1000亿卢布。[2] 与此同时,有关保障弱势群体的机构部门也加大对教育的投入和支出。到2000—2001年教育总支出占GDP的比例为4.28%,达到了历史高峰。2009—2010年度,教育支出总额超过24250亿卢比,约合3400亿元人民币,其中,约80%的支出投入在中小学领域(不包括私立学校)。[3]

从总体上看,印度内外兼顾的教育扶贫政策措施为弱势群体提供了接受教育的机会和权利,促进了教育在各个区域、领域内的均衡发展。虽然印度在教育扶贫的过程中出现了众多问题,还有不尽如人意之处,但印度政府为促进弱势群体脱贫而进行的政策探索对广大发展中国家不无借鉴和参考意义。

---

[1] A. B. Bose, The Disadvantaged Urban Child in India, http://www.unicef-irc.org/publications/pdf/ucs 1.pdf. 1992-01/2017-12-07.

[2] Statement Indicating the Public Expenditure on Education, http://mhrd.gov.in/sites/upload_files/mhrd/files/Public%r 20Expenditure.pdf.

[3] Ministry of Human Resource Development, Government of India, Educational Statistics at a Glance, http://mhrd.gov.in/sites/upload_files/mhrd/files/EduStat Glance-2011_0.pdf.

第六章

巴西教育扶贫政策

　　巴西，全称巴西联邦共和国（Republica Federativa do Brasil），是拉丁美洲国土面积最大的国家，其人口数居世界第5位。1822年，巴西独立，政府开始着手发展经济。第二次世界大战结束后，巴西经济在历届政府的努力下得到了快速发展，成为全球第八经济大国，国民生产总值达到8000亿美元，人均产值5000美元。但巴西的贫困问题依然十分严重，并且还是世界上贫富不均最严重的十个国家之一。

　　巴西不仅存在贫富差距悬殊的问题，其社会的种族不平等也是影响社会发展的顽疾之一。早在20世纪50年代，巴西经济学家雅凯斯·兰贝特（Jaques Lambert）提出两个巴西的概念，一个是城市，另一个是农村。他指出，巴西的城市在向美国发展，农村正在向落后的印度看齐。据世界银行统计，1995年每天生活在不足1美元的贫困人口占总人口的23.6%。[①] 而且巴西10%最富者的收入比10%最穷者的收入要高出65.8倍，基尼系数高达0.6。由于历史、地理、文化和自然条件的差异，巴西的发展程度呈现出两种截然不同的状况：发达的临海巴西（主要在巴西东南）及欠发达的内陆巴西（主要在巴西东北、北部）。据有关数据显示，到20世纪末期，东北部地区人口密度29.34人/平方千米，成人文盲率28.7%，居各地区之首。1995年东北部地区产值占国内生产总值的12.5%，1997年东北部地区人均产

[①] 尚玥佟：《巴西贫困与反贫困政策研究》，《拉丁美洲研究》2001年第3期。

值为2220美元,而东南部地区在同年的人均产值高至7381美元。[①] 另外,巴西的种族与贫困、性别等问题交织在一起,有色人种在整个社会政治、经济地位低下。巨大的地区差异、贫富悬殊以及种族差异使巴西的教育状况也出现了分层。

巴西的教育状况不容乐观,教育领域中存在不平等现象,明显地体现在教育地区差距和种族差异等方面。如表6-1所示,巴西教育领域存在巨大的城乡差异,文盲率农村普遍高于城市,而贫困线以下人口,农村则占到大多数。例如,南沿海的里约热内卢周边区域入学率较高,西部的亚马逊州等区域入学率相对较低,东北部的马尼拉尼昂州等区域的入学率是最低的。另外,巴西的有色人种在整个社会政治、经济地位低下,使得其教育文化水平十分落后。如表6-2所示,未受过教育的白色人种比未受过教育的有色人种人数比例低15%,完成11年教育的白色人种比例比有色人种高5%,完成大学的白色人种比例比有色人种高8%。就平均月收入而言,同样是未受过教育者,白色人种比有色人种高45%,完成大学教育的白色人种比有色人种平均月收入要高出近30%。

表6-1 最发达地区和最落后地区城市与农村的教育差异(1988年)

项目	城市		农村	
	东北部地区	东南部地区	东北部地区	东南部地区
文盲率(%)	25.3	9.5	52.7	26.9
20岁以上4年教育(%)	41.6	50.2	9.9	16.2
20岁以下8年教育(%)	22.5	27.9	3.5	5.5
贫困线以下人口(%)	39.4	10.8	67.4	41.5

资料来源:吕银春:《经济发展与社会公正巴西实例研究报告》,世界知识出版社2003年版,第89页。

[①] 吕银春:《巴西对落后地区经济的开发》,《拉丁美洲研究》2000年第5期。

表 6-2　　巴西 1995 年有色人种与白色人种 30—49 岁男性完成最高教育年限及月收入比较

受教育年限	各组受教育百分比（%）			平均月收入（%）（以未受教育的有色人种为参照标准）		
	有色人种	白色人种	总体	有色人种	白色人种	总体
0 年	23.4	8.3	14.9	1.00	1.45	1.14
3 年	9.5	7.1	8.1	1.69	2.18	1.93
4 年	17.0	18.9	18.1	2.28	2.89	2.64
8 年	8.0	10.6	9.5	3.07	4.26	3.83
11 年	9.4	14.5	12.3	4.67	6.15	5.66
大学	2.9	10.9	7.5	11.28	14.67	14.10

资料来源：Lam, D., Generating Extreme Inequality: Schooling, Earnings, and Intergenerational Transmission of Human Capital in Brazil, http://www.eric.ed.gov/sitemap/html, 2017-10-22.

面对如上窘境，巴西在独立之后，尤其是 20 世纪 80 年代以来，特别针对落后地区和种族的贫困问题进行了一系列的社会改革。如何通过教育来提高贫困地区以及社会下层民众的生活水平，从而实现地区之间、阶层之间的教育公平是巴西历届政府改革战略的重要关注点。

第一节　巴西教育扶贫政策的演进历程

早在独立之初，巴西的第一部宪法中就提出了对公民接受普通教育的免费权利。进入 20 世纪以来，巴西政府开始调整各级各类教育的体制和结构，各级各类教育有了较快的发展。但是，城乡教育条件差异大导致农村学校的教育质量十分低下。据 1934 年统计，巴西的文盲人数仍占 52% 以上。[①] 第二次世界大战结束后，巴西恢复了民主政府，政府为解决下层民众的贫困大力发展教育。自此，巴西的教育扶贫政策历经初探、转折以及发展期，走向更为完善、公平的未来。

---

① 黄志成：《巴西教育》，吉林教育出版社 2000 年版，第 39 页。

一 起步初探期（1945—1985年）

在第二次世界大战结束之前，巴西政府致力于巩固统治和发展经济，教育并未受到高度重视。直到20世纪30年代瓦加斯（Getulio Vargas）执政时期，文化教育才有了一定的变化。瓦加斯主张变革，为妇女争取选举权、实施给工人群众社会福利的政策，提高了政治民主的程度。他提出了民众教育思想，认为要让巴西的市民成为模范市民，必须通过教育来实现此目标。由此，瓦加斯政府于1930年建立了第一个主管教育的职能部门——教育与卫生部（Education and The Ministry of Health），负责出台国家教育方针和教育计划。在政府支持下，1934年巴西将"所有人都享有教育的权利，教育应由家庭和公共机构来实施"第一次写进宪法第149条。有关数据显示，自1934年全国教育体制初建后，巴西的初等学校迅速增加，从1930年的2万多所增加到1945年的5万所。[①] 瓦加斯关注民众教育，维护民众受教育的权利，为巴西教育的公平发展奠定了良好基础。

第二次世界大战结束，巴西进入库比契克（J. Kubitschek）总统领导的民主共和国时期。1946年，巴西立宪议会批准了一部新宪法，宪法中明确把小学教育纳入国家义务教育，条文规定儿童需要接受4年初等义务教育，该阶段由政府免费提供。每年联邦将不少于10%，各州、联邦区和市将不少于20%的税收用来维持和发展教育，该举措使巴西中下层民众获得了更多的受教育机会。1961年12月20日，巴西的第一部教育法——《国家教育方针与基础法》（*Lei das Diretrizes a Bases da Educacao National*，*LDB*）颁布，法律对教育权、教育机会等方面做了明确的规定。这一时期的巴西，经济有了较大的发展，但教育发展还是较慢。虽然国家颁布了新的宪法和富有创新精神的巴西第一部教育法，改革了巴西的教育制度，然而正如汉斯曼和哈尔指出的那样，"没有建立一个新的制度"。

1964—1985年，军人政府将稳定巴西的政治和发展经济作为其主要任务。经济的发展对教育提出了新的要求，这一时期是巴西教育重

---

① 黄志成：《巴西教育》，吉林教育出版社2000年版，第48页。

大改革和发展期。在这一阶段，巴西政府将教育置为国家发展战略之首，对各级各类教育进行了全面的改革。1968年和1971年政府分别出台了《大学改革法》（*The University Reform Law*）和《初等教育和中等教育改革法》。《大学改革法》为巴西高等教育向现代化发展奠定了基石，尤其是联邦政府将资金分配给州立和私立的学校来资助贫困学生等举措，提高了高等教育的入学率，保证了高等教育的公平性和科学性。《初等教育和中等教育改革法》中规定，将免费义务教育的年限从4年延长到8年，并实施普通教育和职业教育相结合的体制。另外，该法案中首创了一种非正规教育体系，保证了那些没机会上学或中途肄业的青少年和成年人继续就读完成学业，并为已经完成或部分完成学业的人提供进修的机会。此外，还有巴西扫盲运动（Movimento Brasileiro de Alfabetização，MOBRAL）也在此时开展起来，对巴西非正规教育以及正规教育都产生了巨大影响。虽然在这一时期巴西的教育有了一定程度的发展，但是改革对基础教育的忽视，使巴西确定在20世纪内普及义务教育的承诺不可能兑现，教育的地区差异依旧很大。

据巴西研究报告显示，直到1983年，巴西7—14岁儿童的入学率只有67%，而东北地区连50%都未达到。巴西教育部长曾明确表示，巴西教育的这种状况是国家教育制度的失败。同时，教育机会不均依然很严重。巴西北部、东北部地区的教育和巴西南部、东南部地区的教育，在学校办学的硬件设施、师资条件、教学质量等方面参差不齐。即使在同一地区，城镇与乡村、公办与私立之间的学校教育差距十分明显。因此，巴西政府于20世纪80年代中后期进行了全面改革，教育发展进入了转折期。

二 重大转折期（1985—2001年）

20世纪80年代中期，巴西结束了军人统治，进入了共和国时期。1988年，巴西政府积极投身国际社会，致力于世界经济建设。由此，巴西实施新自由主义经济理念下的经济改革，期望走出经济下滑困境，刺激经济发展，实现社会公平。经济改革的同时使政府开始转变扶贫策略，将推行的以经济增长为目标的"发展极"反贫思想转变为综合运用"赋权"收入分配和人力资本等反贫困理论来指导反贫困实践,从效率唯一变为效率公平兼顾,从注重经济高速发展转为强调政府政策效能,逐渐向公平分配社会财富以及保障穷人分享经济发展成果、提升贫困人口的能力等方面努力。

在国际上,全民教育(Education for All,EFA)理念于 1983 年在 UNESCO 大会上第一次被提出。随着各国对全民教育关注度的增加,1990 年 3 月,多个国际组织在泰国宗迪恩召开了世界全民教育大会,155 个国家和 150 个政府及非政府组织通过了《世界全民教育宣言》(*World Declaration on Education for All*)。该宣言简洁明确地阐述了包括公平、学习和非正式条款等在内的相关教育政策。在全球化背景下,受全民教育思潮的影响,巴西积极参与全民教育大会,并做出了实现全民教育目标的承诺。为了履行自身承诺,实现全民教育目标,巴西必须出台相关政策措施来提高教育质量,实现教育公平。

反贫困战略的转变以及全民教育理念的提出,为巴西教育扶贫政策的制定奠定了坚实的基础。巴西于 1988 年颁布新宪法,宪法中立足于国内教育发展现状,将提升教育质量及保障教育公平作为巴西下阶段国家教育发展的战略核心,并将教育发展的战略重点逐渐由高等教育移向基础教育,重点面向贫困地区未接受教育的学生,它规定全民优质教育、平等入学永远是国家的义务;学生无论背景、信仰、性别、种族,都可以平等接受公立教育。[①] 因此,巴西政府在这一时期先后制订了"巴西全民教育十年计划(1993—2003)"、助学补助金计划、扫盲教育计划、全国全面援助儿童青少年计划、东北地区基础教育计划、印第安人教育计划、学校学生资助计划等。这些计划对巴西教育质量的提高、教育公平的实现、贫困人口的减少具有全局性支撑作用。其中,教育补助金计划对巴西教育的改善最为明显,其影响也最为广泛。1995 年,巴西宪法修正案的颁布推动了教育普及,还规定成立了"初等教育维持和发展及教师专业发展基金"(Fundo de Manutenção e Desenvolvimento do,FUNDEF)。有了这个基金后,各州

---

① 万秀兰:《巴西教育战略研究》,浙江教育出版社 2014 年版,第 25 页。

和市开始从联邦得到足够的资金以确保为7—14岁学生提供普及而免费的教育。

三 奋进发展期（2001—2010年）

影响巴西教育的导航性政策《国家教育规划（2001—2010）》[National Education Plan（2001-2010）]于2001年出台。该政策明确指出各级政府在教育发展改革中的重要地位和作用，提出了巴西教育发展要以提高质量、缩小差距、实现民主公平为主要目标。该规划是巴西促进教育公平、进行教育扶贫的主体政策。

2003年，左派政府执政，开始了追求"公平与独立"的改革。"零饥饿计划"是改革的重要组成部分。为了保证穷人的营养，保障学生不会因为身体状况而辍学，左派政府开始实行"零饥饿计划"。由此，政府专门成立了反饥饿和社会发展部（统称社会发展部）（Anti-hunger and Social Development）和各类政府救助机构，来保障各类社会救助计划如奖学金计划、食品券计划等的有效实施。巴西经济在此时也开始出现复苏。[1] 2011年，罗塞夫针对贫困人口颁布了一项减贫计划"巴西无贫困"（Brasil Sem Miséria），提出要扩大教育的服务规模，其中包括扩大家庭救助保障金的保障范围。随着巴西教育改革的不断深入，罗塞夫指出其第二任期的发展重点就是保障巴西的贫困人口能够享受公平、优质的教育。

由此可以看出，21世纪以来，巴西政府在关注经济发展的同时也在着力发展社会福利。在教育方面，巴西政府不断扩大对教育的投入，加大对穷人教育的关注度，这有利于巴西教育质量的提高和教育公平的实现。据有关调查显示，到2010年，来自收入分配底层的6岁儿童，完成的教育超出了其父母的两倍以上，并且"无论这个孩子的学校在哪，政府用于每个学生的支出，都确保了学校配备有充足的桌椅、水电、书本、铅笔，以及练习册。这些孩子的老师至少拥有中学学位，并且巴西全国60%的教师都具有高等教育证书……或许最重

---

[1] 江时学：《2004—2005年：拉丁美洲和加勒比发展报告》，社会科学文献出版社2005年版，第125页。

大的变化就是,各级学校系统都知道孩子学到了多少"。①

第二节 巴西教育扶贫政策的重要主体

巴西教育扶贫政策制定和实施的主体主要为联邦政府、州、市政府与非官方组织、人民群众。在官方层面,主要由联邦教育局、州教育局和市教育局主管教育扶贫工作。其中,联邦政府起着宏观上的主导作用,州、市政府对各层级的教育负有相应的责任。在非官方主体层面,非政府组织以及学校、民众在巴西教育扶贫政策的制定和实施中扮演着重要的角色,他们既是政府政策制定的合作者、执行者,也对政府部门政策执行情况起着制约、监督和督促的作用。

一 联邦政府

根据宪法规定,巴西的教育行政体制分为联邦、州、市三级。各级政府教育机构均由规范机构(各级教育委员会)和执行机构(教育部、厅、局)组成。② 各级政府的教育委员会负责对教育法律法规的解释和具体政策的制定,各级教育局负责实施。由此可以看出,巴西教育扶贫政策的制定和实施由联邦、州及市政府共同承担。其中,联邦政府作为重要扶贫主体之一,在国家教育扶贫政策的制定和实施中起着宏观的指导作用,联邦教育部和联邦教育委员会是教育扶贫政策制定和实施的重要国家机构。

1988年的宪法提出:"宪法承担义务,使国家教育政策致力于提供全民教育(全民教育可以理解为保证受教育和入学平等,保证教学质量和扫除文盲)。"③ 联邦政府负责关于《国家教育方针和基础法》的立法,协调和发展《国家教育规划》,为州、联邦地区和市政府优

---

① Barhara Burns, David Evans & Javier Luque, *Brazilian Education* 1995-2010: *Transformation*, Washington, DC: World Bank, 2012, pp. 2-3.
② 万秀兰:《巴西教育战略研究》,浙江教育出版社2014年版,第30页。
③ 国家教育委员会政策法规司:《世界教育发展新趋势(1988—1990)》,北京大学出版社1993年版,第90页。

先发展义务教育提供技术部和资金援助。另外，联邦政府在高等教育管理上具有优先权，教育部作为全国教育系统的最高行政机构，是负责全国教育事务的最高机构，其主要负责政策的制定、执行和评价，制订计划和实施行政管理，向各州、联邦区和市政府提供技术和财政援助以发展其学校系统尤其是义务教育系统。联邦教育委员会是负责全国教育系统（公立、私立、宗教和世俗、各级各类所有的教育）规范的最高机构，并在联邦教育行政管理范围之内代表官方解释所有有关全国的教育方针与基础法。2003年，在联邦政府层面成立了反饥饿和社会发展部（统称社会发展部）（Anti-hunger and Social Development），负责"家庭津贴"计划，与此对应，各州、市均成立了社会救助厅（局）（Social Assistance Department）。

二 州、市政府

州政府和市政府在教育扶贫政策的制定和实施当中起着不可或缺的作用，它们在联邦政府的指导下在各个教育阶段承担不同的责任，履行各自的职责。1996年的《国家教育方针和基础法》对各级政府在教育管理中的责任进行了具体的规定，规定每一级政府都负责一个层级的教育。市政府负责学前教育和初等教育，州政府承担中等教育，但是初等教育的管理和财政投入主要由州和市政府共同分担（见表6-3）。

表6-3　　　　　　　　巴西各级政府的教育法定责任

学段	市	州	联邦
学前教育（0—5岁）	保障供给以满足需求，因为学前教育不属于义务教育阶段	在技术和资金方面与市级政府合作	在技术和资金方面与州政府合作
初等教育（6—14岁）	与州政府共同协作	与市级政府合作来保障初等教育	技术和资金合作，力求保障教育机会的公平
中等教育（15—17岁）	只有在满足前几个教育层级的需求后，才提供高中教育	优先参与	
高等教育		与联邦政府共同负责	优先参与

资料来源：Brazilian Federal Constitution and Lei das Diretrizes a Bases da Educacao National, The Law of Guidelines and Bases for Education in Brazil.

与联邦政府的机构组织相类似,州一级的教育厅负责州立学校的行政管理,州教育委员会负责教育规范和标准方面的事务。州政府要确保所有年龄组和各个层次的人接受教育;确保第一级教育(初等教育)的发展享有最高的优先权;确保政府在扫盲工作中的统一;确保所有的人都可以得到学校的服务;提供适当、正规的夜校教育;挑选政府教育官员;按照宪法分配教育经费等。市一级还未形成单独的教育体系,而主要由州教育委员会下放一部分权力给市。市教育行政机构的负责单位是市教育局,以及与州教育委员会起相同职能的市教育委员会。市一级教育委员会在尊重全国教育方针与基础法以及所属州的教育法规的前提下,也可以通过有关的教育法律。

巴西实行的联邦、州和市三级政府协同管理的教育体系,对教育扶贫政策的制定和实施有着积极的意义,其明确三级政府应承担的责任,提高教育政策执行的有效性和针对性,避免联邦集权或者地方分权下造成的种种弊端,有利于将扶贫政策落到实处。在一体化的教育管理体系中,学校作为向全民提供免费义务教育的公共机构,必须提供"充满活力的、意义重大的、高质量的教学",同时使学校成为"民主的学校"。可以说,巴西的学校成为教育扶贫政策制定和实施的重要主体之一。

三 非政府组织

20世纪80年代中期以来,巴西非政府组织关注的社会领域不断拓宽,涵盖了农村、卫生、健康、教育、环境和发展等各个领域,其社会角色呈现多样化发展趋势。巴西有关教育类的非政府组织的类型是教育与科研类,它仅占巴西所有非政府组织的6.3%,但是其在政府扶贫过程中起着非常重要的作用,它不仅是政府的合作伙伴,还对政府部门政策执行情况起着制约、监督和督促的作用。主要表现在以下几点。

第一,政府决策环节的伙伴。根据巴西对非政府组织类型的划分,教育研究类非政府组织可以为政府进行教育扶贫政策的决策提供辅助。其通过对教育问题的深入调查和分析,用数据呈现其原貌,并在科研材料中会提出一些合理化的意见,从而保证政府决策的有效性和科学性。另外，一些教育和科研类组织的成员作为代表也被补充到政府决策部门中，在政策制定过程中可直接参与，发挥其重要作用。

第二，政府执行环节的伙伴关系。政府部门和非政府组织在教育领域是通过不同途径和方式来发挥作用的，政府部门主要通过政策的手段，而非政府组织则主要通过社会动员的途径，但两者在某些具体问题上的目标是相似的。在巴西，非政府组织和政府部门密切的伙伴关系在教育扶贫政策方面体现得尤为明显。例如，"团结互助计划""全民教育十年计划"等国家教育政策的制定就是在非政府组织以及社会各界的参与下制定的。"信息民主化委员会"（Comite para Democratizacao da Informatica）是巴西第一个面向低收入阶层开展计算机培训的非政府组织，也是巴西发展最好的非政府组织之一，它不仅推动了巴西低收入阶层的信息技术推广，而且也成为巴西非政府组织国家化的成功代表。

第三，与政府的互补关系。非政府组织关注全社会各方面的问题，覆盖范围较广，有些政府组织和非政府组织的活动领域存在交叉和重合，但也有许多非政府组织关注的问题正好是政府部门工作的盲点，在这些领域中，非政府组织实际上为政府部门发挥着非常重要的补充作用。以"里约万岁"（Viva Rio）为例，1993年成立的该组织致力于促进和平文化和社会发展，其工作重点是防止和打击城市暴力，但是该组织的社会计划非常多样化，包括青少年和成人职业培训、向低收入阶层提供微型贷款等。这类综合性较强且规模较大的非政府组织可以关注政府部门尚未或难以涉及的领域（比如贫民窟治理、印第安人保护、亚马孙地区管理，等等）。另外，这些规模较大且辐射较广的非政府组织还可以打破联邦、州和市三级政府部门在公共政策上的差异，实施一体化程度更高的社会计划。另外，有关印第安人、妇女、黑人等弱势群体问题的非政府组织发挥着督促政府的角色，它们通过积极的斗争以及相互协作等方式，推动政府制定相关法律法规，维护弱势群体的权益。

第三节　巴西教育扶贫政策的制度安排

在巴西教育扶贫政策的制定和实施过程中，法律法规成为教育扶贫政策制定的重要基石。例如，《宪法》从国家的最高法律层面对教育发展和改革提出了具体的方向和要求，《国家教育方针与基础法》以法律的形式来呈现教育改革政策和措施，赋予教育扶贫的法律权力，以提高教育扶贫的有效性。另外，国家的教育战略规划是教育扶贫政策制定的导向。在此基础上，教育部等政府部门也相应地颁布了众多教育援助计划。由此，巴西教育扶贫政策在法律保障、战略规划导向以及援助计划执行的框架之下继续不断地完善。

一　法律保障

（一）《宪法》

1822 年至今，巴西共颁布了七部宪法。1988 年宪法为现行宪法。巴西 1988 年颁布的《宪法》中对教育的原则、公立教育和私立教育、教学内容、教育体系、教育经费等方面做了详细的规定。宪法规定政府和家庭都负有对教育的责任，教育对所有人来说都是平等的。教育发展的目标之一就是要普及教育和提高教育质量，并且教育应遵循入学与受教育机会均等的原则。国家要保证对贫困学生实施免费、义务的基础教育。《宪法》规定，"所有人在法律面前一律享有无差别的平等"，并"要摒弃一切种族、地区、出身、肤色等方面的歧视"。

为了尊重地区差异性，确保公共基础教育和尊重国家和地区的文化艺术价值，宪法将宗教教育纳入基础教育公立学校的正式课程中，并且规定正规的基础教育用葡萄牙语来实施，印第安人也可以使用自己的语言来进行交流学习。宪法还规定要制定若干年的全国教育计划，以达到扫除文盲、普及教育、提高教育质量等目标。宪法明确巴西公立大学必须提供无偿的、优质的课程和高质量的课程和研究条件；州政府要在保障贫困学生的生活帮助上作出努力。

(二)《国家教育方针与基础法》

1996年12月24日颁布的《国家教育方针与基础法》从国家层面上赋予了教育扶贫的法律权力,明确了各级各类教育的分类,即学前教育、初等教育与中等教育、职业教育和高等教育四个层次,[①] 并规定了每个层次之于教育扶贫的重要措施和意义。巴西《国家教育方针与基础法》规定,国家要免费接收0—6岁的学前儿童入校,并且要保障贫困学生有接受基础教育义务、免费的权利,要明确中等教育对贫困学生的重要意义。针对有特殊需要的贫困学生,国家要视其自身情况而设置教育内容,进行专门教育,对辍学后但依然有意愿接受教育的学生提供丰富多样的教育形式,并加大对基础教育的外部资源支持。

二 战略规划

(一)全民教育计划

1. 巴西全民教育十年计划

"巴西全民教育十年计划(1993—2003)"是在世界全民教育大会召开的背景下,巴西政府为了实现全民教育承诺,于1993年颁布并实施的国家教育扶贫计划。其主要内容涉及巴西基础教育的发展现状、前景、面临困境以及普及教育的措施和方法。该计划在2003年之前达到:学校覆盖面的扩大、适龄儿童入学率的提高、贫困儿童接受教育的机会均等以及师资队伍水平的提升。[②] "全民教育十年计划"的制订和实施保障了全体公民受教育权,促进了巴西基础教育的发展。另外,在此过程中,巴西的"大学内地化"(Interiorization)政策实行,该政策主要针对国内最贫困偏远的学生,帮助因为地域原因而不能接受高等教育的学生,通过为他们在贫困地区创办学校来提高其接受教育的机会。有数据显示,巴西内地市镇的高等教育比大城市的

---

① 朱旭东:《新比较教育》,高等教育出版社2008年版,第88页。
② 黄志成:《巴西全民教育十年计划(1993—2003)的制订》,《外国教育资料》1998年第2期。

高等教育发展速度快。①

2. 一切为了教育计划

2000年在塞内加尔首都达喀尔召开了"全民教育论坛",包括巴西在内的164个国家做出了将在2015年前实现全民教育的六个目标和承诺。巴西承诺实现全民教育的六个目标有:第一,开展幼儿保育和学前教育;第二,为所有民众提供免费的、义务的基础教育;第三,促进青少年和成人学习必需的生活技能;第四,使成年人的读写技能在原有基础上提升50%;第五,到2005年大幅度减小性别差异,到2015年基本实现男女平等;第六,提高教育质量。② 为了实现全民教育在基础教育领域的目标,巴西采取了积极的措施,最主要的措施是实施了"一切为了教育"计划。

"一切为了教育"计划(Education Development Plan,PDE)形成于2007年,其主要内容有:第一,制订"教育发展计划"。通过该计划确保教育质量,实现巴西宪法所提出的基本教育目标,如提供免费义务教育、减少贫困导致的教育边缘化和教育发展的地区差异、消除教育歧视。而教育系统观、教育领导权、促进教育发展、政府的合作与支持、鼓励社会参与和形成责任意识是支持开展"教育发展计划"的六个支柱。第二,制定基础教育发展指标(Basic Education DevelopmentIndex,IDEB)。巴西政府开创性地提出将学校流动和平均监测成果这两个评价教育质量的重要概念合并为一个指标,通过参考基础教育发展指标的最终结果,可以为教育系统建立教育发展目标,促进基础教育的发展。第三,每年为每所学校和学校系统建立两次绩效目标,并在发展和实现2022年教育质量目标的协同行动计划中,为每个州和直辖市提供技术支持。第四,所有参与教育发展计划的州和自

---

① Paulo Renato Souza, "Sector Study for Education in Brazil", Japan Bank for International Cooperation, http://www.jbic.go.jp/english/oec/environ/report/pdf/brazil.pdf, 2005. 22.

② UNESCO Office in Brasilia, Education for All Goals in Brazil, http://www.unesco.org/new/en/brasilia/education/educational-governance/education-for-all/education-for-all-goals/#c169231, 2017-05-31.

治市，都以教育发展计划中的提高基础教育质量为最终目标。① 该计划的实施，加大了社会对教育改革的参与度，增加了联邦政府对各州和地方的财政及技术支持，有效地促进了基础教育的发展。

（二）国家教育计划

2001年，巴西教育部制订了《国家教育计划（2001—2010）》（*Plano Nacional de Educacao* 2001-2010，*PNE*），该计划规定巴西三级政府对实现全民教育各自所承担的责任，提出各级政府要在提高教育质量、教育公平、教育民主、减少教育贫困方面做出努力。2011年，巴西教育部又制订了新一轮的《国家教育计划（2011—2020）》，该文件提出了更为全面的教育发展改革战略，提出要到2020年实现0—3岁儿童教育的全面普及。② "国家教育计划"（2014—2024）规定2019年教育公共投入不低于GDP的7%，2024年不低于10%。同时，该计划还将减少教育不公平、推动入学率和毕业率作为优先任务。此外，方案还将改善教育界的管理，提高教师的教学能力。在学前教育领域，PNE的目标是到2016年实现幼儿教育完全覆盖，2024年之前0—3岁儿童早期教育覆盖率达到50%。同时，PNE还准备让职业技术教育的入学率提高到目前的3倍，并确保所需资金中至少有50%是由公共部门投入的。对于高等教育，PNE将通过提高对高校教师的要求来提升高等教育质量。

三 援助计划

（一）基础教育扶贫政策

《世界全民教育宣言》《达喀尔行动纲领》的颁布对巴西教育战略和政策的调整有着极大的影响。自20世纪90年代以来，巴西调整了教育的战略方向，注重教育质量，促进教育公平发展。在全球化背景下，受全民教育思潮的影响，巴西积极参与全民教育大会，并做出了实现全民教育目标的承诺。为了履行自身承诺，实现全民教育目

---

① UNESCO, Towards Education for All, http://unesdoc.unesco.org/images/0018/001852/185219e.pdf, 2017-05-30.

② Plano National de Educacao (2010-2020), http://fne.mec.gov.br/images/pdf/notas_tecnicas_pne_2011_2020.pdf, 2017-07-20.

标，巴西有针对性地发布一系列国家教育计划，以提升教育质量，促进教育公平。

1. 学前教育发展计划

（1）全面援助儿童和青少年计划。

20 世纪 90 年代初，"全面援助儿童和青少年计划"（The National Comprehensive Assistance to Children and Adolescents）开始实施，该计划对影响儿童和青少年的诸多问题进行了思考，并秉持援助的全面性和及时性原则，提出了具体措施。该计划认为，国家对特殊儿童的保护、儿童健康的关注、学前学校的建立、儿童营养的补充等方面对解决儿童和青少年的发展问题有着十分重要的意义。该计划的制订和实施充分说明了国家对巴西儿童和青少年发展重要性的认识已经上升到了比较高的程度。作为巴西实现全民教育的一个重要改革计划，其在实现教育减贫、脱贫中发挥着重大的作用。

（2）全国公立学前教育系统重建和设施建设计划。

作为加强基础教育的一部分，学前教育已经被纳入基础教育。在 2007 年制订的"教育发展规划"中，巴西政府设立了"全国公立学前教育系统重建和设施建设计划"（The National Program for the Restructuring and Accquisition of Equipment for the Public Preschool Education System，ProInfancia）。该计划保证通过联邦拨款资助市学前教育系统，建设、重建和改善托儿所和学前教育机构的基础设施和日常活动所需的设备。2008 年，该项目在全国不同地区的 470 个城市兴建了 497 所托儿机构，2009 年另建了 700 个协助单位，2010 年再建了 800 个学前教育机构。[①] 另外，巴西还成立了全国早期儿童联盟，由来自非政府组织、大学、国际组织和联邦政府与国会的代表构成。该联盟为早期儿童发展搭建起了国家级平台。

2. 家庭补助金计划

为了促进基础教育的持续健康发展，为保障贫困儿童的教育机

[①] Secretarial for Social Communication, *Presidency of Republic of Brazil*, Brazil Insights Series: Education, 2010, p. 17.

会、提高贫困学生的入学率和毕业率,巴西联邦政府启动并实施了"补助金计划",包括"助学补助金计划""家庭补助金计划"。"补助金计划"属于巴西联邦政府"有条件资金支付转移计划"的一部分,该计划要求接受资助的家庭必须符合相应的条件,如学生出勤率、接受医疗保健检查等,才会为其提供资助。

助学补助金计划最早于1999年作为一个市级基础教育项目开始实施,直至2001年2月才成为一个联邦项目。该计划规定,当家庭月人均收入低于规定的最低限额(90雷亚尔,约合45美元)且有孩子在接受基础教育时,政府可根据贫困程度给予不同程度的教育补助,但学生的出勤率应至少达到85%。[①] 2003年,"助学金补助计划"取得了显著效果,巴西有820多万名学生得到了该计划的资助,大部分适龄儿童进入学校学习,辍学学生重新进入学校,乞讨儿童、童工问题得到有效缓解。同年,卢拉政府在上台当天就宣布实施旨在立足长远解决贫困饥饿问题的"零饥饿计划",目的是保证人们获得适当食品的权利,推动食品安全,根除极端贫困。同年10月,卢拉政府推出新的社会补助项目,将"助学补助金计划""食品、燃气补助金"合并,形成了新的"家庭补助金",对贫困家庭中7—15岁的儿童进行补贴,主要由社会发展部负责。

家庭补助金计划规定,家庭月人均收入低于60雷亚尔的特困家庭和收入在60—120雷亚尔的贫困家庭,可依据家庭月人均收入和处于基础教育阶段的在读子女数获得由政府发放的15—95雷亚尔数额不等的教育补助金。但受助家庭应满足:受助学生的出勤率需达到85%以上,7月以下儿童需定期接受身体检查,怀孕妇女要接受健康教育,其他成年家庭成员需参加健康、卫生、营养等问题的讨论会。[②] 2007年,联邦政府将家庭补助金的发放时岁由15岁延长至17岁,并将补贴金额提高近20%。政府规定,贫困家庭要想得到救助补贴,就

---

① Secretarial for Social Communication, *Presidency of Republic of Brazil*, Brazil Insights Series: Education, 2010, p. 68.
② 柯珂:《巴西促进教育公平的政策研究》,硕士学位论文,浙江师范大学,2011年。

必须保证孩子在学校超过85%以上的出勤率。①

"家庭补助金计划"帮助了巴西大部分的低收入家庭，相对缩小了基础教育入学的贫富分化，保障了教育机会的均等，扩大了对贫困家庭的覆盖，在21世纪初已经覆盖了1300万个家庭，占巴西贫困人口的1/4以上。美国一家新闻杂志曾经报道，巴西港口城市福塔雷萨13岁少年安德瑞德（V. Andrade）在该计划实施之前经常逃学，以便在外12小时出海捕鱼，补贴家用。此计划出台后，他说，"我再也不能逃学了。如果我再逃学一天，我妈妈就拿不到补助金了"。不再逃学之后，他成功地通过了此前两次都没通过的4年级的升学考试。②联合国粮农组织的报告称："谈到食物安全、农村发展和扶贫政策，巴西现在已经成为国际借鉴的标准……巴西已经提前10年达到了联合国千年发展目标的首个目标——1990—2015年消灭极端贫困。"③

3. 各类资助计划

在巴西各项教育资助计划的实施过程中，学生资助基金会（FNDE）起着咨询指导安排的作用，该基金会的焦点目标为全国基础教育阶段的学生，尤其贫困生，主要针对学生的营养、健康、学习资源等方面的资助。经由学生资助基金会，巴西教育部的资助对象为全国公立学校的学生（主要是基础教育阶段学生）。而资助内容主要包括师生的教育活动、午餐饮食、卫生健康等方面，以此使全国所有学生在学习上、身心上发展得到保障。

（1）学校营养计划。

巴西作为一个粮食出口国，巴西的人均日消费热量为3000千卡，比拉美地区的平均水平多出400千卡，但由于严重的贫富分化，仍有10%的人口营养不良，5岁以下发育不良的儿童占11%。巴西为了改善学前和初等教育学生的营养状况，于2004年实施了学校营养计划（National Program of School Feeding，PNAE）。为此，教育部共投入了

---

① 郑秉文：《社会凝聚：拉丁美洲的启示》，当代世界出版社2009年版，第234页。
② Rimer, S., et al., "In Brazil, School Pays", *New York Times Upfront*, 2004（March 8）.
③ ［巴西］若泽·格拉济阿诺·达席尔瓦等：《零饥饿计划：巴西的经验》，许世卫、李哲敏、李干琼译，中国农业科学技术出版社2014年版，第65页。

约12.5亿雷亚尔保障该计划的有效实施。[①] 截至目前，该计划已在约20万所学校中实施，涉及日托班、幼儿园、基础教育阶段和原住民学校共3000多万名学生。

（2）学校健康计划。

为了保证公立小学学生的健康，学校健康计划（National Program of School Children's Health，PNSE）主要通过学校教育、预防和治疗等措施来实施。该计划的基本方针是通过地方政府来提供服务，并聘用中级专业人员（在高级专业人员的监督下）负责进行健康领域的工作。

（3）学校资源优化计划。

为了给学校提供更优良的教学和学习环境，为贫困学生提供更为便利的上学条件，巴西颁布并实施了一系列学校资源优化计划，如学校教科书供应计划，教具、图书馆配备计划，"通向学校之路"校车计划等。根据这一系列计划，巴西的学生资助基金会以及各州、市教育部、教育厅为公立小学的学生分发教科书、教具、学习用品，为他们提供可供阅读的图书馆，并且还设置了奖学金，以此作为激励他们接受教育的积极性和主动性。

（4）东北地区基础教育计划。

为了改善东北落后地区的教育状况，巴西教育部颁布了"东北地区基础教育计划"。该计划主要通过对东北的贫困学校提供资金、技术等方面的支持，对贫困地区教师的培养，基础设施的保障，学校发展计划和教学计划的制订来达到东北地区基础教育质量的提升。

（二）职业教育扶贫政策

巴西职业技术教育机构由以下五部分组成：邦属系统、州属系统、市属系统、私人部门系统、S系统（S-System）。巴西有三个层次的职业技术教育，第一种是基础职业技术教育（Basic TVET）（初等教育阶段），第二种是技术教育（Technical Education）（中等教育阶段），第三种是科技教育（Technological Education）（中等后教育或

[①] 万秀兰：《巴西教育战略研究》，浙江教育出版社2014年版，第207页。

高等教育阶段)。

1. 国家职业培训规划

巴西职业教育政策与规划以减贫和扶弱为宗旨之一。这在 1995 年巴西劳动和就业部的《国家职业培训规划》(PLANFOR) 中得到了具体的体现。1995 年以来，巴西的职业培训都是按照巴西劳动和就业部的《国家职业培训规划》的指导方针来实施的。该规划的目的是满足劳动力市场对合格工人的需求，旨在通过职业培训帮助减贫和减缓社会排斥。该规划动员了社会各界的力量来加强基础层次的培训，如失业和有失业危险的工人、实际上失业的非正式工人、城市和农村个体生产者或小微企业生产者、其他最脆弱的劳动群体，包括贫困人口（没有收入或月收入只有最低工资一半的人），受教育不足 7 年的人，16—21 岁处于第一次找工作年龄的人，40 岁以上的人，身体有残疾的人，原住民族女人、黑人、混血种人，还有作为单亲家长的女人。①

2. S 系统建设计划

巴西职业教育的特点是校外和校内职业教育双轨并行，普通教育与职业教育交叉融合，且校外职业教育（包括"S"系统）特色明显。"S" 系统主要是指巴西校外劳动力技能培训系统，归各行业协会管辖，该系统主要由 6 个学徒服务机构即国家工业、商业、农业、交通业、小型企业、合作社学徒服务机构，3 个社会服务组织即商业、工业、交通业服务组织组成。在这 9 个机构中，6 个学徒服务机构主要为从事该行业的劳动者提供职业教育，3 个服务组织主要为行业劳动者提供生活服务和保障。截至 2014 年，该系统已分布在巴西的各州和联邦区。该系统为巴西职业教育的发展增加了一股新的力量，弥合了与正规教育之间的界限，为亿万劳动者（包括生活贫困的弱势群体）提供了更多发展的机会和服务。

3. 职业教育发展计划

（1）职业教育计划。

在巴西的米纳斯吉拉斯州，"职业教育计划"（Programma do Ensi-

---

① 万秀兰：《巴西教育战略研究》，浙江教育出版社 2014 年版，第 324 页。

no Profission alizante，PEP）"可能是迄今最大规模的也是最生机勃勃的计划"。到 2007 年，该州为了扩大青少年和年轻人职业技术培训的选择余地，启动了创新性的中等教育券计划。在这一计划下，该州为本州所认证过的任何培训项目的学生支付学费，这些项目无论是公立学校、私立学校还是企业培训中心，都可以承办。培训课程一般为期12—24 个月，而且通常通过与雇主合作的方式开展，这有助于保证受教技能的适切性。许多合作伙伴承诺在未来五年内雇用这些项目的毕业生。该计划减轻了贫困家庭的学生接受教育的负担，课程内容与劳动力市场的紧密结合有助于提高劳动者在劳动力市场中所需要的技能。

（2）国家技术与职业教育计划。

2010 年，巴西开始施行"国家技术与职业教育计划"（Programa Nacional de Acesso ao Ensino Técnico e Emprego，PRONATEC），该计划致力于增加青年学生、工人及补助金项目（联邦政府向低收入家庭发放一定数额的家庭补助金）的援助对象参加技术教育培训的机会，推动巴西的技术和职业教育扩大化、民主化，同时改善中等教育的水平。

（3）巴西技术与职业教育选拔系统。

2010 年开始实行的"技术与职业教育选拔系统"（Sistema de Selecao Unifica da da Educacao Profissional e Tecnologica，SISUTEC）可以说是进入 21 世纪以来，巴西职业技术教育领域具有里程碑意义的重要政策。该项目分两期进行。第一期于 2013 年 8 月 12 日开始，共有239792 个免费技术课程的名额，各项课程的课时从 800—1200 课时不等。第二期于 2014 年 3 月 17 日开始报名，提供 291000 个名额。该项目为入选者提供免费的技术培训课程，主要面向参加全国中等教育考试的学生。申请者免费注册，选拔主要依据各申请者在全国中等教育考试中所得的分数。由此可知，该政策的实施为青年人提供了更多接受高等教育的机会。①

（三）高等教育扶贫政策

巴西历届政府重视高等教育的发展，1968—1974 年，巴西高等教育发展迅速。这一阶段，私立高等教育得到迅速发展；20 世纪 70 年代中后期至 80 年代中期，高等教育发展速度开始减慢；90 年代以来，迅速发展的高等教育暴露出了众多问题。如高等教育入学率低、教育资源分配不均、教学质量低、弱势群体接受优质高等教育的机会少等。同时由于巴西私立高等院校的迅速扩张，导致巴西高等教育质量严重下降。为了改变高等教育入学机会不平等的状况，巴西政府实施了一系列教育计划来为贫困家庭的学生提供更多接受高等教育的机会。

1. 大学资助计划

（1）联邦大学重建和拓展计划。

1997 年，联邦高等教育机构校长协会（ANDIFES）提出了联邦大学重建和拓展计划（The Federal University Support Programme for Restructuring and Expansion，REUNI）。该协会认为，联邦政府应该对高等教育机构的外部环境进行调整和改善，在这个过程中，资金的大量投入是十分必要的。只有在保证资金充足、高等教育机构办学条件和资源配置得当的情况下，巴西致力于达到的 100 万本科生的目标才有可能实现。该计划充分地将巴西倡导的民主、平等及自由的发展理念体现了出来。

（2）学生贷款计划。

20 世纪末期的"学生贷款计划"（Programa de Financiamento Estudantil，FIES）是针对贫困家庭学生而实施的一项教育资助计划。该计划为贫困学生提供的贷款金额为学费的 70%，并且体现出"学校负责"，利息率低等特征。"学校负责"主要指发放的贷款额直接拨付给学校而不是学生。学生的还款时间从毕业之后的第一年开始算起。

---

① 北京师范大学国际与比较教育研究院：《国际教育政策与发展趋势年度报告（2015）》，北京师范大学出版社 2016 年版，第 363—368 页。

对于贫困学生来说，助学贷款对他们能否顺利完成高等教育有着决定性的意义，在一定程度上保证了教育机会均等。据统计，自该计划实施以来，已有多达 30 万名的贫困学生从中受益。[1]

2. 全民大学计划

在巴西，贫富差距之大和私立院校的"纵横"使很多贫困生不能受到良好的高等教育。21 世纪初期，巴西高等学校的入学率不到 20%，而阿根廷的高等学校入学率超过了 50%。[2] 由此，"全民大学计划"（University for All Programme，Prouni）于 2004 年开始着手进行规划，2005 年开始实施。该计划是在"巴西全民教育十年计划（1993—2003）"的影响下出台的，专门针对高等教育入学机会不均等问题。该计划主要通过为巴西所有公立学校、私立学校的贫困学生提供资金支持如就学补助、奖学金补助等来提升巴西高等教育的入学比例。2011 年，巴西提出了"科学无国界"计划，计划预备到 2014 年年底提供十万个奖学金名额，以资助学生出国读研究生。截至 2015 年已经有 86000 人获得了该奖学金。该计划还包括引进高水平研究人员到巴西、通过国际交流促进推动创新并提高竞争力。[3]

3. 学额保留计划

巴西是拥有黑人人口最多的非洲国家，黑人占总人口的 45%，占穷人的 62.4%，占极端贫困人口的 65.7%，拥有大学文凭的黑人不到 2%，巴西 15 岁以上白人学生文盲率为 8%，而黑人学生高达 20%。[4] 黑人学生留级率和辍学率都远远高于白人学生。卢拉政府重视有色人种和少数民族学生的教育发展，提出要为其在公立大学保留 50% 的学习名额，具体名额根据有色人种和少数民族学生在各州人口中所占据

---

[1] McCowan, T., "Expansion without Equity: An Analysis of Current Policy on Access to the Higher Education in Brazil", *Higher Education*, 2007 (5): 579-598.

[2] McCowan, T., "Expansion without Equity: An Analysis of Current Policy on Access to the Higher Education in Brazil", *Higher Education*, 2007 (5): 579-598.

[3] 经济与合作发展组织发展中心、联合国拉美经委会、CAF-拉丁美洲开发银行：《2015 年拉丁美洲经济展望面向发展的教育、技术和创新》，知识产权出版社 2015 年版，第 206 页。

[4] Bairros, L., et al., *Inequality in Brazil*, Paper prepared for the Workshop Addressing Inequality in Middle Income Countries, London: The Globe Theatre, 2003, p. 45.

的具体数量来决定。

政策颁布并推动该计划后,取得了很好的成效。非裔学生和少数民族学生在公立大学就读的意愿更为强烈。公立大学非裔学生和少数民族学生的就读比例高于私立大学。该措施大大减轻了他们的经济负担,减少了其经济支出,保障了他们接受公平优质高等教育的权利。除了颁布特别学额保留制度外,政府还鼓励地方学习和保留少数民族语言和文化,如黑人聚居区域的萨尔瓦多的地方学校致力于反对种族主义的影响,树立黑人儿童积极的自我形象,鼓励学习黑人文化,包括传授一种古老的奴隶舞蹈形式——Capoeira。施瓦茨曼认为,"高等教育的种族定额是一个富有争议的政策,但对来自贫困家庭学生的平权行动则没有什么争议。这种一致对待的政策要想取得成功,就需要采取特别的努力,来提供合适的学习项目,弥补这些学生不足的中学教育,同时也需要额外的资源来实现它们。到目前为止,还没有出现这样的努力,而一项民粹主义的扩张政策就能降低公立院校的质量,并刺激精英私立教育的增长"。[①] 为此,2012年6月底,巴西促进种族平等政策秘书处起草了一份"国家行动计划"草案。该计划系根据《种族平等法规》撰写,涵盖了包括教育、就业和文化等不同领域的行动。其中一项主要内容便是在公立大学本科生和研究生招生计划中为黑人学生预留至少30%的名额,具体比例由各州根据实际情况自行确定。[②]

第四节 巴西教育扶贫政策的主要特征

经过巴西政府的多方努力,巴西的贫困现象得到了有效控制,巴西的扶贫减贫工程取得了初步成效。2002—2007年,巴西将生活水平

[①] Simon Schwartzman, "Equity, Quality and Relevance in Higher Education in Brazil", *Anais da Academia Brasileira de Ciencias*, 2004, 76 (1):173-188.
[②] 《巴西出台种族平等计划》, http://news.timedg.com/2012-06-29/content_10848129.htm, 2017-06-29.

在 1 美元/天的贫困人口比例从 13% 降到了 10% 以下。① 基尼系数亦由 2001 年的 0.59 回落至 2008 年的 0.56。

巴西已经提前完成了联合国千年发展计划中提出的"25 年内将每天只有不足 1 美元收入的人口数量减少一半的目标"②。在教育领域,巴西政府将学前教育纳入基础教育体系,并实行普通教育和职业教育相结合的发展模式,在各级各类领域出台了众多的教育扶贫计划,主要体现出如下几点特征。

一 全民参与的扶贫理念

教育改革是促进教育发展的重要方式,也是世界各国关注的永恒话题。自 20 世纪 90 年代开始,知识经济开始占据着世界的主导。在世界各国各自探索国家战略发展途径中,深觉全民素质的提高在国家发展进步中的重要作用和决定性意义。

基于此背景,世界全民教育大会于 1990 年召开,与会国通过了《世界全民教育宣言》,保证在实现各国全民教育方面做出努力。该宣言简洁明了地阐述了包括民主、公平及学习在内的相关教育政策。巴西作为与会国之一,在会议上也做出了承诺。随即,巴西于 1993 年颁布了"全民教育十年计划(1993—2003)",该计划是巴西进行教育改革的重要转折点,其制定和实施保障了全体公民受教育权,促进了巴西基础教育的发展。随着"全民教育十年计划"的制订和实施,巴西的"大学内地化"政策实行,为贫困地区的学生就近入学提供了政策保障。2004 年 4 月,《达喀尔行动纲领》(*Dakar Education For All Framework*) 颁布,成为新的世界全民教育进程的指南。③

《世界全民教育宣言》《达喀尔行动纲领》的颁布对巴西教育战略和政策的调整有着极大的影响。可以说,全民教育理念贯穿着巴西教育改革的始终,它是巴西教育扶贫政策制定的基点和依据。该理念不仅倡导每个人都有接受教育的权利,还呼唤每个人参与教育改革,

---

① 吴国平:《拉美国家的财政政策与社会凝聚》,《拉丁美洲研究》2009 年第 2 期。
② 丁声俊:《反饥饿反贫困——全球进行时》,中国农业出版社 2012 年版,第 65 页。
③ The Daker Framework for Action, Adopted by the World Education Forum Daker, Senegal, 26-28 April 2000, http://unesdoc.unesco.org/images/0012/001211/121137e.pdf.

做国家教育决策和政策颁布的监督者。巴西在如此教育理念的引导下，2001—2012年，其贫困人口比重已从24.3%下降至8.4%，而极端贫困人口由14%下降至3.5%，这是巴西政府和公民社会共同协作的结果。

二　多方博弈的扶贫机制

在巴西教育扶贫战略与政策的制定过程中，巴西政府越来越注意动员和借助全民的参与，在多方博弈讨论的基础上制定具体政策，这有利于战略与政策制定的科学性和实施过程的有序性。比如"零饥饿计划"是来自巴西各地的非政府组织、研究机构、工会组织、基层组织、社会运动的食物安全领域专家代表们历时一年的工作结晶。① "全民教育十年计划（1993—2003）"体现了多方博弈参与教育政策制定。

巴西政府建立了主要的负责机构，即计划执行小组，该执行小组在教育部的领导和协调下，由教育部、全国州教育厅委员会和全国市教育局联合会的代表组成。随后，计划制订的顾问委员会成立，主要由全国州教育厅委员会、全国市教育局联合会、联邦教委、巴西大学校长委员会、全国教育工作者联盟、州教育委员会论坛、巴西全国妇女联盟、司法部等组成。随着上述机构的参与，巴西开展了全民大讨论，在此基础上，巴西举行了"全民教育周"活动。结束后，巴西联邦、州、市三级政府代表签署了建立"全国全民教育委员会"的协定，该委员会主要是确定未来儿童教育政策和方针。

在顾问委员会的建议下，巴西全民教育十年计划的政府提议形成，并供巴西全社会讨论。1993年7—11月，巴西开展了对该计划草案的全国性讨论。在州和市一级，召开了多次研讨会讨论该十年计划，并为各州和市制订相应的计划做好准备。教育部也将该计划草案发送至各社会团体，并在11月召开了一次州政府团体的会议，出席会议的有20多个团体的代表。会议的目的是要听取巴西社会各界

---

① ［巴西］若泽·格拉济阿诺·达席尔瓦等：《零饥饿计划：巴西的经验》，许世卫、李哲敏、李干琼译，中国农业科学技术出版社2014年版，第241页。

（工人、商人、学者、家长、军队、专业协会等）的意见和建议。在各教育专业会议上对计划草案进行了认真的讨论，如全国教育工作者联盟年会、教育学院院长研讨会、成人教育研讨会、教育部顾问交流会议以及许多大学召开的研讨会。在召开了多次会议、听取了各方意见后，执行小组认为，计划的核心部分已得到了各方的认可，同时，也应将讨论中出现的许多新思想和建议吸收进去以使计划更为完美。

由此可知，全民教育十年计划追寻的是各级教育行政部门行动的一致性，集中了人力和财力来避免为取得某个结果而采取不协调或孤立的行动。"全民教育十年计划是在全国各部门的动员、参与的基础上产生的，正是由于这个原因，计划得到了全国的支持并能够对国家的愿望和国际做出承诺，这是对教育质量、教育平等和效益所引起的巨大挑战作出的一种恰当的反应。同时，计划也代表着努力建立一系列教育方针政策，能反映全国不同地区、州、市、学校有效实施所需的多元化思想和政策建议。"[1]

三 "有条件"的扶贫方式

自20世纪90年代以来，针对社会由来已久的一些复杂的贫困现象，巴西政府采取了综合性的措施多管齐下，将资金有条件地投向需要帮助的贫困家庭，并根据不同的情况规定每项计划必须实现的目标。在这里，"有条件"是指要享受政府补助金的前提是必须保证家庭中孩子在学校中上学，否则将不予补贴。如此举措扩大了贫困学生入学的机会，体现了一种"以金钱换教育行动"的扶贫方式。

巴西政府不仅从收入贫困视角解决贫困家庭的生存问题，而且从能力和人力资本视角综合解决影响贫困人口脱贫的发展问题：既将短期减贫计划和长期的消除贫困代际传递的目标相结合，又将解决贫困问题与因贫困产生的各种社会问题结合起来，收到了很好的效果。以家庭补助计划为例，其带来的影响是多方面的。从形式上来说，补助计划为家庭提供直接的经济上的补贴满足了家庭中贫困的直接生存需

---

[1] 黄志成：《巴西全民教育十年计划（1993—2003）的制定》，《外国教育资料》1998年第2期。

要。从实质上来说，该计划提高了贫困家庭儿童的入学率和在校率，有助于打破贫困的代际传递。有关资料显示，"助学金计划"为贫困的边远地区、城市中的贫民窟等地区的儿童提供了更多接受教育的机会，他们的人数不断减少，环境和治安方面都有所稳定。"穷孩子上学能拿钱"的教育支持计划获得了国际组织的高度认可，并认为其是对贫困人口实施的最有益的实践。

近年来，巴西更注重教育对整个社会发展的重要影响。巴西政府对于教育的投入力度正在不断加大，并且在国家发展战略中明确规定了用于支持教育的资金投入比例不得小于10%。但不可否认的是，巴西社会内部贫富差距依旧很大，巴西10%的人群占有全国90%的社会财富，而90%的国民却仅占有10%的社会财富，教育水平低下，接受教育的机会依旧不平等，巴西消除贫困的工作仍任重道远。

第七章

墨西哥教育扶贫政策

墨西哥（全称墨西哥合众国）是北美洲的一个联邦共和制国家，拉丁美洲第三大国，居世界第 14 位，其总人口超过 1.2 亿人，为拉丁美洲第二人口大国。墨西哥作为中等收入发展中大国，其贫困问题依旧是亟待解决的难题，其主要体现在巨大的城乡差距和民族、性别差异等方面。

多年来，墨西哥致力于提高国内教育水平，教育覆盖范围逐渐扩大，国内的劳动力水平也在不断提高，这是墨西哥不断增加教育投入的结果。墨西哥政府将其 GDP 的 5.2% 用于公共教育开支，其教育投入的 80.3% 来自公共部门，19.7% 来自私人部门。[①] 尽管如此，墨西哥的教育系统依旧存在很大的问题，教育的贫困依旧困扰着国家的发展。

除了教育巨大的城乡差距外，教育基础薄弱、青年失学率高、教育资源分布不均，特别是在偏远地区的乡村和少数民族聚居地教育水平低下、教学设施落后、师资力量不足等问题，导致该国教学质量和效率的双重低下。2012 年经济发展与合作组织（OECD）举办的《国际学生能力评估计划（PISA）》评估中，在 34 个参加国中墨西哥位于 OECD 成员国的最后一位，55% 的墨西哥学生未能达到数学最低水

---

① 经济与合作发展组织发展中心、联合国拉美经委会、CAF-拉丁美洲开发银行：《2015 年拉丁美洲经济展望 面向发展的教育、技术和创新》，知识产权出版社 2015 年版，第 206 页。

第七章　墨西哥教育扶贫政策

平要求，教育不平衡现象在 OECD 成员国中最为突出。① 鉴于此，墨西哥政府在改善农村、边远地区、印第安人和城市贫民的教育方面做出了众多努力。

第一节　墨西哥教育扶贫政策的演进历程

长期以来，墨西哥是西班牙的殖民地，直到 1821 年，墨西哥才获得了独立。1910—1917 年墨西哥资产阶级革命胜利后，制定了《墨西哥合众国宪法》（1917 年宪法）（*Los Estados Unidos Mexicanos*），规定了墨西哥的教育方针，即发展教育的民族、民主和科学性。其后，在 20 世纪 20 年代到 30 年代，墨西哥教育强调民众性和社会化。第二次世界大战后，墨西哥经济出现了持续稳定增长的局面，50 年代后期和整个 60 年代，都被称为"稳定发展时期"。1957—1970 年，墨西哥经济增长率达到 6.8%，被誉为"墨西哥奇迹"②。进入 80 年代，墨西哥经济增长缓慢，贫富差距加大，城市贫困人数增快，教育改革面临着窘境。90 年代，新自由主义的传入改变了墨西哥的教育战略，政府更加关注贫困人群和贫困地区的教育问题，墨西哥政府的教育扶贫之路在坎坷中不断前进。

一　早期探索期（1945—1994 年）

第二次世界大战后，墨西哥经济出现了持续稳定增长的局面，20 世纪 50 年代后期和整个 60 年代，都被称为"稳定发展时期"。1957—1970 年，墨西哥经济增长率达到 6.8%，被誉为"墨西哥奇迹"。在稳定的经济支撑下，墨西哥教育越来越倾向于民主性和民族性。1959 年，《全国十一年教育计划》开始执行，其致力于解决小学

---

① OECD, Programme para la Evualuacion International de Alumnos（PISA）PISA 2012-Resultados, Mexico, http://www.oecd.org/pisa/keyfindings/PISA－2012－results－mexico－ESP.pdf, 2017-05-30.

② 徐世澄：《墨西哥政治经济改革及模式转换》，世界知识出版社 2004 年版，第 22 页。

教育问题，力图缩小城乡青少年学校教育差距。

进入20世纪80年代，墨西哥历经了战后经济最困难的十年，因此被称为"失去的十年"。1982年8月墨西哥爆发债务危机，在经济危机影响下，墨西哥社会经济增长缓慢，劳动力失业率不断升高，非熟练独立劳动者未明显增加、分配不均，贫富悬殊现象加剧、城市贫困人数增长加快，中产阶级的经济地位受到影响，经济增长率降到历史最低点即-0.2%（1981年为8.1%），全国失业人数增加，通货膨胀率高达98.8%。[①] 在这种情况下，墨西哥的教育也受到了极大的影响。据统计，80年代末，整个拉美国家15岁以上人口的文盲率占15.3%，6—11岁儿童的入学率为87.3%，中等教育的入学率为54.9%。墨西哥早在1917年资产阶级革命期间就规定了小学免费义务教育，但到80年代末，仍有420万15岁以上的文盲，2020万成年人没有念完小学，1600万成年人没有读完中学，每年约有88万孩童放弃初级教育，170万10—14岁的孩子没有办理入学注册手续。[②]

在贫困的教育环境下，墨西哥政府认为，教育是社会变革所必需的"引信"，教育是未来的事业，墨西哥的命运取决于教育的发展方向。20世纪80年代以来，墨西哥在联合国教科文组织的支持下，着手制定新的教育模式，其中强调各级教育的公正性，即注意照顾农村、边远地区、印第安人和城市贫民的教育状况是新教育模式的特点之一。

由此，墨西哥政府开始关注贫困问题和社会发展问题，以救助和减少贫困为核心的"团结互助计划"（Programa Nacional de Solidaridad）（1988—1994）应运而生。该计划主要针对原住民族印第安人、农民以及城市贫民进行扶贫，重点向贫困居民提供卫生、保健、教育、营养、住房、基本服务等，以改善他们的生活条件，促进地区协调发展，提高生产。1989年5月，萨利纳斯总统在宏观战略层面上公布了"国家发展规划"（1989—1994）（Country Develops Program），

[①] Jesús Lechuga y Femando Chávez, *Estancamiento Economicoy Crisis Social en México* 1983-1988, 1989, p.207.

[②] 曾昭耀：《战后拉丁美洲教育研究》，江西教育出版社1994年版，第405页。

该计划强调教育在国家发展中的意义并将提高教育质量、保证弱势群体受教育权、促进社会参与教育作为教育发展的目标。由此,墨西哥教育在"失去与发现"的夹缝中探索新的发展机遇。

二 重大转折期(1994—2001年)

20世纪80年代,墨西哥爆发了债务危机,该危机让整个拉美地区的经济跌落至谷底。拉美国家经济发展模式或经济发展战略上的失误是产生这场危机的内部根源。因此,在90年代,墨西哥政府明确意识到摆脱危机的根本出路在于采用新发展模式或发展战略。新自由主义模式便是在此情形下传入拉美并开始推行的。新自由主义理论于20世纪60年代末70年代初开始流行,并首先被美国、英国和加拿大等发达资本主义国家的执政当局所采用。该理论在经济上和政治上都以"自由"为旗帜,主张个体的能动作用。因此,墨西哥开始对进口替代或出口替代模式进行结构性改革,80年代前半期以调整经济为首要目标,80年代后半期以促进经济增长为主要目标。新的发展模式为墨西哥的经济增添了活力。据有关报告显示,1993年以来墨西哥对外经济贸易增幅超过了70%。[1] 因此,墨西哥的90年代被称为"有希望的十年"。[2]

20世纪80年代的经济危机同样也引起了墨西哥教育战略的变化,墨西哥开始发展新的教育模式。新教育模式的战略目标是培养具有民主、团结、公正和参与意识的公民,使之通过国际竞争获得现代化的福利和服务。根据这一教育战略方针制定出的教育政策着眼于社会需求、开放教育以及教育民主公正发展。1992年4月,在智利首都圣地亚哥召开的拉美经委会第24届会议上,拉美经委会和联合国教科文组织共同提出"公正的生产变革"的建议,其中心思想是把投入和传播技术进步视为生产变革、政治民主和社会公正的支柱。这次会议前后,墨西哥制订出教育现代化计划和基础教育现代化计划,为墨西哥教育改革和发展奠定了良好的基础。

---

[1] Carrera, O., NAFTA: A 5-year Review, *Business Mexico*, 1999, Ⅸ (2): 28-33.
[2] 曾昭耀:《战后拉丁美洲教育研究》,江西教育出版社1994年版,第218页。

从20世纪90年代后期起，面对日益严峻的社会贫困，塞迪略政府逐渐开始从贫困的根源出发，制定真正意义上的扶贫政策。其中，"教育、卫生和食品计划"（PROGRESA，此计划于2001年更名为"机会计划"）是在墨西哥逐渐认识到人力资本投资对长期减贫重要性认识的基础上出台的。该计划涉及了贫困人口的健康、卫生、教育等多个方面。该计划旨在通过加大贫困人口在人力资本方面的投资，特别是教育、饮食和健康领域，提高贫困家庭的自救能力。

值得注意的是，新自由主义改革在为墨西哥带来新一轮经济增长的同时，也存在着相当大的隐患，主要体现在精英和社会底层的"天才"接受教育机会不平衡方面。在教育领域，新自由主义改革造成了墨西哥教育分配的不平等，基础教育和高等教育发展失衡、教育质量低下、学前儿童人数稀少等严重制约着教育扶贫的进程，从而在一定程度上加剧了社会的分化。

三 全面发展期（2001年至今）

早在1988年，墨西哥新任总统卡洛斯·萨利纳斯就开始了对教育制度的改革，并将此作为国家发展和现代化进程的基础。萨利纳斯明确指出，国家的现代化和社会公正建立在教育改革之上。1989年1月16日，墨西哥建立了"全国教育现代化调查委员会"（The Modernization of Education Commission），目的是听取教师、家长、专业人员、知识分子、企业家以及社会各界对教育现代化的意见。1989年5月，卡洛斯·萨利纳斯（Carlos Salinas de Gortari）总统公布了"国家发展规划（1989—1994）"，该规划再次强调了教育在国家发展中的重要意义并确定了教育发展的目标，即提高教育质量，使之与国家发展目标相一致；提高人民受教育程度；促进社会参与教育。1989年10月9日，墨西哥国家发展规划中第一个部门规划"教育现代化规划（1989—1994）"公布，从此揭开了教育现代化序幕。

墨西哥教育现代化是遵循墨西哥宪法和法律、根据墨西哥教育现状和发展需求提出来的，在墨西哥教育现代化进程中，教育公平一直是墨西哥历届政府关注的重点。墨西哥在此前进行的教育改革，就是在运用现代化教育模式来克服整个社会教育不公平现象的。自比森特·

第七章　墨西哥教育扶贫政策

福克斯·克萨达（Vicente Fox Quesada）总统上台以来，其鉴于PROGRESA计划的成效，决定继续实行此计划，将内容进一步扩大，受益人群进一步扩展。为此，福克斯总统提出了"2001—2006年国家社会发展计划"，又称为"减少贫困：一项与你共处的任务"①。"机遇计划"（Opportunidades）以下简称"机会计划"，就是其中一项。计划在"教育、卫生和食品计划成长、改善并转变为机会计划"的口号下，实际上延续了"教育、卫生和食品计划"的大部分内容、行动纲领以及主要原则。2006年费利佩·卡尔德龙（Felipe Calderón）上任后，提出了"保证国家安全和主权独立，维护法治国家，实现经济可持续增长"的发展目标。由此，《2007—2012年国家发展计划》出台，主要保障弱势群体尤其是贫困地区和民族地区儿童和青少年的受教育权利。

2012年12月1日，恩里克·培尼亚·涅托（Enrique Peña Nieto）提出要全面发展教育，为墨西哥全民提供接受教育的机会，以减少贫困，缩小贫富差距，以提高教育水平。②涅托的教育改革从构建公平、有效、规范的教育体系为目标，以贫困人口的教育利益为出发点，确定了各级各类教育在如何减少贫困方面的举措。例如，要在基础教育阶段实施完整的8小时教育制度、为在校学生提供营养早午餐、建立奖学金激励体系、发展技术教育、扫盲教育等。此外，涅托还十分注重国内外教育交流，在墨西哥大学为外国交流生提供学习的机会等。由此可以看出，墨西哥在通过教育来减贫方面做出了很多努力。

第二节　墨西哥教育扶贫政策的重要主体

在墨西哥教育扶贫的过程中，政府以社会自由主义和联邦主义为

---

① 徐世澄：《墨西哥政治经济改革及模式转换》，世界知识出版社2004年版，第233页。
② Instituto Federal Electoral, "Propuestas de la y los Candidatos a la Presidencia de los Estados Unidos Mexicanos：2012-2018", http：//www.ife.orb.mx/docs/IFE-v2 / ProcesosElectorales.

指导思想,强调中央和地方共同管理国家扶贫活动。其中,联邦政府在教育扶贫政策的制定和实施中起着规范、计划、评价和指导的作用,州政府在联邦政府的指导下履行职责。另外,非政府组织与各种社会机构、各界人士也是国家教育扶贫政策制定和实施的重要主体之一。

一 联邦政府

墨西哥教育实行统一领导和分级管理的体制。20世纪90年代以来,墨西哥开始了教育行政体制分权化改革,其被视为"近20年最伟大的体制变革"。[①] 但是,尽管墨西哥的行政权责已经下放,但是联邦政府在国家各类教育活动中仍然起着规范、计划、评价和指导的作用。在联邦政府层面,设有公共教育部(Ministry of Public Education),主要领导全国教育事业,公共教育部在各州设总代表处(团),作为公共教育部的派出机构。公共教育部长直接领导的委员会,与扶贫政策制定和实施有关的分别是:全国教育技术委员会(公共教育部和各州教育领导机关的咨询机构,负责研究教育政策、教育计划、教育内容、课程设置等重大问题)、教材教法委员会(主要负责各级各类教育的教材设计和方法指导,同时为各类学校的校舍建筑、教学设备、教室以及课桌课椅的设计标准提供指导性的意见)、奖学金委员会(负责全国各级各类学校学生奖学金的规划工作和发放工作)。

另外,1992年成立的社会发展部(SEDESOL)在消除教育贫困的机构和队伍建设方面责任重大。其主要职责是:负责墨西哥扶贫、脱贫工作;制订社会发展计划;对地方社会发展提供计划、方案和战略思路等;促进各地方社会发展计划统一、公平、有效地实施;对各州政府的社会发展计划、方案、工程等提供意见;参与联邦政府成立的旨在帮助社会发展的机构和组织。[②]

[①] OECD, National Review on Educational R&D: Examiners' Report on Mexico, http://www.oecd.org/dataoecd/42/26/32496430.pdf, 2017-05-31.

[②] 《国际消除贫困日:"扶贫有道"的墨西哥》,新华网,www.xinhuanet.com/world/2015-10/17/c_128329239.htm.,2017-08-20.

二 州政府

州政府在墨西哥教育战略的影响下,与联邦政府合力共同参与国家教育扶贫。联邦政府层面设立了公共教育部,并在各州设立总代表处(团),作为公共教育部的派出机构,代表公共教育部履行监督职责。另外,在各州设立的教育总署,承担着承接公共教育部的重要指示和地方教育事务的职责。

20世纪90年代,墨西哥开始进行分权化改革,各州主要负责普及教育、管理公立的各级各类学校、开发专门针对贫困人口和少数民族的特色教育内容、培养教师。其中,农村社区教育的开展和规范全权由州政府来负责组织和执行。另外,墨西哥专门针对贫困人口的社会发展系统在墨西哥的各州、市都有分布,全国社会发展系统已达到9万多人。社会发展厅主要设立在31个州,社会发展局设立在市。同时,联邦政府在各州分配了将近10万人,来加强对各州扶贫项目的监督和管理,同时与州政府来协助开展联邦政府的各类计划和项目。[①]

三 非政府组织

墨西哥的非政府组织在国家减贫中扮演着不可忽视的参与角色。墨西哥的非政府组织主要分为两类:民间协会和私人救助机构。民间协会主要致力于公益性事业,减贫为其关注的重点。2004年《联邦公民社会组织活动促进法》(*Federal Civil Society Organization Activity Promotion Law*)(以下简称《促进法》)的颁布,标志着联邦政府正式承认非政府组织有参与国家政策制定和实施以及尊重关于组织内部事务的决定权利,明确表示其在国家发展中的重要作用。这是非政府组织参与国家减贫的一大进步,为政府与非政府组织相互监督提供了更为广阔的空间。《促进法》列明政府支持的活动类型,如联邦区规定非政府组织的活动领域包括公益性服务项目、社会弱势群体扶助项目、社会福利项目、促进公民参与、维护和发展人权促进个体充分发展等。

---

① 《国际消除贫困日:"扶贫有道"的墨西哥》,新华网,www.xinhuanet.com/world/2015-10/17/c_128329239.htm.,2017-08-20.

另外，为了将社会各界吸纳进各类教育政策制定和实施过程中，墨西哥成立了专门的市、校参与委员会来保障整个系统有序规范进行。① 墨西哥政府认为，社会各界积极参与原则是墨西哥教育政策的基本点，由此可以看出，墨西哥在教育发展过程中很重视民众的积极参与。以20世纪80—90年代的"团结互助"扶贫计划为例，该计划以救助和减少贫困为核心，主要向原住民族印第安人、贫困的农民（居住在半荒漠和山区）、城市贫民提供卫生保健、教育、营养等基本服务，以提高其生活水平。团结互助计划在中央层面成立了"全国团结互助计划委员会"（Comision del programa Nacional de Solidaridad），其负责扶贫政策的制定、协调和实施。在地方层面，地区发展局对"团结互助计划"的运行过程起着协调作用。

而在中央、地方组织之外，社会组织、社团以及农民也直接参与计划的组织和实施，参与各项工作的开展。在"团结互助计划"实施的5年内，这些非政府机构和基层委员会负责实施的扶贫项目超过了20万个。② 由此可见，社会组织和人民群众的共同参与，有利于调动社会的积极力量，提高贫困人口的社会参与度，有助于加强政府和贫困阶层的联系，培养他们的自信心和积极性，从而更有效地发挥社会力量对政府各项决策的监督作用。

第三节 墨西哥教育扶贫政策的制度安排

墨西哥政府在国家宪法和教育法的保障下，制定了国家战略规划，规划中对教育发展的目标、模式等方面做了清晰明确的表述。在法律和战略规划的宏观制约和指导下，墨西哥政府在学前教育、基础教育、职业教育和高等教育领域实施了众多扶贫计划，这些计划以减轻贫困为出发点，旨在保证所有社会阶层平等地接受教育。

---

① Merilee S. Grindle, Education Reform it Mexico: Where are the Parents?, http://www.fas.harvard.education/publications/revista/mexico/Grindle.Html，2017-09-20.
② 袁东振：《经济改革与扶贫》，《拉丁美洲研究》1998年第4期。

一 法律保障

(一)《墨西哥合众国宪法》

1910—1917年,墨西哥资产阶级革命爆发,之后,墨西哥政府制定了《墨西哥合众国宪法》(1917年宪法,以下简称《宪法》),《宪法》中明确了墨西哥教育进步的着重点,呼唤民族、民主和科学的教育发展。《宪法》中提出:教育是墨西哥国民实现自由以及推动社会进步的一个重要因素。《宪法》第3条是墨西哥教育扶贫的主要法律依据,其主要内容如下:第一,墨西哥教育的宗旨,即"国家(联邦区、各州和市政府)办的教育,应以协调地发展人的所有能力为宗旨,同时使人们树立热爱祖国的思想以及和全世界在独立和正义基础上团结一致的思想";第二,教育是世俗的;第三,教育是民主的;第四,教育是民族的;第五,教育应是人本主义的;第六,初等教育是义务的。上述六点规定奠定了墨西哥教育制度的基础,也是墨西哥教育为之奋斗的目标。《宪法》还指出,教育是整个社会、社会各部门和各社区的责任。因此,联邦、州、市均应参与教育。总之,墨西哥教育的准则是民族的、民主的、大众的。

(二)《联邦教育法》

第二次世界大战后,墨西哥经济发展稳定,但是文化教育相对落后,特别是农村文化教育落后的状况已经和经济发展的需要发生了尖锐的矛盾。据1970年统计,墨西哥劳动力受教育的平均时间是3.5年,27%的劳动力根本没上过学,30%的劳动力只受过1—3年小学教育,30%的劳动力受过4—6年教育,只有10%的劳动力有小学以上文化水平。[①] 基于此情形,墨西哥政府于1973年颁布了新的《联邦教育法》(*The Federal Education Act*)。

该教育法是宪法的补充条款,是根据宪法制定出来的,它具体而明确地阐述了国家办教育的原则和宗旨。《联邦教育法》明确了发展教育的重点所在和重要意义。该法律指出,教育应向缺乏接受教育的人提供,以消除社会发展中的不均衡现象,要创造条件,让没有受过

[①] 曾昭耀、黄慕洁:《当代墨西哥教育概览》,河南教育出版社1994年版,第10页。

适当教育的青少年和成人上学或重新上学。还规定了墨西哥教育的指导思想，即墨西哥教育应该同墨西哥人民"争取更加公正的政治制度、经济制度和社会制度的斗争历史一起前进"，因而应该具有"灵活性""开放性"的特点。根据上述指导思想，非正规教育体系建立，与正规教育一起对墨西哥教育的发展发挥重要作用，其活动和正规教育体系一样，接受国家的统一指导。

根据《联邦教育法》所建立起来的教育体系，是一种正规教育与非正规教育、普通教育与职业教育结合在一起的崭新的国民教育体系。另外，《联邦教育法》中对墨西哥政府今后的教育改革指明了方向，尤其是在发展贫困地区的教育方面。具体来说，墨西哥政府要为贫困儿童、青少年、成人提供公平均等的基础教育、高等教育、成人教育；要加强各级各类教育中的双语教学以满足少数族群教育的需要；要改善各级各类教育的基础设施，通过改善学校外部条件来为教育实施提供优良的环境。

二 战略规划

（一）国家发展规划

1989年5月，萨利纳斯总统公布了"国家发展规划（1989—1994）"，该计划又一次强调了教育在国家发展中的意义并确定了教育发展的目标：第一，提高教育质量，使之与国家的发展目标相一致；第二，提高人民受教育的程度；第三，实行教育分权制，并要根据现代化的要求和社会各部门的特定需要对教育进行改革；第四，促进社会参与教育。为此，墨西哥政府需要做到以下几点：第一，制订新的教育计划，并使之能适应新的情况；第二，努力消除在地理和社会方面出现的不平等和不公平；第三，扩大教育服务范围，实施多样化教育并引进非正规化教育模式。

墨西哥"国家教育规划（2001—2006）"对教育目标重新进行了阐释，即墨西哥政府要为减轻贫困、实现教育均衡发展做出努力。[①] 2006年7月费利佩·卡尔德龙当选墨西哥总统后，提出了"保证国

---

① 黄志成、彭海民：《墨西哥教育现代化进程》，《外国教育资料》1999年第1期。

家安全和主权独立,维护法治国家,实现经济可持续增长"的发展目标。由此,"国家发展规划(2007—2012)"出台,主要保障弱势群体尤其是贫困地区、民族地区儿童和青少年的受教育权利。该计划指出,要通过扩大教育的覆盖范围、为贫困人口提供针对性的教育措施来确保他们接受教育的有效性和连续性。"国家发展规划(2013—2018)"还致力于消除教育中的两性差异。由此可以看出,墨西哥出台的各项国家发展规划中,都将为贫困人口提供更为公平、均衡、优质的教育作为政府工作的重中之重。

(二)团结互助计划

20世纪80年代末90年代初,墨西哥社会、经济和政治形势不容乐观。80年代末,社会贫困人口数逐渐增加,劳动者收入减少。随着生活的贫困,社会犯罪率、暴力活动等不断增加。为了推动改革的进一步深入,墨西哥政府必须关注贫困和社会发展问题。由此,"团结互助计划"(1988—1994)应运而生。该计划主要针对原住民族印第安人、贫困的农民(居住在半荒漠和山区)、城市贫民,通过改善贫困人口的生活条件和环境、协调地区之间的发展等方式来救助和减少贫困。

"团结互助计划"包括了社会福利计划、生产团结计划、地区发展计划。为贫困居民提供教育属于社会福利计划中的一部分。具体来说,主要体现在更新贫困地区的学校设备、为贫困学生提供奖学金等方面。该计划在满足贫困人口基本需求、减少贫困、推进社会发展方面取得了一定的成效。1989—1992年,农村地区的水、电、医疗等各方面情况都有所改善,学校的基础设施建设得到了有力保障,奖学金的发放也扩大了其覆盖范围。

三 援助计划

(一)学前教育扶贫政策

1. 学前义务教育计划

1868年,《教育组织法》颁布,规定了小学教育为免费义务教育。自此以后,历届政府都十分重视小学教育的发展。1917年,《墨西哥合众国宪法》第3条明确提出要普及小学教育,并实行免费制度。① 该制度的建立，拉开了墨西哥普及义务教育的帷幕。2002年，《学前义务教育法》（*The Law of Obligatory Pre-Schooling*）施行，该法明确规定要逐步实现学前教育义务化以及规定3岁、4岁、5岁幼儿要实现100%的入园率。主要的时间限度为：2004—2005学年开始时，5岁幼儿的在校率要达到100%；2005—2006学年开始时，4岁幼儿的在校率要达到100%；2008—2009学年开学时，3岁幼儿的在校率要达到100%，从而使义务教育年限延长到12年。2012年，该国政府再度延伸免费教育时限至高中阶段，成为世界上少数几个推行15年（3—18岁）义务教育的国家。② 墨西哥逐步延长义务教育年限，向上延伸至高中，向下延伸至幼儿园，并且以法律形式规定基础教育义务化。

2. 母亲培训计划

该计划的目的是要解决农村和无城镇地区如何开展幼儿教育的问题。具体的办法就是通过培训母亲，充分发挥母亲的作用。母亲培训班的任务是要教给母亲一些特殊的技能，使她们能在促进自己孩子智力和运动能力发展的基础上，帮助自己的孩子做好上小学的各项准备，挑起教育的重任，作出自己应有的贡献。这实际上是一种家庭学前教育。事实证明，这个计划是有生命力的，它使农村地区和原住居民地区的儿童越来越多地受到了学前教育，使国家提出的"为70%的墨西哥适龄儿童提供学前教育"的目标得以逐步实现。

3. 原住居民社区学前教育计划

原住居民社区一般都有文盲率高、出生率高、人口增长率高、居住分散、经济落后（勉强自给的农业经济）、生活贫困的特点。为了解决在原住居民社区开办学前教育的问题，墨西哥公共教育部于1978年制订并施行"原住居民社区学前教育计划"（Aboriginal Community Preschool Education Plan）。该计划主要是选拔和培养本地的幼教工作者，给他们一些幼儿发展及管理方面的适当训练，让其根据当地的情

---

① 曾昭耀、黄慕洁：《当今墨西哥教育概览》，河南教育出版社1994年版，第6页。
② 邹志鹏：《墨西哥义务教育延长到15年》，《人民日报》2012年2月17日第3版。

况承担起举办学前教育的责任。训练的科目主要有原住居民语言、儿童心理学、教学论、学前数学、学前科学、学前读写练习、学校组织、儿童文学、教学器材、造型艺术、儿童戏剧、心理发展、音乐以及舞蹈14门。该计划现已在恰帕斯、奇瓦瓦、伊达尔戈、瓦哈卡和普埃布拉5个州试行,并建立起一批"原住居民社区幼儿园",该园招收年满5岁的儿童,用当地的土语进行教学。

(二)基础教育扶贫政策

1. 非正规教育支持计划

非正规教育是墨西哥政府专门针对国内原住贫困学生所开设的与正规教育相匹配的教育形式。历届墨西哥政府将非正规教育置于与正规教育同等的地位,主要是为了改善那些处于社会边缘和贫困地区弱势群体的教育状况,从而促进教育公平的实现。1973年《联邦教育法》的颁布,使非正规教育体系正式合法化。具体来说,在墨西哥教育的各个阶段,都分别存在正规教育与非正规教育两个系统,如表7-1所示。正规教育系统主要面向学校儿童和青少年,而非正规教育系统主要面向成人。在正规教育系统,又分别由普通学校、原住学校和社区学校组成。[1]

表7-1　　　　　　　　墨西哥基础教育系统

教育水平	正规教育系统	非正规教育系统
小学教育	普通小学	成人小学
	社区小学	
	原住小学	
初中教育	普通中学	成人初中
	社区中学	
	原住中学	

资料来源:王加强:《墨西哥基础教育普及的进展与存在的问题》,《外国中小学教育》2010年第8期。

---

[1] 王加强:《墨西哥基础教育普及的进展与问题》,《外国中小学教育》2010年第8期。

在发展非正规教育的过程中，墨西哥国家教育促进委员会（Consejo Nacionalde Fomen to Educativo，CONAFE）创立的"CONAFE"教育模式影响最为深远。该委员会通过经济投入、教师发展、教学点选择等方面来帮助偏远山区的贫困孩子接受基础教育，促进教育公平。作为一种非正规教育形式，CONAFE多年的教育实践形成了较为持续和系统的扶贫形式，其在促进贫困地区教育发展方面起了积极的作用。

2. 现金支付转移计划

面对墨西哥日益严峻的贫困问题，1997年墨西哥政府制订并实施了"进步计划"（PROGRESA），其对整个拉丁美洲甚至全球的扶贫进程影响深远。该计划通过为贫困家庭提供现金资助、学习用品补助等方式，以保障贫困家庭儿童的入学率和在校率，其核心为"以金钱换行动"。2001年，"进步计划"更名为"机会计划"，在机会计划不断深入进行的过程中，受益地区逐渐从农村扩展到了大中小型城市，受益对象的年龄也相应地扩展到了18岁。另外，根据"机会计划"的最新进展显示，计划对贫困女生的资助时限延长至21岁。在墨西哥历届投入实施的各项目中，"机会计划"受到的资助金额最多，覆盖面最广，受益人群也最多。截至2010年，该计划惠及了墨西哥约3000万贫困人口，在贫困深度最深的州，每十人中有超过一半的人口得到了救助，并且农村或原住民族印第安人占大多数。

3. 各类资助计划

墨西哥政府在义务教育和成人教育系统实行免费供应课本制度，这对普及义务教育起了很大的推动作用。20世纪50年代墨西哥政府实行为初等义务教育学生免费供应课本计划，后来在公共教育部设立"全国免费课本委员会"（The National Book Committee for Free），专门负责免费课本的编辑出版、生产和分配工作。据墨西哥官方报告，1985—1988年，免费课本委员会已生产、分发小学课本15008万册，小学教师用书168.8万册，幼儿课本108万册，幼儿园教师用书8万多册。为了普及初等教育，墨西哥政府也给成人教育机构免费供应课本。1981年，为7000个成人教育机构免费提供小学课本6500万册。国家成人教育研究所还免费提供成人教育系列教材，每份装为一包，称"学习包"。①

（三）职业教育扶贫政策

1. 终结性教育发展计划

墨西哥的职业技术教育不断地发展完善，形成了包括各级各类职业技术教育的教学、培训机构和研究机构，正规和非正规技术教育体系较为完整的职业教育系统。其中，终结性教育是墨西哥职业技术教育的显著特点。终结性教育指的是在整个教育系统的初等教育和中等教育阶段之后所接受的教育。初等教育结束之后的终结性教育叫"初等终结性教育"，是为小学毕业后准备就业的学生提供的一种职业技术教育。中等教育（初中阶段）结束之后的终结性教育叫"中等终结性教育"，是为初中毕业后准备就业的学生提供的职业技术教育。这两级终结性教育的发展，保证了墨西哥的劳动力在进入市场之前的职业训练，提高了劳动者素质，尤其是对贫困地区的人口来说有重要的意义。

2. 社会一体化计划

墨西哥历来对印第安人的教育十分重视。墨西哥政府对印第安地区实行双语和双文化教育，保护和名扬了印第安人的本土情怀。墨西哥政府还在主管全国教育的公共教育部下专设印第安人教育司，以专门负责印第安人的教育发展。20世纪80年代以来，在职业教育领域，墨西哥政府为12—14岁未能迈入双语和双文化学校的印第安学生设立"社会一体化中心"，主要为学生提供食宿，负责他们的教授课程，让保证他们在3年内学完小学课程，并对其进行职业培训。据统计，墨西哥全国有30多个社会一体化中心，学生达到4000多人。此外，"生产宿舍"也应时建立，其具有经济和教育的双重目的。

3. 全面资助计划

墨西哥政府十分关注职业教育之于贫困产生积极作用。墨西哥政府对农村职业教育培训提供免费资金，每年投入5000万美元发展农村家庭的技能培训，提高他们自我脱贫能力。另外，墨西哥政府还十分重视保护农村职业教育的办学环境、改善农村职业教育的基础设施、提高农

---

① 曾昭耀、黄慕洁：《当今墨西哥教育概览》，河南教育出版社1994年版，第10页。

村职业教育教师的教学水平，通过对农村家庭骨干成员在职业技能方面的教育培训，来提高他们发展自身并接受教育的意愿，从而来提高他们实现自我脱贫能力，这有助于打破贫困家庭的贫困代际传递。另外，在制订农村职业教育发展计划的过程中，墨西哥政府十分注重多方主体的共同参与，这样有助于提高计划制订和实施的效率和效果。[①]

（四）高等教育扶贫政策

1. 学额拓展计划

墨西哥高等教育规模庞大，在世界范围内有着较大影响。1950—2006年，高等教育的毛入学率就从极低的1%上升到了28%。在这个过程中，墨西哥政府为发展高等教育，采取了扩大招生范围、建立高等教育准入机制等措施。其中，针对家庭贫困的学生和原住民族，墨西哥政府为他们提供特别优惠待遇，如在大学入学名额中保留一定的名额，并扩大招生比例，为他们提供平等地接受教育的机会，特别是在提高原住民族学生的身份认同、扭转种族差异方面起了重要作用。

2. 教育资助计划

在拉美地区，就高等教育的资助而言，最为迫切的挑战是在入学和平等之间取得平衡。如果来自最贫困家庭的青年学生通过较好的就业机会来实现真正的、持久的社会流动，就必须保证这些青年能够上大学并且能够完成学业。对于一个更加公平的教育体系而言，其面临的挑战不是减少对高等教育的投入；相反，它需要向更低收入家庭的学生敞开大门，要为交不起学费的学生提供多种形式的资助（如根据支付能力确定的交叉补贴或奖学金），提供充分的公共和私有高等教育服务。墨西哥的国家教育计划中，将公正平等地提高高等教育覆盖率、公正平等地提高并拓展接受公立高等教育的途径和渠道作为其战略目标之一，并通过国家奖学金计划、建立新的公共助学金、拓展已有的公共助学金获得条件等方式使其落实。针对墨西哥少数民族如原住民族，墨西哥政府建立了系统持续的原住民族学生资助体系，为他们提供助学贷款和奖学金，以实现他们继续接受教育的可能性。

---

① 朱容皋：《农村职业教育贫困责任问题研究》，海南出版社2010年版，第96页。

3. 文化交融计划

墨西哥是美洲印第安文化的摇篮之一。墨西哥的印第安人是国家贫困人口的重要组成部分。据 2010 年人口统计，全国有 1570 万印第安人，占 1.18 亿人口的 14.9%[①]，由 48 个部族构成[②]。针对印第安人教育发展落后的局面，联邦政府积极采取多种措施，如加大资金投入；实行免费教育包括学费和课本；发放免费早餐以及设立奖学金；培养双语教师；创建专门培养印第安人的高等学校等措施，来努力缩小印第安民族与其他民族的差距。在高等教育方面，针对印第安人在社会各方面遭受的不公平待遇从而导致的教育贫困，2001 年，墨西哥在 10 所公立大学中开展的"原住民族教育扶持计划"（Academic Support Program for Indigenous People）开始启动。该计划旨在提高他们在高等教育中所占的比例，进而提升原住民族的自信心和社会地位。另外，在这些大学中，原住民族文化被大力推广，其主要是为了丰富校园的文化环境和氛围，通过开展丰富多样的文化交流活动使师生对原住民族文化有更深刻的认识和了解。具体措施包括：举办原住民族文化节活动、在校园中播放原住民族语歌曲等。墨西哥印第安教育国家主导、地方参与的方式也对印第安人改变现有的贫困地位，获得公平的发展有重要意义。

第四节　墨西哥教育扶贫政策的主要特征

第二次世界大战结束后，墨西哥政府将教育视为解决贫困问题的最重要手段和途径。由此，墨西哥政府针对贫困人口采取了多项专项计划来提高他们的受教育水平和保障他们的受教育权利。这些计划体现出墨西哥政府在包容开放的扶贫战略理念的指导下，在多方参与扶

---

① 曹佳：《墨西哥民族整合进程中印第安人的国族认同研究》，《西北民族大学学报》（哲学社会科学版）2016 年第 4 期。

② Lastra, Y., *The Present-day Indigenous Languages of Mexico*; *An Overview*, In Y. Lastra (ed.), Sociolinguistics in Mexico, 1992, pp. 35-43.

贫机制和灵活创新扶贫体系的作用下，致力于解决贫困问题的决心。

一　包容开放的扶贫理念

墨西哥的贫困有明显的群体倾向，即以儿童为主。另外，印第安人也是墨西哥的主要贫困人群之一，他们多数生活在经济落后的农村和边远的山区，教育匮乏是导致其贫困的最重要原因。鉴于此，墨西哥政府自独立以来，在包容开放的扶贫战略理念指导下，通过法律的保障、政策的规约以及具体措施计划的落实来保障贫困人口的受教育权利，从而实现教育平等。

包容开放的扶贫理念主要体现在对印第安人的教育政策方面。墨西哥政府对印第安人的教育观念经历了从统一同化过渡到多元发展的过程。针对印第安人教育发展落后的局面，联邦政府积极采取多种措施，如加强印第安地区教师的培养，该地区的教师必须具有双语教学能力；加大资金投入；实行免费教育包括学费和课本；发放免费早餐以及设立奖学金；增设不同类型的小学如完全小学、"单班小学""原住居民地区儿童学馆""生产学馆"等；创建专门培养印第安人的高等学校；增加印第安人的入学名额等措施努力缩小印第安民族与其他民族的差距，使墨西哥的印第安人多元文化教育取得了显著的成绩。另外，墨西哥逐步延长义务教育年限，向上延伸至初高中，向下延伸至幼儿园，并且以法律形式规定基础教育义务化，成为世界上为数不多的实行15年义务教育的国家。

墨西哥政府企图通过教育建立和维系统一国家的诉求，在其不断进行的教育改革中得以成为可能。墨西哥政府对印第安人政策的不断调整实质是在国家统一框架和多元文化背景下对地方族群教育的放权，其目的是在国家认同的框架下最大范围和最大限度减少贫困，从而实现族群教育与国民教育的共荣。

二　多方参与的扶贫机制

教育扶贫没有全社会的参与是不会取得成功的。墨西哥的教育扶贫十分重视社会参与，它包括各级政府承担各自责任，各社会团体、各界人士为教育提供资助，广大教师、学生、教育管理人员积极投入教育扶贫的各个环节之中。在墨西哥，关于扶贫计划的管理、实施和预算均出台了相关法律框架，成立了专门负责计划相关工作的部门，在政策一致的基础上，将零散的扶贫意向进行整合，进而形成体系，并赋予执行部门足够的权力来推动各项规定协调进行。墨西哥还将计划以法律的形式写入宪法，有效避免了计划实施中由于各部门权限不明确而造成的矛盾。可以肯定，除条件性外，体系化、法治化是此计划取得成功的关键因素之一。如墨西哥"机会计划"中设立了主管执行部门，即社会发展部，设立了计划执行部门，即人类发展项目"机会计划"国家协调委员会，从而使计划更有效地执行。"团结互助计划"中确立了政府、社区和公众共同参与原则，强调社区和公众的参与，有助于转换贫困阶层的自卑意识，培养他们的自信心。

三　灵活创新的扶贫体系

墨西哥将非正规教育置于与正规教育同等重要的地位，这对墨西哥的扶贫有着积极的意义。1973年的《联邦教育法》第一次把非正规教育当成国民教育体系的组成部分列入教育法。非正规教育是对正规教育的一种补充，也是解决墨西哥教育现实问题的一种切实可行的途径。通过开放式的多样化的教育形式，非正规教育对失学儿童再教育、成人继续教育和工作培训以及对提高全民教育程度等都具有极其重大的意义。非正规教育有助于改善那些处于社会边缘和贫困地区弱势群体的教育状况，从而促进教育公平的实现。另外，墨西哥是拉丁美洲教育补贴计划的先驱，在墨西哥扶贫过程中，"机会计划"的影响十分广泛，受到了广大发展中国家的关注。"机会计划"将政府和受益家庭充分联合起来，受益人在接受救济的同时必须履行相应的责任，承担对应的义务。这种做法突破了旧式的扶贫理念和扶贫设计，对政府和受益家庭的积极性提高有着重要的意义。

到2014年，墨西哥没有按时完成实现根除贫困和饥饿的千年发展目标，贫困率不降反升。在教育方面，据墨西哥政府的有关报告，2016年，墨西哥全国15岁（含）以上人口中，肄业人数比例高达30%。在基础教育方面，墨西哥的教育体系还相对薄弱。因此，在未来的教育扶贫过程中，墨西哥将不断推进教育改革，将教育扶贫政策更多地向贫困人口倾斜。此外，从2012年开始，墨西哥还延长了义务教育的年限，准备在2022年实现高中教育纳入全民义务教育。墨西哥的扶贫还有很长的一段路要走。

第八章

南非教育扶贫政策

南非共和国（The Republic of South Africa），简称"南非"，曾是非洲唯一的发达国家，有"彩虹之国""黄金宝石之国"等美誉。南非主要由黑人、白人、有色人和亚洲人四大族群组成，其官方语言有11种，按人数计算前四大语言均为本土语言，英语排名第五。南非在历史上有着较为漫长的殖民史，历经荷兰和英国的统治，直到1994年新政府的建立才使其结束种族隔离统治的历史。

自1948年开始，南非实行的种族隔离制度将各色人种分隔，互相剥离的教育体制建立，这对黑人和其他有色人种的教育产生了不可磨灭的消极影响。在此制度下，除白人外的各色人种受教育权几乎全无。直到1994年种族隔离制度废除后，黑人才逐渐拥有受教育的权利，但不平等问题受制于黑人的整体社会地位和经济地位，仍难以从根本上解决。[①] 特别是种族主义统治所造成的黑人"一低两高"（教育与技能水平低，失业率高、贫困率高）长期的恶性循环并不能轻易消失。从欧洲的城邦国家到民族国家，从荷属东印度公司到英属东印度公司，从殖民战争到种族隔离怪胎，南非是资本主义生长和延革的重要参与者和见证者。[②]

南非的财富分布极其不均衡，其中有40%—50%处于贫困状态。农村地区1700万—2000万人口中约有65%的贫困人口。另外有数据

[①] 陈时见：《比较教育学》，西南师范大学出版社2012年版，第107页。
[②] ［南非］S.泰列伯兰奇：《迷失在转型中——1986年以来南非的求索之路》，董志雄译，民主与建设出版社2015年版，第3页。

表明，非裔南非人、有色人种、印第安人的贫困比率都在35%以上，而对于白人来说，只有1%身处贫困。这些统计数据表明：南非的种族、性别与贫困息息相关，任何政策的制定和实施都离不开对种族问题、性别歧视的审视。① 南非新的国家教育体制就是要使儿童和青年在自由的沃土上茁壮成长。无论他们处于何种环境、条件，国家将给予他们丰富的营养，保证他们根深苗壮。无论是白皮肤还是黑皮肤，彼此都是兄弟姐妹。我们虽然肤色不同，但血色相同，我们都是人类的一员，共同希望平等和尊重。

第一节 南非教育扶贫政策的演进历程

1994年，南非政府正式废除了种族隔离制度，标志着南非进入一个新的发展阶段。随着生产力和民主教育运动的发展，南非教育扶贫政策也由种族隔离时期的孕育期过渡到民主时期的探索期。民主团结政府成立后的十年内，南非在各级各类教育领域重点关注非白色人种教育，制定了各种教育扶贫政策和规划计划，以缩小教育差距，保证教育公平。但是由于各种社会遗留问题，使南非的教育领域出现了众多问题。为适应21世纪以来的全球化发展，南非在新时期的十年里积极调整教育领域的扶贫政策，以构建更加包容和公平的南非社会。

一 早期酝酿期（1948—1993年）

1994年之前，南非推行种族隔离制度，该制度最早出现在原住民土地法中，白人、有色人、印度人和黑人是南非人种的重要组成。南非政府指出，每个民族都有自己的发展特点，该制度是为了尊重各民族的文化，以便于进行更加有效的管理。但实质上，南非当局秉持白人与黑人隔离发展种族主义理念。南非的白人掌握着主要的政治经济权利，有色人种没有任何社会地位，由于其边缘化，生活异常贫困，

---

① 程光德：《南非共产党的南非农村发展策略及其启示》，《社会科学辑刊》2010年第6期。

属于社会中的弱势群体。种族隔离制度于 1953 年正式建立,以《班图教育法》(*The Bantu Education Act*)的颁布为主要标志。该法案的颁布进一步加深了各种族间的教育差距。"班图教育"限制黑人接受教育的权利,将他们置于社会中的最底层,通过阻止他们自我发展从而保护白人"至高无上"的特权地位。因此,黑人学校的各种资源配备都得不到保障,师资水平和教育质量也十分低下,与白人学校的差异甚大。①

在不平等的种族隔离政策的影响下,南非人民奋起反抗,发起了反隔离的争权运动。在此过程中,以反对种族歧视和建立种族平等的新南非为宗旨的南非非洲人国民大会(简称非国大)(African National Congress,ANC)应运而生。1955 年,《自由宪章》颁布,其中更加明确了教育权平等的重要意义。20 世纪 80 年代,非国大通过谈判,为黑人争取种族平等。之后,南非的各政党都以解放黑人为宗旨,通过争权运动、和平谈判等方式来争取黑人的各种权益。

这一时期,虽然南非还身困于种族隔离制度之下,国家没有出台专门的扶贫政策来解决黑人的教育问题,而是通过打压和抑制政策来限制黑人的受教育权利。但是,20 世纪 80 年代之后,南非各方人民奋起反抗,争取种族平等的思想意识开始觉醒,政治方面也有了"三大联盟"的支撑,这为独立后对非白色人种教育扶贫政策的制定和实施奠定了基础。

二 发展探索期(1994—2010 年)

1994 年新南非诞生后,种族主义教育制度被废除并亟待重建一个无种族歧视和差异的新的教育制度和教育体系。黑人的政治、经济和社会生产力随着民主教育运动的发展而有所增强。为了响应联合国教科文组织的号召建立统一、公平、高质量的国家教育体制,实现教育的种族平等,这一时期的南非政府对教育的改革和发展寄予了厚望,开始对教育扶贫政策进行积极的探索。

20 世纪六七十年代,在联合国教科文组织的倡导下,"终身教

---

① 罗毅:《南非教育的改革与发展》,《西非亚洲》2007 年第 9 期。

育"理念逐渐成为第二次世界大战后影响各国改革和发展的一种重要思潮。终身教育主张教育贯穿于人的一生当中,从儿童到青少年,教育不应该有所中断。人的一生是学习的一生,而教育应当在每个人需要的时候以最优质的方式来呈现,以满足人们的发展需求。到20世纪末,南非将终身教育思想作为国家教育制度改革的一种重要的指导思想,建立了正规教育和非正规教育相联系、学校教育和社会教育相结合的,包括了从幼儿教育到高等教育从而到成人职业技术培训这样的一种终身教育体系。

20世纪末期,联合国教科文组织在泰国召开世界全民教育大会上提出"全民教育"的概念,基本内涵是:扫除成人文盲、普及初等教育、消除男女之间受教育的差别。21世纪初,联合国教科文组织世界教育论坛通过了《达喀尔行动纲领》,确定了2000—2015年行动方案,这使全民教育目标更加具体。为了响应"全民教育"的号召,南非采取了一系列实现全民教育目标的举措。1994年6月,联合国教科文组织倡导的理念——全纳教育(Inclusive Education)产生,全纳教育主张所有有特殊需求的儿童都有受教育的权利,学校应该积极接纳。南非一贯都以积极的状态来响应联合国教科文组织的号召。

教育体制的改革是新南非政府成立以来在教育领域进行的首要任务。1994年新南非成立后,全国确立九个省,合并了独立之前的19个分散的教育部门,为南非教育扶贫政策的制定提供了政治保障。南非于1994年发布了首个宏观国家发展战略——《重建与发展计划白皮书》(Reconstruction and Development Programme, RDP),该白皮书中为南非的教育改革与发展制定了新的战略定位。南非教育部和后来的高等教育培训部自1995年起相继出台了八份教育白皮书,涉及南非各个教育领域,勾勒出南非教育改革与发展的指导思想与基本思路。1996年,南非教育部又连续颁布了《南非共和国宪法》(Constitution of The Republic of South Africa)、《国家教育政策法案》(National Education Policy Act 27 of 1996)以及《学校教育法》(School Education Act)来保障贫困人群的受教育权,为南非构建公平正义、包容和谐的教育系统提供了法律保障。

在基础教育领域,新南非成立后,政府开展了以教学成果为本的(Outcomes-based)课程改革,即"2005课程改革",此次课改消除了教育大纲中与种族隔离有关的内容,从而有效地促进了来自不同种族、民族学生之间的相互包容与理解。另外,政府开始着手改善全国学校基础设施和基本服务,并在全国开展"全国扫盲计划""全国学校营养计划"等,以此来提高贫困人群的教育水平。在高等教育领域,南非自新政府成立以来就颁布了各种保障高等教育公平的政策法规,并加大高等教育资助力度、整合高等教育体系、改革高等教育办学体制,旨在为贫困生提供高等教育的入学机会,保证其受教育机会均等。

另外,自南非实现民主化以来,实施了包括"成人教育与培训""南非全国扫盲计划"等多项教育项目和计划,来提高教育效益、降低文盲率,特别是帮助在种族隔离期间被剥夺受教育机会的成年人。民主政府成立后,南非政府在政策方面不断地进行探索,致力于保障对贫困人群的受教育机会,提高他们的受教育水平,为实现全民教育目标而不断努力。

三 全面推进期(2010年至今)

民主政府成立后的十几年,贫困人群的教育水平有了一定的提高,教育扶贫取得了初步成效,但是种族歧视、贫富差距和发展悬殊问题并不能一时消除。鉴于南非在教育领域出现的种种问题,南非政府自2005年以来,加大教育投入,启动更加全面的教育扶贫计划和项目。贫困地区教育的发展以教育的人力、物力和财力等资源为依托,其中,教育资金投入在贫困地区教育发展中不可或缺。有关调查显示,学校教育经费投入越多,学生的学业成就水平越高。[1] 因此,政府需要对低收入地区学校增加经费投入以提高学生学业成绩。

南非是世界上教育投入比例最高的国家之一,并且经费投入在逐年增加。2005—2006年度,国家在教育方面的经费投入为955.2亿兰

---

[1] Thomas L. Jennings, *A Study of the Relationship between Public Schools' Educational Funding Sources and Academic Achievement in Ohio*, Capella University, Doctoral Dissertation, 2014, p. 117.

特，2006—2007年度增加到1054.9亿兰特，占国内生产总值的5.44%。① 2003—2004年，南非政府启动了"全民基础教育入学行动计划"（Plan Action: Improving Access Quality Basic Education All），该计划中提出了基于"五分位"（National Quintile）体系的扶贫性学校财政资助制度，使教育投入向贫困学校倾斜，缩小了教育投入的地区不平衡。《全国学生财政援助计划》（Student Financial Aid）、《国家学校拨款制度与标准修订案》（Amended National Norms and Standards for School Funding）等政策法案也明确表示要加大对贫困地区的财政支持力度。在2013—2014年，南非政府投入2500万兰特用于改善学生的生活与学习条件，为更多的贫困家庭和贫困学生节省生活开支，并且计划在2016年达到4000万兰特。政府对教育扶贫的经费保障，使贫困地区的教育经费得到了保证，开始逐渐改善教育问题，为更多的贫困人口提供教育机会。

南非民主政府上台之后，教育成为解决南非贫困问题的重要举措。尤其针对基础教育，经过一系列教育扶贫政策的探索、制定与实施，南非教育改革已经取得了较为明显的成效。"2014行动计划""2019行动计划"一脉相承，对基础教育质量的提升提出了具体的要求，更是重点关注贫困人群教育质量的提高。在基础教育之外，职业教育与培训也是重要的人才培养途径。然而，职业教育与培训却一直得不到发展，且不能有效地结合。学后教育体系的规划将南非教育系统分为两大模块，即基础教育和学后教育。基础教育主要是义务教育，学后教育包括除了基础教育之外的所有教育类型。学后教育体系旨在反种族、反性别歧视，以增加教育资源的公平获取，以期缓解社会公平问题，改善弱势群体境遇。由此，2012年、2014年南非教育部分别针对学后教育出台了绿皮书和白皮书，为构建包容公平、整合协作和多样的学后教育体系奠定了政策基础。在构建学后教育体系的过程中，无论是正规还是非正规的教育机构，都能为社会各个阶层尤其是黑人、女性、残疾人、失业人士和偏远农村居民等社会弱势群体

---

① 罗毅：《南非教育的改革与发展》，《西亚非洲》2007年第9期。

提供学习机会，改善他们贫穷的生活环境和低下的社会地位。

由上我们可以看出，1994年至今，对于南非的教育扶贫政策的形成过程而言，是逐步摆脱种族主义时代的旧制度，奠定新基础，并且在新基础之上，立足南非经济与社会发展现实，逐步形成与完善以全民、终身教育体系为核心，上承国家人力资源发展战略，下接民众教育与发展需求的全面的教育发展战略体系不断完善的过程。

第二节 南非教育扶贫政策的重要主体

新南非成立以后，国家教育部负责主管全国的教育事业，其在教育政策的制定方面起着全局性的统筹作用。另外，教育专家、政策研究机构以及人民群众等也是政策制定的积极参与者。

一 国家机构

新南非教育扶贫政策的制定与国家的政治制度和权利规范有着极其密切的联系。[1] 新南非成立后，实行立法、行政、司法三权分立行政体制，国家政权机构由议会、内阁和宪法法院共同组成。国家教育法是在议会、内阁、宪法法院的共同协作下出台的。内阁之下设立的教育部，统管全国教育规划各方面的运行和监督监管。可以说，在中央层面的国家机构成为南非教育扶贫政策制定和实施的主要主体。

这三个国家最高政权机构有着各自的责任。议会主要负责就教育问题进行教育立法，其中国民大会和各省级政府协会是其重要组成部分。国民大会由基础教育、高等教育和培训事务委员会共同组成，其主要对国家教育政策的制定和实施进行监督，这些委员会主要支持和协助"两院"审查和核定教育法律。内阁由主席和部长组成，其下设副主席和副部长。主席有着一定的权威，掌握着教育法案的签署权、审核权和决定权。

---

[1] 康建朝、尤丽雅：《新南非国家教育政策制定机制探微》，《比较教育研究》2013年第3期。

就教育政策的制定和实施而言，在内阁之下国家最高教育行政部门国家教育部，统管全国教育规划、实施、监管和评估。自2009年始，国家教育部被划分为两个部门，即负责初等教育、中等教育的基础教育部和负责除初等教育、中等教育外的其他一切类型教育的高等教育和培训部。相应地，省教育部与国家教育部相互协作，在国家教育政策的制定和实施中发挥重要作用。[①] 此外，国家设立了多个法定教育辅助机构，如教育部长理事会、教育厅长委员会、资格认证署、高等教育理事会等，这些机构在教育政策制定和实施层面起着重要的作用。

二 社会各界

南非政府鼓励全民参与教育发展合作治理，因此，教育专家、政策研究机构以及人民群众共同构成南非教育扶贫政策制定和实施的重要主体。就教育专家而言，教育部颁布的教育政策是在智囊团广泛调研基础之上出台的，而专家学者是智囊团的重要组成部分。例如，1996年12月《高等教育改革绿皮书》（*Higher Education Reform Green Paper*）的出台就是建立在临时高等委员会中各位专家学者的意见和建议之上。出台前，曼德拉专门任命了一个临时高等教育委员会。该委员会在广泛调研的基础之上对其深入论证。就政策研究机构而言，1993年成立的南非教育政策发展中心以及在大学设置的专门研究教育政策的机构在国家教育政策制定方面起着重要的支持作用。

另外，教师组织、教育协会等教育专业机构与组织在国家教育政策制定中扮演着重要的角色。新的教育政策出台前，教育部长通过一系列方式对代表教师、学生、家长以及学校管理者的教育专业机构和组织，就政策内容进行咨询和征求意见。如1996年2月《学校组织、管理与拨款白皮书》（*Education White on the Organization, Governance and Funding of Schools*）出台前，当时的教育部长正式咨询了南非全国专业教师联盟（NAPTOSA）和南非民主教师联盟（SADTU），吸纳了

---

① 王琳璞等：《南非教育战略研究》，浙江教育出版社2014年版，第123页。

它们的许多意见和建议。① 就普通公众而言，主要涉及学生、家长、教师以及学校教育管理者等，他们主要通过议会"两院"设有的专门论坛、向智囊团提出意见和建议、国家听证会、教育研讨会等方式参与国家教育政策制定。由此可见，理想化的教育政策决策主体应当由官方主体和非官方主体共同构成。官方主体和非官方主体只有共同参与、团结协作、良性互动，才能更好地促进教育政策决策的民主化、公正化和科学化。

第三节　南非教育扶贫政策的制度安排

国家法律、战略规划以及具体的教育扶贫计划从不同角度大力推广新南非民主价值理念，纠正教育领域的种族隔离政策，保护所有人平等的受教育权，这为南非教育扶贫奠定了坚实的政策基础。

一　法律保障

（一）《南非共和国宪法》

1996年12月，曼德拉签署新宪法，即《南非共和国宪法》（以下简称《宪法》）。《宪法》第2章第29条规定：消除过去的分歧并建立一个基于民主价值、社会公正和基本人权的社会，提高全体公民生活质量，发挥每个人的潜能，每个人都可以享有在基础教育、中等教育、成人教育和继续教育方面最基本的受教育权，国家应该积极采取各种措施以保证这些目标的实现。

（二）《国家教育政策法案》

1996年，教育部通过了《国家教育政策法案》（以下简称《法案》），《法案》从国家层面上对教育各方面的发展做出了有关规定。《法案》规定：有必要通过法律的手段来促进国家教育体系的民主转换，即让教育体系真正为所有南非人民服务。另外，《法案》对教育

---

① Spreen, C. A. & Vally, S., Prospects and Pitfalls: A Review of Post-apartheid Education Policy Researchand Analysis in South Africa, *Comparative Education*, 2010（46）: 429-448.

部、各省在教育政策制定和实施方面的具体职责、各级教育经费的配置作了具体规定，还确立了中央、地方合作治理的原则。

自该法案颁布实施以来，南非所有的适龄中小学生基本上可以实现就近入学，教育不分种族、宗教、性别和语言，学校不可再以任何理由将适龄学生拒校门之外，这意味所有适龄学生都能接受教育。法案还把14岁以下儿童的教育定为义务教育，学校要向各色人种开放，执行统一的教学计划，在同一个体系内，按同一课程表进行学习。义务教育的执行，确保所有适龄儿童的受教育权，是所有种族享有平等教育机会的政策性保障。

二 战略规划

（一）教育白皮书

新南非的首个国家发展战略——1994年《重建与发展计划白皮书》中对南非教育改革与发展战略的定位与基本思路作了明确指示。白皮书提出了新南非五个中长期发展重点即发展经济、缩小城乡差距、提高人力资源水平、满足人民基本需求。南非政府重视教育人力资源开发的作用，提出以民主、无歧视、平等为原则的国家人力资源战略。具体来说，就是要实行课程改革、加强职业技术教育、成人教育、性别教育的发展。

1994年以来，南非教育部和后来的高等教育与培训部围绕着教育与培训事业的各个领域和层次，相继出台了八份教育白皮书，分别涉及学校组织、管理与经费、学前教育、继续教育、高等教育、特殊教育、远程教育、学校后教育等方面。这些白皮书勾勒了南非教育改革与发展的指导思想与基本思路。白皮书旨在发展新的教育体系以促进民族南非的教育和培训、到2010年扩大5岁儿童学前教育入学率、提高0—4岁和6—9岁儿童发展质量、改善各地区教育部门的全纳教育体系发展、通过有针对性的支持结构和机制减少学习障碍、大力推广学校信息化教育改革，为学习者、教师寻求更广泛的资源。其中，1995年的《教育与培训白皮书》作为该系列中的第一份白皮书，具有宏观、全民的特征，可以说是南非教育改革与发展思想的总领。

(二) 五年战略规划

南非共和国基础教育部于 2014 年 3 月出台了《五年战略计划 2014/2015—2018/2019》(*Five-Year Strategic Plan 2014/2015—2018/2019*)。该计划的出台是《2030 年国家发展规划：创建美好未来》（以下简称《规划》）和《中期战略框架 2014—2019》中所提出提升基础教育质量的要求，也是完成《2014 年行动计划：面向 2025 年的学校教育》计划目标的需要。该计划还是南非基础教育部门在 2011 年 3 月和 2015 年 3 月分别颁布的类似系列计划（《战略计划：2011—2014》）和《五年战略计划：2015/2016—2019/2020》的一部分。因此，这些计划是在《规划》这一最综合性的国家级政策规划指导下针对教育领域制订的"滚动型"规划，其共同目标为提升教育质量。

根据南非基础教育面临的问题，《五年战略计划 2014/2015—2018/2019》提出，南非 2018/2019 年度的教育使命是："所有南非人民都有终身学习、受教育和培训的机会和权利，从而改善生活质量，为建立和平、繁荣、民主的南非做出自己的贡献。"为了完成这个使命，"各地区要团结一心，为 21 世纪的南非提供有意义的、目标明确的、高质量的教育"。该计划指出，提升基础教育质量是政府建立具体战略措施、改革基础教育部门的首要任务。质量是南非基础教育发展的一大挑战。在入学需求已经得到基本满足的情况下，促进教育公平的问题也就转变成普遍提高质量的问题。此外，弱势群体教育质量的提高还有助于减少因为学业问题而造成的辍学，巩固既有的普及教育成果。该计划指出实现 2018/2019 年度目标应遵循的一个重要原则是"把孩子的利益放在第一位"。《五年战略计划 2014/2015—2018/2019》中涉及的重点领域包括提高学生读写算能力及数学和科学水平、入学、达标率、学校管理、教师、学校基础设施与支持服务等几个方面。

三 援助计划

南非的教育和培训长期分离，没有交集，两者无法进行有效的衔接与协调。通过对学后教育体系的规划，南非教育系统开始分成两大模块，即"基础教育""中学后教育与培训"（Post-Secondary Education and Training，PSET），简称"学后教育"。基础教育主要是义务教育，学后教育包括除了基础教育之外的所有教育类型。在这两大教育体系内，政府颁布了众多扶贫计划来保障弱势群体受教育权利，提高其社会地位。

(一)学前教育扶贫政策

南非政府非常注重儿童，尤其是处境不利儿童的学前教育。南非学前教育包括两个组成部分；第一部分是托儿班，面向0—4岁的儿童（Pre-Grande R）；第二部分是学前班（Reception Year/Grade R），面向5岁以后，小学一年级以前的儿童。2001年南非出台的有关儿童早期发展的第五份教育白皮书指导并着力推进幼儿教育的发展尤其是学前教育。

1. 入学保障计划

南非对学前教育十分重视，因而政府在幼儿教育方面的支持力度最大。南非政府启动了一系列国家早期教育项目，如1996年的国家早教临时政策（Interim National Policy on ECD）和1997年国家早期教育领航计划（The National ECD Pilot Project），通过加强研究与改善入学机会，为处境不利儿童提供学前教育。

2. 课程优化计划

众所周知，学前儿童有着特殊的身心发展阶段，因此幼儿教育与学校教育存在诸多不同。由此，政府在发展早期教育时应该着重关注幼儿本身。1997年南非在"国家早期教育领航计划"中明确指出，学前教育课程要依据幼儿本身来开展，课程要具有容纳包容性，不仅要包容不同背景的儿童，还要对儿童的知识、态度、价值观等方面兼顾进课程体系之中，并在此过程中，要根据社会、政治、经济各方面的发展变化而做出相应的调整和改变。

2013年，基础教育部针对0—4岁儿童制定了国家课程框架《0—4岁儿童国家课程框架》(*Children Aged 0 to 4 National Curriculum Framework*)，并于2015年进行了修订。该框架是在包容、全纳的理念下，对所有学前儿童进行知识技能和智力情感方面的开发和引导，从而为他们进入学校接受系统的学习、生活做好准备并打好基础。南非国家课程充分体现出社会公正原则及对社会和人的尊重,尤其对贫困、不平等、种族、性别、残疾等社会问题的关注。

3. 教师发展计划

南非对幼儿教育的师资配备十分重视,因此在此方面也加强了相应的支持力度。南非政府将若干所大学中专门培养教师教育的机构改造成培养幼儿教师的机构,并且设置课程大力提高幼师的专业化水平。另外,政府也在不断更新针对幼儿教师的资格证书,还为不能胜任幼儿教育的教师设置能力提升项目。这些举措不仅扩大了幼师队伍的规模,还对幼师质量的提升有一定的保障作用。[①] 在《国家资格框架法案:教师教育资格最低要求政策》(National Qualifications Framework Act: Policy on the Minimum Requirements for Teacher Education Qualifications)中明确指出胜任学前教育教师需要具备的各项资格和条件,即必须掌握专业、系统的学前基础教育知识,并且要对幼儿的身心发展阶段有一定程度的了解,从而来满足儿童在学习和生活方面的需求。此外,社会发展部于2013年1月颁布的社会服务从业者政策指出,要壮大学前教育工作者的人员队伍,在未来的几年内要使近万名学前教育工作者接受系统的职业培训和发展,在此过程中,政府需要出台新的法律政策框架来保障具体目标的达成。

(二)基础教育扶贫政策

1. 义务教育普及计划

南非义务教育普及计划起始于1996年《南非学校法案》(South African Schools Act, SASA)的颁布。法律强制规定了所有7—15岁儿童必须接受教育,并且规定公立学校可以收取学费。收费政策对于贫困家庭来说,仍然是一道亟待解决的难题。该法案是后种族隔离时代学校体系的立法基础,旨在促进学校教育体制,主要侧重学校治理、学校经费和私立学校教育。SASA从宏观和微观层面对新南非教育的发展做了明确指示。从宏观方面来说,国家要建立新的教育体系以消除种族隔离为学生带来的消极影响,并要致力于纠正存在的不公正的

---

① 王琳璞等:《南非教育战略研究》,浙江教育出版社2014年版,第133页。

教育政策。从微观方面来说，法案强调了南非的学校要重视并尊重家长、学生以及教育工作者的各种权利，形成与国家之间的协作发展教育的伙伴关系。为使更多孩子进入学校接受教育，2006年"免费学校计划"开始实施。自该计划实施以来，南非免费学校的数量逐步增加，已经有超过50%的学校实现了免费教育。

为了加快义务教育的普及，南非实行了基于"五分位"体系的扶贫性学校财政资助制度。该制度中的"五分位"划分标准如下：各省中20%面向最贫困地区、资源最差的学校为第一个五分位，20%面向次等贫困地区、资源有限的学校为第二个五分位，以此类推，最富裕的20%的学校为第五个五分位。学校的补助由省教育预算依据公式支付，前一个五分位的学校中每个学生得到的补助要高于后一个五分位的，第五个五分位的学校所获资助最少。到2010年，"五分位"系统在国家层面进行了修订，划定五分位标准得到了完善，增加了脱盲率、就业率和学校所服务社区的家庭收入水平，纠正了一些学校的错误分配，降低了学校的收费标准，从而使该系统更加趋于公平，教育资源也向更为贫困的学校倾斜。

2. 课程改革计划

南非教育部非常重视课程改革，认为这对教育的发展举足轻重。南非种族隔离时期政府的教育体系分崩离析且极为不均衡，全国上下推行白人至上、黑人低下、分层管理、学校分离的制度。1994年以前，学校课程的结构和形式牢固地根植于种族隔离制度，原有课程充满"种族主义、欧洲中心、性别歧视、独裁主义和惯例"。种族隔离的政策致使基础教育课程出现了课程标准分隔、课程体系衔接不良等现象，旧的教育模式下培养不出能支持南非经济发展的人才。

新南非成立后，政府立即着手改进和完善教育政策体制，尤其注重以教学成果为本即以结果为本的课程改革。于是，1997年出台了《2005课程》，旨在弥合分歧隔离的教育管理体制。本次改革可以说是21世纪南非教育中最富有成就的课程改革，国家课程大纲中删除了与种族隔离相关的内容，课程将不再受到种种限制，也不会以白人的利益至上，而是以包容的态度，在足够的条件支持情况下，将所有学生的潜能都发挥出来。正如宪法中所折射的,学生不会因性别、种族、年龄、宗教、文化等因素被排斥在高中教育之外。"教室中的公平"项目(Equity in the Classroom,EIC)[①]是南非实行课程改革的一个重要体现。该项目旨在通过运用多元化的语言和教学法、明确教学的重点等方式来为所有儿童提供一个公平、开放、自由的课堂学习环境,在这个环境中,所有的儿童都是独立存在并且平等的个体。

另外,在课程改革的过程中,南非政府十分注重多种语言的渗透,在课程设置上尊重语言的多样性。在高中课程的设计上,南非政府注重和尊重文化的多样性特点,鼓励学生用多种语言进行表达和交流。在语言学习上,遵循各语言之间的互通和连贯性,要明确各语言之间的相互关系,它们共同作用于学习过程。另外,还注重将语言文字材料和日常用语相结合,增强学生的听、说、读、写、思考和推理应用等能力。在语言教学上,实行以双语教学并以世界通用语言为主,民族语言为辅的教学形式。南非要求所有学生需精通母语并至少掌握其他任何一种官方语言,规定高中学生至少必修两门官方语言,至少要拿到40个学分,由此可知南非国家课程中对于语言课程的重视程度。

3. 各类资助计划

(1)学费减免计划。

针对付不起学费的家庭,南非政府采取了众多措施。《南非学校法》中制定了学费减免的公平标准和程序。据此,《学校经费国家规范与标准》于1999年生效。自该规范和标准实行以来,与之相对应的教育改革在减少生均经费不平等方面做出了诸多努力,确保了同一省内,最穷学习者所得到的经费高于最富裕学生,从而实现一省之内的相对公平。21世纪以来,该规范和标准还在不断的修订和改正,并且政策力度在更大程度上向贫困人口倾斜。与此同时,国家层面对在条件艰苦的学校取消学费的议案正在进行磋商,并在未来有望实现。

[①] Department of Education (South Africa), Equity in the Classroom, http://www.education.gov.za/dynamic/dynamic.aspx?pageid=329&catid=10&category=Reports&legtype=null.

(2) 基础设施改善计划。

1996年以来，南非在改善全国学校基础设施和基本服务方面的收效甚大。可以使用水、电、厕所、图书馆登记处设施的学校逐渐增加。有关资料显示，1996—2006年，可以接通电的学校从约11万所增加到约20万所；没有水的学校从约9000所减少到约3000所；没有厕所的学校从约3000所减少到约1000所。[①] 没有图书馆的学校从约12万所减少到约7万所。[②] 全国的基础设施的完善性大大提高，其比率超过了70%。另外，南非教育部还运用技术手段对在基础设施不达标的学校上课的学生人数进行了监测，从而制定了相应的措施。

(3) 国家学校营养计划。

南非政府还大力关注贫困儿童的营养健康状况，在全国范围内的小学实施并开展了"国家学校营养计划"（National School Nutrition Programme），为贫困儿童提供午餐。通过该项目，贫困儿童的健康状况得到了改善，因此其能按时参加学校学习以保证出勤率。为了更好地将学校营养计划落到实处，国家和学校携手共同分担并推进该项目[③]，这能保障有效克服一些组织方面的问题。就国家层面来说，2007年开始，财政部通过加大资金投入力度来改善学校提供午餐的基础设施。就学校层面来说，学校通过多方筹集资金来支持该计划的进行，并且更多的学校开始"自给自足"，在校园中进行蔬菜种植，以提高学校提供午餐的营养价值。

(4) 校服、教科书及交通提供计划。

对于贫困家庭而言，校服、教科书的供应以及他们上学时的交通状况的改善在一定程度上对他们接受教育的公平性有着重要影响。2005年，南非教育局针对贫困家庭的校服问题，公布了《关于校服国家指导方针草案》（National Guidelines on School Uniform），指出校服

[①] Department of Government Communication and Information System, *South Africa Yearbook 2007/2008*, Pretoria: GCIS, 2008, pp.171-192.

[②] Department of Government Communication and Information System, *South Africa Yearbook 2005/2006*, Pretoria: GCIS, 2006, p.225.

[③] 牛长松、陈曾敏:《南非教育千年发展目标：进展、举措与挑战》，《外国教育研究》2010年第12期。

不能成为阻碍任何公民接受教育的缘由，学校要为特困家庭支付校服费用或是直接提供校服。支付校服费用可以通过捐赠或者拨款的方式来获得。①

另外，南非教育部还通过提高教科书的回收比例，并将其重复利用来避免教科书资源的浪费使用，由此贫困家庭的学生就不用再自己购买。在交通方面，南非省级教育厅通过为贫困地区的学生提供校车、自行车、交通补贴等形式来改善交通状况。21世纪初期，教育局开展了一项针对南非中小学生交通状况的调查，结果显示，截至2006年，政府投入了大约4亿兰特来改善交通状况，由此而受益的学生超过了20万人。②

（三）学后教育扶贫政策

1. 职业技能教育改革计划

南非祖玛执政时期，教育管理体系发生了极大改变。教育部一分为二，由基础教育部和高等教育与培训部两部分构成。依托新的管理体制，南非对职业与技能教育在多方面进行的改革对南非教育扶贫产生了重要的影响。

（1）教育体系建设计划。

1994年废除种族隔离制度之后，南非开始在基础教育领域实施课程改革。南非政府在不断地进行教育改革的过程中，意识到职业技术教育的重要性，为此，南非进行了学后教育体系的构建。学后教育体系的构建主要通过两个重要政策体现出来，它们分别是2012年出台的《学后教育与培训绿皮书》和2014年修订完善的《学后教育与培训白皮书》。绿皮书对目前存在的学后教育体系中存在的种种问题以及需要解决的困境做出了详细的分析，提出了一系列政策措施，致力于建立一个统一、协调、多样化且高度互通的学后教育培训体系，包括对穷人的免费教育培训。而白皮书是在征集社会各界意见和建议之

---

① Department of Education（South Africa），*National Guidelines on School Uniform*，Pretoria：DoE，2005，pp. 4-6.

② Depanment of Education（South Africa），*Education for All（EFA）2008 Country Report：South Africa*，Pretoria：DoE，2009，p. 38.

后对绿皮书进行的修订和完善,提出了南非教育与培训发展计划和未来愿景,它的颁布标志着学后教育体系建设开始步入正轨,开启了学后教育体系建设的篇章。① 从形式上看,学后教育体系对由于各种原因未能进入正规学校接受教育的人群具有积极的意义,该体系可以为他们提供与社会接轨的职业技术教育和培训。② 而从本质上看,其举措更是让社会的各个弱势人口如有色人种、女性等获益良多。

（2）规模拓展计划。

自南非学后教育体系开始构建之后,对南非职业教育培训规模的扩大就成了亟待解决的问题。南非政府基于国内不断发展的产业需要,要求从2013年起每年为从事技术行业的人员提供120万个经过认证批准的接受教育的机会,逐步实现到2014—2015年新增3万—5万名的工程师和技工,并且还致力于扩大继续教育学院的规模。③ 有关数据显示,直到2010年,南非的青少年（15—24岁）的失业率高达50%以上,④ 因此,为了减少青少年的失业率,减少社会贫困,促进社会稳定发展,需要对大力发展学校后教育体系,扩大职业教育、继续教育的规模,从而将职业技能类和继续教育类教育计划作为减贫的主体。

2. 成人扫盲教育计划

南非成人文盲率居高不下,未能得到有效缓解。2006年6月,部长级识字委员会（the Ministerial Committee on Literacy）对15岁以上的南非成年人口进行了调查,调查表明,南非有近10万的文盲,这些人并没有接受过完整的学校教育,其中有色人种和妇女居多。

---

① Department of Higher Education and Training (DHET), *White Paper for Post School Education and Training*: *Building on Expanded*, *Effective and Integrated Post-School Education*, Pretoria, South Africa: DHET, 2014, p. 4.

② Department of Higher Education and Training (DHET), *White Paper for Post School Education and Training*: *Building on Expanded*, *Effective and Integrated Post-School Education*, Pretoria, South Africa: DHET, 2014, p. 12.

③ Economic Development Department, *The New Growth Path*: *Framework*, Cape Town and Pretofia: Economic Development Department, 2011, pp. 46-47.

④ National Planning Commission, *Diagnostic Overview*, Pretoria: The Presidency (South Africa), 2011, p. 11.

(1) 成人教育体系建设计划。

2012年新的教育体系建立之前，南非成人教育理念还处于单纯的扫盲、识字、复读等方面，成人教育体系的老旧化已不适应南非教育的发展。2012年之后，南非政府着力于建设更为广泛的和与社会接轨的以社区教育和培训中心为主的新式成人教育体系，并且将成人教育与职业技能教育进行接轨，从而为成人和辍学者提供接受二次教育的机会。继续教育学院通过多种提供教育的方式，如夜校、日间培训班等来满足成人教育的需求。

(2) 让我们学习计划。

在世界范围内，成人文盲阻碍着国家经济和社会发展。南非也面临着该窘境。2006年2月3日，针对全国470万名成人文盲，南非开发了"让我们学习计划"（Let Us Learn），并于两年后正式启动实施。该计划囊括了妇女、残疾人、辍学者及老年人等社会弱势群体，为他们提供专门开发的包含了社会各个领域主题的教材和课程，可以使用南非11种官方语言中的任意一种来进行读写算。针对残障人士，相关部门还免费编写了11种语言盲文教材，满足了他们的特殊需求。"让我们学习计划"于2016年正式结束，并取得了十分显著的效果。

3. 高等教育改革计划

在南非的高等教育领域，也存在许多种族隔离体制下遗留的众多历史问题，包括排斥黑人接受教育、高等教育机构数量与质量的差异等问题。学生是否有机会接受高等教育对于学生未来的发展影响巨大。1992年，接受高等教育的白人数量仅占总人口的12%，但是大学和技术学院的入学人数分别高达50%和60%。[①] 到了1993年，白人学生的毛入学率比黑人学生的毛入学率高达7倍之多。《高等教育改革白皮书》废除了以前以种族作为入学的唯一标准，旨在为弱势群体提供更为充足的学习资源，矫正过去不公平现象和体制。

---

① Lulat, Y. G. -M., *A History of African Higher Education from Antiquity to the Present: A Critical Synthesis*, London, 2005, p. 297.

(1) 入学机会保障计划。

新南非成立后,政府逐渐意识到,高等教育公平问题是南非高等教育面临的重要问题之一。在1996年颁布的《高等教育变革绿皮书》(Green Paper on Higher Education Transformation)中,新南非政府明确提出了改革的公平与民主、发展和质量并存的基本原则。[①] 1997年《高等教育法》(The High Education Act)的颁布,对矫正各种高等教育领域的歧视问题提供了法律保障。

绿皮书提出,要通过提高黑人和女性学生的入学率和对弱势学生提供支持服务,如提供就业指导、咨询,以及财政援助等方式来矫正高等教育领域的各种不公现象。1997年的《教育白皮书3——高等教育变革计划》中再次重申了绿皮书中提出的改革基本原则,采纳了扩大规模以容纳更多适龄青年进入高等教育的建议。新政府成立后,增加弱势群体的入学机会,致力于打破高校在招生上的种族与性别上的隔离。在此政策的推动下,高等教育逐渐矫正不同种族学生入学问题,提高高等教育中弱势群体的入学率。

(2) 资金资助计划。

固定资金、院校纠正拨款、个人纠正拨款以及其他纠正资金是南非高等教育机构资金四大来源。1999年颁布的《国家学生财政资助法》(State Student Financial Aid Law)是南非促进弱势群体入学的主要举措,标志着资助计划实施走向了规模化和规范化的道路。该计划面向主体为非研究生阶段的高校学生,有学术研究能力但家庭贫困的学生享受政府提供的资助贷款,这对所有南非人开放,并通过测试的方式来确定学生是否有资助资格。学生毕业之后开始偿还贷款,当然,该计划中贷款的利息远低于商业银行贷款。资金偿还产生的利息则会被重新运用到该计划当中。

(3) 教育体系整合计划。

在长久的种族隔离制度下,传统优势大学和弱势大学之间、白人

---

① Department of Education, *Green Paper on Higher Education Transformation*, Preloria: Department of Education (South Africa), 1996, p.9.

大学和黑人大学之间界限严格，不同类型的大学与机构之间也有明确界限。新政府成立后，通过高校的合并与兼并，调整和优化院校结构，彻底打破严格的种族隔离制度下建立起来的双轨制高等教育体系，传统白人高校和黑人高校打破疆界逐渐融合，保证了黑人学生平等地接受高等教育的权利，而全国范围内高等教育机构的兼并和合并，使各类学院并入大学。自此，南非高等教育系统由理工大学、综合大学和各种学院组成。知识与技能相结合，理论学习、科研活动联系实际应用，普通高等教育和高级技术教育双轨之间界限逐渐弱化，各高校形成了统一的培养综合型人才的高等教育体系。

（4）办学体制改革计划。

新南非成立后，国家政策推动私立高等教育的蓬勃发展，彻底打破了公立高校的垄断局面。正规公立高等教育的发展使南非公立学校学生多为白人，而有色学生几乎全部在私人举办的中等教育和函授学院来接受教育和培训。种族隔离政策时期，政府为了达到不同种族分开发展的目的，对于私立高等教育采取漠视态度，将黑人学生从大学教育中分离出去。民主南非成立后，尤其是1997年《南非高等教育法》的颁布，在私立高等教育有授予学位和颁发文凭的权力以后，私立高等教育进入蓬勃发展时期，数量迅速增加，规模不断扩大。到21世纪初期，南非的私立高校多达100所。南非高等教育办学体制改革在一定程度上融合了黑人教育和白人教育，让有色人种和黑人有平等地在公立学校受教育的机会。

第四节　南非教育扶贫政策的主要特征

与其他新兴市场国家相比，南非政府教育投入占国内生产总值比例最高，且教育政策倾向性明显，即向相对弱势黑人大众阶层倾斜。

一　公正均衡的扶贫理念

新南非处于国家教育剧烈变革期过程中，国家教育政策在价值取向上呈现出许多困惑和矛盾。政府不断对政策内容进行修正和变化，调适不同价值取向之间的关系。① 自1994年以来，南非终于结束了种族隔离制度，教育成为历届政府关注的重要议题。消除教育中的差距和不平等，在很长一段时期是南非教育政策的中心任务。如果教育领域内的差距和不平等无法消除，那国家的繁荣和社会经济发展将难以实现。南非政府意识到，南非国内存在的各种差距和不平等限制了南非国家的繁荣昌盛。因此，新南非政府将公平、公正作为教育政策制定的指导原则，并以教育均衡作为教育发展的结果性目标。

教育立法作为教育政策的保障，是国家意志在教育方面的体现，具有强制性。立法是影响南非教育扶贫政策是否能有效施行的重要因素，它从法律角度强调了教育对贫困地区以及弱势群体发展的重要性。南非政府同世界其他国家一样重视教育立法在教育政策中的作用，对教育制定了相关法律。南非自1994年新政府成立以来逐渐加大了对贫困人群教育问题的关注，并通过制定和颁发相关法律法规，消除种族隔离的学校制度，为教育扶贫奠定坚实的基础。

南非教育扶贫政策的制定体现出了终身教育思想。终身教育概念是联合国教科文组织终身教育局局长保罗·朗格朗在教科文组织"第三次促进成人教育国际委员会"上提出的。南非顺应国际教育理念，在课程改革政策的制定上，着眼于学生毕业走出校门后能够有继续学习的能力，将终身教育思想贯穿于课程改革的始终，使之成为逐步可实现的最终重要目标之一。1988年发布的《继续教育与培训绿皮书》中指明了对继续教育与培训的目标，同时提出终身教育是继续教育应该坚持贯彻的重要理念，强调个人身心发展与社会适应发展以及职业技能的发展并重，以协调升学与就业的关系，使学生既能够进一步接受高等教育，也要为未来的就业和生活做好准备。

二 整合规范的扶贫体系

南非教育扶贫形成了一套规范化的、整合的体系。1994年，南非政府正式废除了种族隔离制度，标志着南非进入一个新的发展阶段。

---

① 康建朝、尤丽雅：《新南非国家教育政策制定机制探微》，《比较教育研究》2013年第3期。

第八章　南非教育扶贫政策

1995年1月新学期开始，种族隔离彻底从南非的各级各类教育中消除，不同种族、性别、语言的学生在同一个教育体系框架下依照同样的课程接受教育。1996年，《宪法》《南非学校法》颁布，为国家各项工作的开展提供了法律框架和保障。随后，全国统一的教育部和部长办公室成立，进行对教育机构的合并工作。

统一的教育体系为受种族偏见的贫困学生提供了优良的学习环境。南非政府在不断地进行教育改革的过程中，意识到职业技术教育的重要性，为此，南非进行了学后教育体系的构建。学后教育是指完成中学教育之后进行的各方面教育和培训，包括所有的大学、学院、成人教育和技能培训。在学后教育领域，南非政府从职业教育、成人扫盲教育、高等教育方面对弱势群体进行各项教育支持和改革计划。学后教育体系具有开放性和全面覆盖的特征，可以为所有不能接受教育的人群提供职业技能教育培训。① 该举措可以让社会各个阶层尤其是弱势群体受益，进而提升社会公平。

三　全民参与的扶贫机制

由于种族隔离制度的废除，南非自1994年起迈入了新的发展征程，教育迈出重建振兴的步伐。为了彻底扭转教育不公平的局面，提高贫困人口的教育水平，推动国家教育实现根本性发展，新南非成立以来，陆续颁布了一系列新的国家教育政策。

南非教育政策制定的主体主要是国家机构和社会各界。就官方主体而言，由于新南非成立后的政治体制为立法、行政和司法"三权分立"制，因此，这三个国家最高政权机构有着各自的责任。议会主要负责就教育问题进行教育立法，内阁监督并评议国家教育政策的制定和执行，宪法法院则对政策是否符合法律规范进行审议和最终决定。在内阁之下，设立了国家教育部。教育部之下设教育部副部长和教育总监。官方主体在整个教育政策制定的过程中起着统筹全局的作用。就非官方主体而言，主要包括教育领域的权威学者、研究教育政策的

---

① Department of Higher Education and Training (DHET), *White Paper for Post School Education and Training: Building on Expanded, Effective and Integrated Post-School Education*, Pretoria, South Africa: DHET, 2014, p.12.

主力机构以及人民群众。非官方主体在教育政策制定的过程中也占据着十分重要的作用。他们参与讨论、提供意见，为国家制定民主化的教育政策贡献力量。

南非官方主体和非官方主体的共同参与、团结协作、良性互动，体现出新南非倡导全民参与教育改革，体现出其教育决策民主化、公正化和科学化。但时至今日，真正参与国家教育政策制定的公众仍然主要是那些白人贵族阶层以及那些政治和经济地位迅速崛起的黑人中产阶级，而那些真正居多数的普通民众，因为政治、经济地位的阻碍以及民主知识的缺乏，很少直接参与教育政策的制定。但新南非走向民主化的历程还很短，1948—1994年的长期种族隔离统治给南非烙上了浓厚的种族隔离、性别歧视、专制独断的历史遗痕，国家教育政策制定的民主化进程很难一蹴而就。但相对于种族隔离统治时期而言，新南非教育政策制定主体由单一的官方主体走向官方和非官方相结合，并且非官方主体参与国家教育政策制定的渠道日渐多元化，这充分体现出南非民主化进程正在不断地深入，全民参与的情况也将取得更进一步的发展。

20世纪90年代开始，南非在教育上已经开始了消除不平等的一系列举措。但是，教育扶贫效果并没有得到有效体现。南非教育扶贫政策的难点在于，一方面需要实现弱势群体进入学校接受教育，另一方面还要考虑相关政策对优势人群的影响，避免相对优势的学生从公立学校流失，加剧教育的不平等。南非想要弥补原有的教育、文化裂痕，还需要长期的努力。

第九章

中国教育扶贫政策

教育是阻断贫困代际传递的重要纽带和桥梁，教育在扶贫中发挥着战略性、奠基性、引领性和延续性作用。改革开放40多年来，我国累计有7亿多人口成功脱贫，占同期全球减贫人口总数的70%以上，扶贫工作获得历史性成就[1]。早在新中国成立初期，我国就开展了形式多样的广泛意义上的教育扶贫活动，如农村扫盲、农民短期技能培训等。真正意义上的教育扶贫相关政策从1984年陆续出台以来，扶贫理念与行动机制日益更新完善。至2019年年底，全国农村贫困人口从2012年年末的9899万人减少至551万人，累计减少9348万人；贫困发生率从2012年的10.2%下降至0.6%，累计下降9.6个百分点。[2] 我国成为最早完成联合国千年发展目标（MDGs）的国家，这加速了世界减贫历程，为世界减贫事业做出了卓绝贡献。2020年，中国如期完成了脱贫攻坚目标任务，现行标准下农村贫困群体全部脱贫，消除了绝对贫困和区域性整体贫困，扶贫工作的重心进入由消除绝对贫困转向缓解相对贫困的"后扶贫时代"。

---

[1] 新华网：《习近平在博鳌亚洲论坛2018年年会开幕式发表主旨演讲（实录）》，http://www.xinhuanet.com/2018-04/10/c_129847209.htm。

[2] 张翼：《2019年全国农村贫困人口减少1109万人》，《光明日报》2020年1月24日第3版。

教育扶贫政策的国际比较

第一节 中国教育扶贫政策的演进历程

教育扶贫是我国脱贫攻坚的重点工作之一，更是中国特色扶贫开发事业的重要组成部分。教育扶贫首创性地将"教育""脱贫"相契合，赋予其双重含义。从教育视角来看，教育扶贫意味着视教育为扶贫的主要阵地，通过政策调配和资源倾斜等手段实现教育领域的减贫脱贫，具有"扶教育之贫"的含义；从扶贫视角来看，教育扶贫意味着教育是扶贫的根本手段，为贫困人口开辟了一条通过掌握知识、发展能力，改变自身命运，最终反哺家人、回报社会的脱贫新路径，内含"依靠教育扶贫"之意。随着我国脱贫工作的不断深入，教育在精准扶贫体系中的基础性、先导性和持续性作用日益显著，教育扶贫从配角逐步发展为治本之策，主要经历了四个历史阶段（见表9-1）。

表9-1　　　　　　　　中国特色教育扶贫道路演进

阶段划分	阶段特征	扶贫目标	扶贫重点
1949—1978年	扶贫探索酝酿阶段	改变国家贫困面貌	恢复发展教育事业
1979—2000年	救济式扶贫阶段	基本解决温饱问题	普及教育；人人享有受教育权
2001—2012年	开发式扶贫阶段	解决相对贫困问题	提高教育质量；缩小教育差距
2013年至今	教育精准扶贫阶段	巩固脱贫攻坚成果	教育扶贫拔除穷根

一　教育扶贫政策酝酿时期（1949—1978年）

中华人民共和国成立之初，我国社会生产总产值仅557亿元，其中59%为农业产值，且人均国民收入仅66元。[①] 国民普遍处于显著贫困状态是不争的事实。面对"一穷二白"的落后局面，大力恢复生产、解决普遍贫困问题是国家发展的迫切要求。在此社会经济背景

---

① 国家统计局国民经济平衡统计司：《国民收入统计资料汇编（1949—1985）》，中国统计出版社1987年版，第1页。

下，我国教育领域"百废待兴"：教育水平低下，学龄儿童入学率仅20%；人口文化素质差，全国80%以上人口是文盲，农村地区文盲率更是接近95%。① 恢复国民经济所需的人才储备量缺口巨大。因此，自中华人民共和国成立之日起，国家在治理行动中就体现出对教育扶贫理念的重视。至改革开放前，我国教育扶贫属于政策酝酿时期，教育扶贫在行动逻辑上主要与发展农村教育和扫盲识字相结合。

第一，"为人民服务"的教育目的为教育扶贫奠定了合法性基础。1949年12月，第一次全国教育工作会议在北京召开，会议明确提出："教育必须为人民服务，首先为工农服务，为当前的革命战争与建设服务。"② 这一教育宗旨与性质为教育扶贫提供了根本性方向，明确了教育在扶贫工作中的历史使命与责任担当，也奠定了这一时期在教育领域开展扶贫工作的核心是以普及教育为主，重点服务工农群众。

第二，推广扫盲教育为教育扶贫开辟了具体路径。扫盲教育是赋予每位公民接受教育的基本权利。③ 国民文化素质制约国家与个人发展，高文盲率是国民文化素质低下的表征。1950年9月，教育部与全国总工会在北京联合召开了第一次全国工农教育会议，要求大力开展扫盲教育，开创了中国扫盲教育的先河。至1978年，我国青壮年文盲率已由中华人民共和国成立初期的80%大幅下降至18.5%，扫盲工作初战告捷，农民文化水平的提升一定程度上缓解了农村贫困。④

第三，普及农村基础教育为教育扶贫指明了工作重心。中华人民共和国成立初期，我国存在数以亿计的教育人口，而国家财政的空虚直接导致用于发展教育事业的经费不足。为攻克"穷国办大教育"难题，国家在农村地区开创了由政府补贴配合公社公共经费分担的全民

---

① 高书国：《新中国教育减贫70年，一个有高度文化的民族正在走向世界》，《人民政协报》2019年10月16日第9版。
② 中华人民共和国教育部：《教育公平的中国之路》，http://www.moe.gov.cn/jyb_xwfb/moe_2082/zl_2019n/2019_zl69/201909/t20190920_399882.html。
③ 《中国扫盲教育研究》课题组：《中国的扫盲教育》，《教育研究》1997年第6期。
④ 刘航、柳海民：《教育精准扶贫：时代循迹、对象确认与主要对策》，《中国教育学刊》2018年第4期。

办教育模式。截至1978年,全国学龄儿童平均入学率达到95.5%[①],普遍发展了农村基础教育,提升了农村地区人力资源水平。该阶段国家将受教育视为人民群众当家作主的权利,致力于使人口占绝大多数的工农群众及其子女享有接受教育的机会与权利,这一举措蕴含着深刻的教育扶贫之意。

这一时期,教育扶贫工作的开展使普及教育初现显著成效,增强了脱贫人口的发展能力,为脱贫地区社会经济发展奠定了扎实的人才基础。需要指出的是,这一时期国家虽然尚未出台专门的教育扶贫政策与行动纲领,但在探索教育事业发展的过程中开创性地提出了一系列普惠性教育发展方针,推动了农村教育事业的发展,扩大了国民受教育机会;普及教育初见成效,增强了脱贫人口的发展能力,为脱贫地区社会经济发展奠定了人才基础,为教育扶贫工作奠定了制度基础,属于教育扶贫政策酝酿时期。

二 教育扶贫制度嵌入顶层设计时期(1979—2000年)

得益于中华人民共和国成立初期广义扶贫工作的开展,我国普遍性贫困问题得到显著改善。至1978年年底,我国农村地区存在2.5亿尚未解决温饱的贫困人口[②],解决以基本生存为特点的温饱型贫困问题成为该时期反贫困的首要任务。1978年是我国经济社会发展的一个关键性转折点,党的十一届三中全会拉开了改革开放的序幕,中国经济建设取得了较大成就,为教育扶贫工作的开展奠定了必要的物质基础。在经济发展的推动下,我国教育扶贫工作正式落地并迎来了第一次发展高峰,开始进入了教育扶贫制度嵌入国家顶层设计时期。

第一,教育扶贫正式上升为国家意志。1984年9月,在中共中央、国务院联合发布的《关于帮助贫困地区尽快改变面貌的通知》(以下简称《通知》)中,"消除贫困"首次作为一项特殊的国家政策被提出。《通知》中明确指出在贫困地区有计划地发展并普及初等

---

① 孙兆霞:《政治制度优势与贫困治理》,湖南人民出版社2018年版,第49页。
② 国家统计局农村社会经济调查总队:《中国农村贫困监测报告(2004)》,中国统计出版社2004年版,第176页。

教育，增加对贫困地区的智力投资，提高贫困人口素质，这也是"教育扶贫"概念第一次明确出现在国家政府文件中①，标志着教育扶贫制度建设开始受到党和国家的高度重视。1986年5月，国务院贫困地区经济开发领导小组成立，1993年12月正式更名为国务院扶贫开发小组，由教育部、国务院办公厅、国家发展和改革委员会、财政部、科技部等有关部门协同开展我国扶贫治理行动。至此，我国教育扶贫的组织架构基本建成。

第二，正式界定扶贫对象，规划教育扶贫技术路径。随着我国贫困分布状态由普遍存在逐渐向分区域存在演进，国家教育扶贫的战略方针也随之调整。《通知》中指出，目前全国农村形势尚好，因此解决好"老、少、边、穷"地区的贫困问题具有重要的时代意义。同时，该文件明确提出了"集中力量解决十几个连片特困地区"的指导思想。1994年3月，国务院出台了《国家八七扶贫攻坚计划》（以下简称《计划》），作为我国实施扶贫开发工作的阶段纲领性文件。该《计划》划定了592个国家重点扶持贫困县，明确了该时期我国教育扶贫工作的行动重心主要落实在国家界定的重点贫困区域内，规划了1994—2000年我国教育扶贫实施的技术路线图，从基本普及初等教育、扫除文盲、开展技术教育培训等具体方案入手，提高贫困地区发展潜力与贫困人口发展能力，为教育扶贫正式落地勾勒出具有实质性操作机制。

第三，"以量为主"，持续提高基础教育普及水平。对于贫困人群而言，能力贫困是致使其深陷贫困的枷锁。为了保障脱贫人口获取摆脱贫困的资源和权利，这一阶段我国教育扶贫治理行动的关键聚焦于普及基础教育和保障义务教育。1980年12月，中共中央、国务院发布了《关于普及小学教育若干问题的决定》，明确提出了未来十年在全国范围内基本实现普及小学教育，有条件的地区普及初中教育的历史任务。1985年5月《中共中央关于教育体制改革的决定》（以下简称《决定》）印发，提出要集中全部力量，有步骤地实施九年义务教育，为扩大教育普及率提供了制度保障。1995—2000年，教育部与

---

① 曾天山：《教育扶贫的力量》，教育科学出版社2018年版，第237页。

财政部启动了第一期"国家贫困地区义务教育工程",分两个阶段先后在22个省份800多个贫困县成功实施了中华人民共和国成立后规模最大的基础教育扶贫工程。

这一时期我国教育扶贫得以在国家顶层制度框架下运行,取得了前所未有的成就。《中国农村贫困监测报告(2000)》的数据显示,在1999年贫困标准下,文化程度低于小学及以下的贫困发生率为48%,高中及以上为25.7%。[1] 贫困发生率随着受教育程度提高呈明显的下降趋势。截至2000年,全国农村人口的温饱问题已基本解决,九年义务教育普及的人口覆盖率超过85%[2],教育扶贫的脱贫贡献显著。但该时期的贫困治理是以"输血"为主要手段保障脱贫人口的绝对生存权利,教育扶贫工作重点致力于实现基础教育层面不同程度的"普及",对教育发展"质量"等方面的重视仍待加强。

三 教育扶贫内涵深化转型时期(2001—2012年)

为解决改革开放之际农村人口的温饱型贫困问题,我国曾推行"让一部分人先富起来,最终实现共同富裕"的发展战略。至2000年,我国贫困人口的温饱问题基本解决,但温饱水平仍有提升空间。这一时期,我国贫困状况呈现新特征:贫富差距日益扩大,贫困的相对性问题凸显。这些反映到教育领域,随着我国脱贫人口接受教育的基本权利得到保障,他们进一步追求接受高质量的教育以谋求实现更好的自我发展。我国教育扶贫的工作目标开始从保障脱贫人口实现"生存"跨越到更高一级的促进其获得"发展"。

第一,教育扶贫内涵转型升级。"温饱型贫困"的衡量是以人的温饱线为标准,直接指向人的生存问题;而"发展型贫困"的衡量则以社会平均生活发展水平为标准,直接指向人的发展问题。由于处于"发展型贫困"人口对教育的正当利益诉求长期得不到满足,知识技能的缺乏制约贫困人口的发展空间,并使其逐渐被社会边缘化。因

---

[1] 国家统计局农村社会经济调查总队:《中国农村贫困监测报告(2000)》,中国统计出版社2000年版,第23页。
[2] 郝克明、杨银付:《改革开放以来我国教育改革发展的若干启示》,《教育研究》2010年第3期。

此，该阶段教育扶贫工作高度重视"发展型贫困"问题的缓解，致力于通过政策倾斜与优惠等手段给予脱贫人口在教育资源获得方面更加公正的优待，增强他们的获得感与幸福感，满足他们追求发展的利益诉求。

第二，以开发式扶贫为基本减贫方略。与解决贫困人口最基本生存条件的救济式扶贫不同，开发式扶贫解决的是如何促进贫困人口发展、缩小这部分人同全社会成员的生活差距问题。因此，这一阶段我国教育扶贫采取开发式扶贫方略，更多地以提高学校办学质量、赋予脱贫地区学生更多接受高质量教育的机会为治理路径，将教育作为激发脱贫人口内生力的主要手段，重视脱贫人口自我发展能力的开发与积累，使其最终能够依靠自身力量实现脱贫致富。

第三，"以质为主"，统筹推进教育公平。公平与质量是全球教育发展的核心主题。该时期我国教育扶贫行动着力改善贫困地区的教育质量，扩大优质教育资源供给，促进教育均衡发展。2003年9月，国务院制定并颁发了《关于进一步加强农村教育工作的决定》，强调农村教育在全面建设小康社会中的重要地位，针对当时城乡教育差距明显存在并有扩大趋势，提出要深化农村地区教育教学改革，全面提高教育教学质量，努力改善贫困地区办学条件。

2005年，国家面向扶贫开发重点县逐步落实"两免一补"政策；2006年，国务院扶贫开发领导小组办公室面向贫困地区启动"雨露计划"，这均有助于从不同层面促进贫困人口受教育程度与文化水平的提高。至此，我国教育扶贫治理的重心实现了由救济式扶贫到开发式扶贫的转变，教育扶贫政策目标聚焦于以均衡发展为核心的教育质量和教育公平提升层面，兼顾普遍提高贫困人口受教育程度与发展潜力。这一时期，我国处于教育扶贫内涵转型升级阶段，将教育视为脱贫人口实现发展的目标和手段，与缓解发展型贫困治理的内涵和需求相契合，为教育发展与扶贫脱贫工作注入了新的强大活力。

四　探索巩固扶贫成果时期（2013年至今）

贫困问题具有长期性，消除贫困并非一蹴而就。绝对贫困消除之后还存在相对贫困，温饱问题解决之后还存在发展问题，以及脱贫后返贫问题。贫困问题具有复杂性，即致贫原因与贫困分布状态复杂多样。2013年是我国教育扶贫工作开启新局面的重要转折年。随着扶贫攻坚的不断深入，教育在扶贫体系中的战略作用愈加突出，教育扶贫事业的发展驶入"快车道"，其合法地位空前提升。脱贫攻坚时期我国教育扶贫主要致力于探索构建精准长效的教育扶贫机制。

第一，教育扶贫被视为贫困地区"拔除穷根"的关键。2015年9月，习近平总书记在给北京师范大学贵州研修班参加培训的教师的回信中指出："扶贫必扶智，让贫困地区的孩子们接受良好教育，是阻断贫困代际传递的重要途径。"[1] 相比于"输血式"的物质帮扶，教育扶贫作为一种增强贫困人口内在发展动力与能力的"造血式"扶贫方式，可有效避免脱贫人口因"输血"中断再度陷入贫困，阻断贫困文化的代际传递，更具有长效性与根本性的扶贫作用。

第二，以教育精准扶贫为根本减贫方针。2013年7月，教育部等七部委共同颁布了我国首项专门性教育扶贫政策——《关于实施教育扶贫工程的意见》，确定了我国实施教育扶贫工程的范围为国家确定的连片特困扶贫攻坚地区。2016年12月，教育部等六部委印发了《教育脱贫攻坚"十三五"规划》，明确将"精准"理念运用到教育扶贫中，开创了超常规政策举措，精准瞄准教育最薄弱领域和最贫困群体，精准对接教育扶贫资源与贫困人口及贫困地区实际脱贫需求，分层次、分对象地实施教育精准扶贫的治理方针。

第三，"以人为本"，全方位推进教育扶贫。教育精准扶贫是一种针对贫困人口人力资本增值、生产技能提升的综合性教育治贫活动。[2] 人是教育与扶贫的连接点，贫困中的人是教育扶贫的起点，自由发展的人是教育扶贫的终点。[3] 因此，该时期教育扶贫以脱贫人口的需求满足为本，以脱贫人口的能力建设为主，主要从职业教育和基础教育

---

[1] 习近平：《携手消除贫困 促进共同发展》，《人民日报》2015年10月17日第2版。

[2] 段从宇、伊继东：《教育精准扶贫的内涵、要素及实现路径》，《教育与经济》2018年第5期。

[3] 刘军豪、许锋华：《教育扶贫：从"扶教育之贫"到"依靠教育扶贫"》，《中国人民大学教育学刊》2016年第2期。

领域向学前教育和高等教育两端延展，包括面向特殊教育等领域全方位展开，强化教育对个体脱贫的贡献。

自 2013 年以来，教育扶贫在国家脱贫攻坚中的地位上升到了前所未有的高度，教育扶贫把脱贫人口作为贫困治理的主体与动力，致力于激发贫困人口的内在活力，以发展姿态成功走出了一条自我战胜贫困的中国特色扶贫道路。

第二节　中国教育扶贫政策的重要主体

教育扶贫不仅是教育事务、国家职责，更是社会性议题。改革开放 40 多年，中国教育扶贫政策也在随着经济发展水平和贫困状况改变而演变，教育扶贫的内容由基础教育向职业教育、技能培训扩展，教育扶贫的领域由义务教育向学龄前教育和继续教育延伸，教育扶贫的对象由区域性整体扶持转向区域扶持与对特殊人群的重点资助相结合，教育扶贫的主体也从单一政府向与社会力量合作转变，形成了"中央统筹、省负总责、市县抓落实"的扶贫开发管理体制、"五级书记一起抓扶贫"的主体责任体制，以及各参与主体合力攻坚的帮扶责任体制三个方面，做到分工明确、责任清晰、任务到人、考核到位，既各司其职、各尽其责，又协调运转、协同发力。同时，坚持动员全社会参与，发挥中国制度优势，构建了政府、社会、市场协同推进的大扶贫格局，形成了跨地区、跨部门、跨单位、全社会共同参与的多元主体社会扶贫体系。总体来说，中国教育扶贫主体包括各级政府、教育部、发改委、财政部、扶贫办以及高校和社会组织等，其中中央机关部门主要负责制定教育扶贫政策、统筹教育扶贫资源、划分教育扶贫职责以及监管教育扶贫成果；高校及社会组织利用自身技术、市场和信息优势，积极承担社会责任，贯彻教育扶贫政策，具化教育扶贫行动；地方机关部门则响应中央机关部门要求，密切同高校及社会团体的合作，对当地教育脱贫负直接责任。

一　政府

扶贫工程一直是中国历届政府和领导人高度重视的治理工作，各级政府投入大量资源和精力推进扶贫工作的实施，效果的好坏直接关系到执政党的合法性和人民对于政府的信任水平。政府作为公共利益的代表，掌握着国家教育扶贫资源，在教育扶贫过程中发挥着主导作用。从制度层面上来看，目前我国所执行的多项扶贫战略都是在政府主导的基础上得以贯彻实施的，并逐渐形成"政府主导，社会参与"的大扶贫格局。因此，政府在扶贫工作中所处的核心地位及其所发挥的重要作用，决定了其必然是扶贫工作顺利开展的关键主体。就我国现阶段实行的教育扶贫政策而言，从中央到地方各级政府占据绝对的主导地位，在教育扶贫工作的各个环节中发挥着不可替代的核心作用。

二　市场

市场是推动教育缓解相对贫困的主要力量。市场能够根据供求关系来调配各种资源流向，从而充分挖掘相对贫困群体的资源禀赋。企业作为市场主体，对市场及其变化反应灵敏。因此，在教育扶贫过程中政府会利用企业的市场敏感性，以购买服务的形式向企业购买教育扶贫服务，而不应该一味地直接提供所有服务。党的十八大以来，中国政府注重调动市场、社会力量参与贫困治理，并从政策上提供相应保障。2014年，国务院办公厅印发《关于进一步动员社会各方面力量参与扶贫开发的意见》，其中强调要形成政府、市场、社会协同推进的大扶贫格局，支持社会团体、基金会、民办非企业单位等各类组织积极从事扶贫开发事业。2015年6月18日习近平总书记在贵州召开部分省区市党委主要负责同志座谈会时也强调要切实强化社会合力，坚持多方力量、多种举措有机结合和互为支撑的"三位一体"大扶贫格局。这实际上是对扶贫主体的创新，从原先的政府主导转变为更多地吸收社会参与，将政府力量和社会资本形成有效合力，助推深度贫困地区的脱贫工作。

三　高校及社会组织

高校及社会组织是教育扶贫的重要生力军，是对多元教育扶贫开发机制的主要补充。高等教育承担着培养具有社会责任感和创新实践能力的优秀专门人才，提高人民群众的科学文化素质，实现社会主义现代化目标的光荣使命。高等教育扶贫是帮助贫困地区和人口缓解贫困问题、阻断贫困代际传递、实现减贫脱贫、迈向共同富裕的重要组成部分，也是我国实现全面建成小康社会的关键抓手。自新中国成立以来，我国高度重视高等教育扶贫开发工作的落实，并出台了一系列高等教育扶贫政策。[①] 如 2013 年教育部会同多部委下发的《关于实施教育扶贫工程的意见》中对高等教育在教育扶贫中做出了具体部署，文件指出，要从提高片区高等教育质量、加大高等学校招生倾斜力度、开展高等学校定点扶贫工作等方面提高贫困地区高等教育的服务能力，实现高校在扶贫工作中的责任和担当。

与此同时，在资源稀缺的约束下，政府无法单独完成对教育贫困的治理，市场的排他性等特征也决定了市场力量很难成为教育扶贫工作的治理主体。因此，扶贫工程急需引入社会组织等才能达到治理效果，社会组织的作用由此得以体现。至此，在扶贫领域比较有影响力的国内社会组织主要有中国扶贫基金会、中国人口福利基金会、中华慈善总会、中国青少年发展基金会、香港乐施会等。此外，还有各民主党派的"智力扶贫"、共青团中央组织的"希望工程"、全国妇联的"连环扶贫""巾帼扶贫"等，这些社会组织开展的各项帮扶工作，是教育扶贫工作的有效补充，是推动扶贫工作有效开展的重要力量。

四 扶贫人口

贫困人口作为教育扶贫的受惠者，有着自身的利益诉求，同样应该被纳入教育扶贫主体之中，共同构成教育扶贫主体系统。贫困人口，一方面是扶贫工作的对象，是扶贫工作的客体，所有扶贫工作都要紧紧围绕贫困人口开展；另一方面是扶贫工作的重要主体，是扶贫工作成败的决定性因素。外因通过内因起作用，没有贫困人口积极主

---

① 袁利平、李君筱：《我国高等教育扶贫政策的演进逻辑与未来展望——基于历史制度主义的视角》，《清华大学教育研究》2021 年第 5 期。

动地参与到扶贫工作中，扶贫措施和策略、扶贫政策和资金难以发挥实效，无法实现贫困人口的真正脱贫。

总之，教育扶贫是一项系统性的工程，单靠政府的力量很难收到良好的成效。因此，应当坚持政府主导、社会广泛参与的方针，各级政府要加强政策的统筹规划，协调好各部门的分工协作，并继续加大教育经费和师资的投入；高校要体现高等教育在扶贫工程中的服务能力，发挥高校自身的优势和特色，形成校校对接、人人帮扶的扶贫模式；社会组织尤其是民营企业要利用好资金优势，在教育扶贫中体现出应尽的社会责任。

第三节　中国教育扶贫政策的制度安排

"制度安排是具有特定的职能，用于达到某些目标的正式和非正式的管束特定行为和关系的一套行为规则。"① 把制度优势更好地转化为治理效能，是党的十九届四中全会以来我国各领域改革和发展的战略主题。克拉纳斯（Krasner）将制度变迁过程分为发生根本性转变的关键转折点和由此形成的在新的路径下存续的时期。② 在制度存续的正常时期内，制度变迁遵循着路径依赖的规律，不断自我巩固和强化，呈渐进式发展。当然，在不同时期根据不同需要遵循不同逻辑形成的制度构成要素之间必然会发生冲突，这种破裂与冲突最终会成为导致政策制度变迁的主要动力。因此，在制度断裂时期，现有的制度会因为关键转折点的出现发生急剧变化，矛盾冲突伴随着制度变迁逐渐凝固形成新的政策制度。

一　渐进式——制度持续发展的路径依赖

"制度选择就好似道路选择"，③ 一旦某种制度被选用，就会受到

---

① 安树伟：《行政区边缘经济论》，中国经济出版社2004年版，第299页。
② ［韩］河连燮：《制度分析：理论与争议》，李秀峰、柴宝勇译，中国人民大学出版社2014年版，第68页。
③ 卢现祥：《新制度经济学》，武汉大学出版社2004年版，第170—171页。

第九章　中国教育扶贫政策

惯性作用使这一制度得到强化并产生锁定效应以致无法轻易变革。历史制度主义学者倾向于借用经济学范畴的"报酬递增"（Increasing Returns）概念来阐释这种锁定效应的产生机制。以亚瑟（Arthur）为代表的经济学家认为高昂的创设费用或固定成本、学习效应、协调效应和适应性期待四种特征是导致出现报酬递增现象的原因。① 纵观我国具体的扶贫政策历史和国情，学习效应、适应性预期、政策体系高昂的退出成本以及脱贫人口内生动力缺乏是造成我国教育扶贫政策路径依赖的主要因素。

首先，学习效应和适应性预期。改革开放初期，我国为解决困难群众温饱问题的现实迫切需要和我国处于并将长期处于社会主义初级阶段的特殊国情制约着扶贫必须以解决群众温饱问题为首要任务，使我国的教育扶贫治理长期锁定于政府主导下的普及性、救济性的制度依赖中。随着扶贫工作的不断推进，政府多次制定新型政策，试图解构普及基础教育数量逻辑，进而追求促进教育水平均衡发展的质量逻辑，并呼吁社会各界在教育扶贫领域发挥其主观能动性，这充分验证了历史制度主义的构想，即在一个长期运行的制度框架中，组织会产生显著的学习效应，不断主动适应这一制度框架，并在长期工作中积累习得经验。适应性效应使地方政府和各级组织在政府主导模式的制度框架长期影响下，学会如何接受认同现有的政策，对现有制度形成了依赖，抑制其进行制度创新的动力。如果进行制度创新必然会与旧制度产生一定程度的摩擦，因此，不论是对政府层面还是对地方各级组织而言，寻求制度创新另辟蹊径都是未知且有风险的。

其次，政策体系退出成本高昂。我国教育扶贫政策并不仅仅意味着教育部会同财政部、扶贫办等七部委共同制定的《关于实施教育扶贫工程的意见》，或局限于某几个重要政策文件，它的形成是有历史沿革的，教育扶贫其本身就是一系列相关制度的高度集合，除国家总体性重大教育扶贫政策以外，政策具体内容还具体涉及基础教育、职

---

① ［韩］河连燮：《制度分析：理论与争议》，李秀峰、柴宝勇译，中国人民大学出版社2014年版，第88页。

业教育、薄弱地区学前教育、高等教育、师资建设等领域，开展的政策形式既包括体系完善的资助政策、薄弱地区教育的定向扶持政策，还包括定向招生的优惠政策，实施的政策项目囊括农村义务教育薄弱学校改造计划、乡村教师国家培训计划、贫困地区学生学习与生活资助、农村贫困大学生学费资助、农村义务教育学生营养改善计划等面向各级教育、各类群体的教育扶贫建设行动。这些政策早已形成相互黏附、相互辅助、相互影响的政策体系，要想从这样自我强化相互联结的政策体系中寻求改变，必将付出十分高昂的退出成本。反之，随着我国教育扶贫政策网络的继续实行，政策成本会日益下降，而预期收益率则日益上升。在该政策中的获益远远超过改变政策所付出的成本，所以政府在考量高昂退出成本的情况下很难从旧路径中摆脱出来。

最后，我国脱贫人口自我脱贫意识的内生动力有待增强。以发展动力为标准进行区别，贫困人口及其地区的发展模式主要有两种：一是外源性发展；二是内源性发展。[①] 外源性发展其主体缺乏内生动力，主要依靠来自政府和社会组织等外在力量的资源输入，发展前景堪忧；内源性发展其主体自身内在发展动力强，善于积极利用内外部资源实现良好的自我发展。随着我国扶贫工作的不断深入，在脱贫攻坚关键期，激发脱贫人口内生动力是激发扶贫政策内含活力之关键。传统"等靠要"的落后观念，强化了脱贫人口过度依赖救济式扶贫的错误价值观念，使脱贫地区部分群众缺乏脱贫动力故步自封，扶贫政策在这些地区很难得到群众的强烈支持。另外，政策的上传下达机制末端执行力缺失，使政策被迫退回到保持原有水平阶段，从而进一步固化了我国教育扶贫政策的路径依赖，使之难以促生教育扶贫改革的创新活力。

二 决裂式——制度断裂的关键转折点

中国教育扶贫政策自1979年以来虽然一直保持着总体上相对稳定的渐进式发展，但教育扶贫政策的制度变迁并非在探寻终极意义上

---

① 陆汉文、黄承伟：《中国精准扶贫发展报告（2017）——精准扶贫的顶层设计与具体实践》，社会科学文献出版社2017年版，第170—231页。

的平衡，而是打破一种平衡再产生另一种平衡的螺旋式上升过程。关键转折点的出现正是政策打破一种僵化的均衡进而实施政策改革的最大契机。在我国教育扶贫的政策实践中主要出现了两个关键的转折点，它们带来了两次典型的制度转型，分别将我国教育扶贫的政策路径由扶教育之贫转向依靠教育扶贫；由普惠式教育扶贫转向精准式教育扶贫，其背后蕴含的逻辑反映了我国扶贫理念已彻底从"输血式"的救济扶贫断裂转化为"造血式"的开发式扶贫。

第一个关键转折点出现在 2000 年前后。体现在政策层面最直观的变迁点是《中国农村扶贫开发纲要（2000—2010）》的颁发，其中明确强调提高群众的综合素质特别是科技文化素质，是促进贫困地区脱贫致富的最根本途径之一。这一政策的问世，表明教育所蕴含的扶贫功能与价值已受到国家的关注。在此之前，我国扶贫政策虽已涉及并重视教育，但教育一直被作为扶贫的目标、任务、内容或领域出现，主要政策举措也青睐于加大政策倾斜、资源投入等救济式扶贫方式，其最终目标导向的是教育领域的减贫脱贫，而教育本身所蕴含的扶贫功能和价值尚未被凸显。2000 年之后，随着《中国农村扶贫开发纲要（2000—2010）》《2003—2007 年教育振兴行动计划》《关于进一步加强农村教育工作的决定》等政策的颁布，国家从政策方面彰显了教育扶贫脱贫的功能。教育逐渐被定义为扶贫的手段、途径、方法或路径，发展教育成为为脱贫地区带来经济活力、为脱贫人口提高生活能力的重要举措，教育领域开始成为我国扶贫攻坚工作中的一个主战场，教育扶贫开始成为帮助脱贫地区有效脱贫的一条主战线。

第二个关键转折点出现在 2012 年党的十八大前后。随着脱贫工作的不断深入，我国的扶贫开发工作在 2012 年已经步入"啃硬骨头、攻坚拔寨"的最终冲刺阶段。"精准扶贫"理念的出现标志着教育扶贫工作将逐步结束普惠性的"大水漫灌式"的扶贫模式，进而向"精准扶贫"模式迈进。"精准"意味着教育资源将更加有效地与贫困人口直接对接，实现瞄准到户、滴灌到人。"精准扶贫"的推进标志着党的十八大以后我国新一阶段教育扶贫政策的落脚点将重点倾斜于教育最薄弱的地区，深度聚焦于最贫困群体，教育扶贫将致力于真正将资源分配到特困地区、薄弱学校和贫困人口，精准把握其致贫原因，切实满足其脱贫需求，提高扶贫政策的效益发挥。

总之，两次关键否决点的出现与其带来的制度根本性转变使我国的教育扶贫政策得以牢牢把握时代背景和发展需要，规避了路径依赖对新制度生成与发展的约束，缩短了制度供给与制度需求之间的时间差，实现了我国新一轮教育扶贫政策向开发式扶贫和精准式扶贫的转型，对我国教育扶贫政策的发展与改良具有深远的现实意义。

三 链接式——制度成体系的重要表征

制度体系是国家教育精准扶贫顶层设计的重要组成部分，是关乎教育扶贫实效的重要内容。我国相对完善的链接式教育扶贫制度体系，为加快推进教育扶贫提供了制度保障，具体来说：①

第一，学前教育扶贫政策。2011年，教育部启动学前教育三年行动计划，到2015年中央财政已投入700多亿元，支持贫困地区学前教育发展。也是从2011年起，学前教育资助政策要求地方政府对普惠性幼儿园在家庭经济困难儿童、孤儿和残疾儿童方面予以资助，中央财政予以奖补。2017年，中央财政共投入预算14.9亿元用于支持学前教育发展。

第二，义务教育扶贫政策。2011年实施农村义务教育阶段学生营养改善计划，国家按照每生每天3元（2014年11月提高到4元）标准为片区农村义务教育阶段学生提供营养膳食补助。截至2015年6月，中央和地方已累计安排资金1443亿元，惠及3210万名农村学生。2001年实施义务教育"两免一补"（免学杂费、免教科书费，寄宿生生活补助），对义务教育阶段农村和城市家庭经济困难寄宿生发放生活补助，中西部地区补助标准为小学生每生每天4元、初中生5元。2016—2017年，全国财政安排义务教育经费保障机制资金超过3500亿元，其中中央财政超过2200亿元，地方财政约1300亿元。2013—2015年，中央和地方财政投入资金1440多亿元，全面改善贫困地区义务教育薄弱学校基本办学条件，惠及3000多万名农村贫困学生。

---

① 孔祥智等：《乡村振兴的九个维度》，广东人民出版社2018年版，第207—208页。

第三，高中教育扶贫政策。从 2010 年起，国家实施普通高中国家助学金政策，以政府为主导，国家助学金为主体、学校减免学费（普通高中要从事业收入中足额提取 3%—5% 的经费，用于减免学费、设立校内奖助学金和特殊困难补助等）等为补充，社会力量积极参与的普通高中家庭经济困难学生资助政策体系。

第四，高等教育扶贫政策。2007 年建立起国家奖学金、国家励志奖学金、国家助学金、国家助学贷款、师范生免费教育、勤工助学、学费减免、"绿色通道"等多种方式并举的资助体系。2011 年起，教育部 44 所科研实力强、以理工科院校为主的直属高校承担 44 个国家扶贫开发重点县的定点扶贫任务。2012 年，启动面向贫困地区的定向招生专项计划。

第五，职业教育扶贫政策。从 2012 年秋季学期起，实施中等职业教育免学费、补助生活费政策，按照每生每年 2000 元的标准对中等职业学校全日制正式学籍在校生中所有农村（含县镇）学生、城市涉农专业学生和家庭经济困难学生免除学费，并给予全日制正式学籍一、二年级在校涉农专业学生和非涉农专业家庭经济困难学生每生每年 2000 元的国家助学金资助。2012 年，东部地区 10 个职业教育集团与滇西 10 个市州签署战略合作协议。2014 年，建立 17 个东中部职教集团与西藏和四省藏区 17 个地州职业教育对口帮扶机制。国家扶贫办在贫困地区实施"雨露计划"，以中职（中技）学历教育、劳动力转移培训、创业培训、农业实用技术培训、政策业务培训为手段，助力贫困地区农民解决就业。教育部联合总工会推动"求学圆梦计划"，计划三年内资助 150 万名农民工接受各种学历的成人继续教育。

第六，老、少、边、穷地区扶贫政策。从 2007 年秋季学期起，国家实施"西藏 15 年免费教育"行动，并在 2009 年与 2012 年，开始对藏区内中职学校和幼儿园实行免费教育政策，截至 2017 年，西藏已经实现了从学龄前到高中阶段的 15 年免费教育。2009 年起，四川组织藏区初中毕业生和未升学的高中毕业生到内地优质中职学校免费接受三年中等职业教育。2010 年，南疆四地州实现了 14 年的免费教育，实现了免费教育在学前、义务教育、高中教育阶段的全覆盖。

2015年，在新疆和援疆省市各民族学生中广泛开展"心连心，手拉手"活动。此外，政府还实施了内地民族班、少数民族预科班和少数民族高层次骨干人才培养计划等。

第四节　中国教育扶贫政策的主要特征

教育扶贫是将我国教育事业作用于扶贫事业进程中，逐步深化最终形成的具有中国特色的概念话语。教育扶贫政策行动脱胎于我国特定的社会历史背景，社会需要是推进教育扶贫的原动力，社会环境是激发教育扶贫改革创新的新活力。我国教育扶贫政策在历史演进和变迁中不断得到丰富和发展，形成了完善的政策体系。"主体多元化、对象全覆盖、方式多样化"的教育扶贫政策实现了学校教育、家庭教育、社会教育和自我教育的协调互补，直接提高了深度脱贫地区脱贫群体的教育可得性、知识技能、健康水平和思想意识，解决了多维贫困问题，能有效地阻断贫困的代际传递。从总体来看，我国教育扶贫政策以建立健全公平正义为内涵指向，涉及的领域覆盖教育各级层面，关注的对象不断精准细化，表现为重点区域和特殊人群相结合。中国教育扶贫成就的获得，源于始终坚持制度优势与政治优势互相结合，坚持扶贫同扶智和扶志良性互动，坚持精准扶贫与教育公平双重作用，坚持制度创新与战略改革双向驱动。

一　政策的价值取向：追寻公平正义

从根本上看，贫困不仅仅是一个社会民生难题，其根源已涉及社会的公平正义问题。所有公民公平地享受质量相当的教育，并通过教育提高贫困人口的发展机会与能力是阻断贫困现象代际传递的前提性条件。城乡教育发展的鸿沟是我国脱贫地区教育发展的困难与阻力。教育扶贫的目的是通过发展脱贫地区面向脱贫群体的教育事业进而实现脱贫减贫，其本质体现了对社会公平正义的价值追求。改革开放以来，我国一直致力于建立健全促进公平正义的教育扶贫政策体系。

首先，公平正义的教育扶贫政策体现在起点公平方面，即拥有平等的入学机会。在我国教育扶贫政策中具体表现为,保障贫困地区和贫困人口享有均等的受教育权利。第一,为了保障贫困地区人口"有学上",1995年,国务院开始实施"国家贫困地区义务教育工程",这不仅加速了中西部地区实现"两基"的进程,而且改善了贫困地区义务教育办学条件。第二,确保贫困地区学生"有学上",解决贫困地区学生"上得起学"、不因家庭困难而失学退学的问题。为此,我国颁布了一系列完善的资助保障政策,从基础教育阶段到高等教育阶段,以及职业教育领域均全面涉及。其中,政策成效显著的是2005年财政部与教育部联合颁布的《关于加快国家扶贫开发工作重点县"两免一补"实施步伐有关工作的意见》,提出面向农村义务教育阶段贫困家庭学生推行"两免一补"政策(免书本费、免杂费、补助寄宿生生活费)。据财政部统计,2005年中央与地方财政共安排"两免一补"专项资金约64亿元,惠及中西部地区农村义务教育阶段家庭贫困学生约3400万名[①],此后该政策的支持资金和惠及面也逐年扩增。贫困是农村地区学生大量辍学的重要原因,此举切实减轻了贫困家庭因子女上学导致的经济负担,保障了脱贫地区儿童不因困难而失学、平等有学上的基本权利。

其次,政策内容体现在过程公平方面,即享有质量均等的教育。其具体举措是:通过政策导向改变教育资源配置的不均衡,通过向脱贫地区倾斜稀缺教育资源,提高脱贫地区教育质量,保障脱贫地区人民受教育的水平。一是保障义务教育学校均衡发展。我国教育面临的主要挑战包括城乡、区域教育发展不平衡,脱贫地区教育发展滞后。因此,把促进公平作为国家基本的教育方针政策,提出要加快创建城乡一体化义务教育发展机制,"在财政拨款、学校建设、教师配置等方面向农村倾斜"[②],加快缩小城乡间教育差距,实现教育公平。同

---

① 中华人民共和国财政部:《财政部推进"两免一补"工作资助农村义务教育阶段贫困学生》,http://www.mof.gov.cn/zhuantihuigu/knqzshap/gzdt/200805/t20080519_22644.html。
② 中华人民共和国教育部:《国家中长期教育改革和发展规划纲要(2010—2020年)》,http://old.moe.gov.cn/publicfiles/business/htmlfiles/moe/info_list/201407/xxgk_171904.html。

时,强调教育对口支援,实施教育扶贫结对帮扶,要求城镇优质学校一对一帮扶脱贫地区学校,实现脱贫地区每一所学校都有对口支援学校,这是有效提高脱贫农村地区学校教育水平的重要方式。二是加强脱贫地区师资队伍建设。教师是促进脱贫地区教育事业发展的基础,也是乡村教育事业发展的关键。《国务院关于加强教师队伍建设的意见》《乡村教师支持计划》等政策如雨后春笋,教师特岗计划、国培计划等一些政策行动在我国农村教育的大地上如火如荼地进行着。三是改善脱贫地区学生营养水平。对贫困儿童的营养干预有利于儿童身体健康,促进智力发育及良好行为习惯养成[1],这对于支持贫困儿童接受良好的教育很有价值。2011年11月,国务院颁布的《关于农村义务教育学生营养改善计划的意见》中明确指出,由中央财政为农村义务教育阶段学生提供每人每天3元的营养膳食补助,脱贫地区儿童营养不良问题开始得到政策层面的关注。

最后,政策内容体现在结果公平方面,即获得教育所带来的收益。结果公平是起点公平与过程公平的最终产出物。教育的结果公平是使贫困人口接受教育之后能够有充实的体验感和收获感。其一,相对基础教育和普通教育而言,职业教育与技能培训可以快速地提升脱贫地区人口的技术能力,直接促进就业,有效地使脱贫地区人口获得教育收益。2003年,国务院颁布的《关于进一步加强农村教育工作的决定》中一针见血地指出:针对贫困地区现状,解决"三农"问题是出发点,要以就业为导向,大力发展农村地区的职业教育。在脱贫地区大力发展职业技术教育,其目的在于通过培训内容丰富的知识技术,提高脱贫地区人民的生产技能和知识素质,将知识技能与就业、学习内容与结果产出、教育与经济增长天然地联系在一起。其二,只有内容实用、形式富有本土化的教育才能切实地满足脱贫地区人口的教育需要,给他们带来实际的收益。因此,在农村教育扶贫方式方面,要有唤醒乡土课程在农村教育中重要作用的意识,积极开发

---

[1] 李培林等:《中国扶贫开发报告(2017)》,社会科学文献出版社2017年版,第232页。

扎根于乡村的"兼农"课程，探索乡村教育发展的新模式。

二 政策的涉及领域：覆盖全面

我国教育扶贫政策几乎覆盖了教育的全部领域。在基础教育领域，我国致力于改善脱贫地区基础教育质量、普及九年义务教育，并促进义务教育均衡发展。2012 年，国务院印发的《关于深入推进义务教育均衡发展的意见》，明确提出了推进义务教育均衡发展的基本目标：每一所学校符合国家办学标准，办学经费得到保障[①]。职业教育在我国教育扶贫工作中起着不可或缺的作用。早在 1983 年，中共中央、国务院颁布的《关于加强和改革农村学校教育若干问题的通知》中就指出："改革农村中等教育结构、发展职业技术教育是振兴农村经济，加速农业现代化建设的一项战略措施。"[②] 2014 年，国务院发布的《关于加快发展现代职业教育的决定》中赋予职业教育消除贫困的功能，发展职业教育与开发人潜在可能性能力的内在价值与教育扶贫蕴含的逻辑取向高度一致。在高等教育领域惠及面最广泛的是 2012 年教育部发布的《关于实施面向贫困地区定向招生专项计划的通知》，提出面向脱贫地区生源定向招生，扩大重点高校脱贫地区学生的升学率，并鼓励学生毕业后返回生源地创业和提供服务，为脱贫地区的建设和发展储备优质人才。

同时，国家还积极倡导教育部直属高等院校开展定点扶贫工作，其中农林院校和师范类院校的人才、智力、技术、教育扶持成效尤为明显。随着人民群众对教育需求的不断扩大，学前教育阶段作为基础教育的先导性铺垫，在教育扶贫开发中的重要性也越来越受到重视。《国家中长期教育改革和发展规划纲要》明确提出要支持脱贫地区发展学前教育、努力提升学前教育普及程度，这为脱贫地区儿童接受学前教育的权利提供了政策保障。另外，《国家中长期教育改革和发展规划纲要》提出要建立规范的办园标准和准入制度，对学前教育阶段提出规范要求，并注重加强对脱贫地区幼儿教育师资的培训培养，这

---

① 中华人民共和国中央人民政府：《国务院关于深入推进义务教育均衡发展的意见》，http://www.gov.cn/zwgk/2012-09/07/content_2218783.htm。

② 司树杰等：《中国教育扶贫报告（2016）》，社会科学文献出版社 2016 年版，第 40 页。

有效地保障了脱贫地区基础教育的质量水平，使脱贫地区儿童"不输在起跑线上"。特别是党的十八大以来，政府先后实施了20多项较为重大的教育扶贫政策，启动教育扶贫全覆盖行动，让脱贫地区的每一所学校、每一名教师、每一个孩子都从中受益，为2020年农村贫困人口全部脱贫、贫困地区同步建成小康社会奠定了坚实基础。

三 政策的扶持对象：深度聚焦贫困

我国教育扶贫政策的帮扶对象聚焦于脱贫地区和脱贫人群，主要表现在重点区域与特殊人群相结合，这与我国"精准扶贫"的时代背景相吻合，切合扶贫对象"精准识别"的政策要求。"集中连片特困地区"是我国开展教育帮扶工作的主要战场。2018年1月，教育部、国务院扶贫办联合发布了《深度贫困地区教育脱贫攻坚实施方案（2018—2020年）》，明确要求进一步向深度贫困地区教育扶贫聚焦，以"三区三州"为重点区域，以补齐贫困地区教育短板为突破口，充分调动各方的主动性及创造性。

除连片特困地区以外，家庭特困生、贫困地区教师、留守儿童、特殊儿童、少数民族学生等特殊群体也受到了国家和政策的特别关注。《国家中长期教育改革和发展规划纲要》指出，要加快建立农村寄宿制学校，完善农村留守儿童关爱服务体系和监测机制，确保留守儿童不因经济困难、就学困难等原因而失学。除此之外，政策中还提出要对长期在贫困地区任教的教师实行倾斜优惠政策，加大对贫困地区教师的培训力度，提升其专业素质与能力，并落实其工资和职称待遇的提高，改善贫困地区教师工作和生活条件，提升教师的地位。各项政策都显现出有针对性地对特殊群体、弱势群体的保障和帮扶，并在区别不同人群致贫原因和脱贫需求的基础上对症下药，使教育扶贫政策逐步精准到户、精准到人。

四 政策的主要内容：不断创新升级

教育扶贫并非一劳永逸，而是一个兼具长期性、复杂性与阶段性的系统工程。综观我国扶贫实践经验，普遍贫困解决后将出现绝对贫困，绝对贫困问题缓解后将出现相对贫困问题，并且还伴随着脱贫后返贫的难题。纵观中华人民共和国成立以来教育扶贫的历程，坚持实事求是，与时俱进，不断创新教育扶贫制度是我国教育扶贫得以释放长久活力的重要经验。在我国教育扶贫事业深度推进的历程中，教育扶贫治理行动不断与扶贫形势变化、贫困人口教育需求变化相适应，呈现出鲜明的阶段性特征。

首先，教育扶贫的任务目标不断升级。中华人民共和国成立初期我国教育扶贫主要针对农村地区开展扫盲教育和低水平的普及教育，随着脱贫工作的深入和教育需求的不断变化，我国教育扶贫顶层设计目标逐渐由追求以量为主的教育普及转向追求以质为主的教育公平，逐渐从以发展脱贫地区教育事业为主的"扶教育之贫"走向以教育促进脱贫地区及其人口脱贫致富的"依靠教育扶贫"。2020年既是我国全面建成小康社会的收官之年，也是脱贫攻坚决胜之年，但扶贫永远在路上，后扶贫时代业已来临。新时代，教育扶贫将不止步于达成短期的脱贫目标，而是更致力于向满足脱贫人口的美好生活期盼迈进。我国教育扶贫政策目标实现了由基础性目标向更高质量目标的迈进，其任务目标自身的发展逻辑也映射出党和国家对教育扶贫工作任务的不断深化。

其次，教育扶贫的政策体系不断完善。中华人民共和国成立初期我国教育扶贫政策主要指教育政策中涉及的与扶贫相关的教育内容和政策内容，政策的碎片化的分布导致教育扶贫执行效力松散。随着我国教育扶贫工作不断改革创新，教育扶贫政策体系逐步向结构化、体系化转变，主要表现为出现了独立的专门的教育扶贫政策文本；多层次、全方位的教育扶贫政策结构体系取代了以往单一、局部的教育扶贫政策结构。具体来看，我国教育扶贫政策已覆盖各级各类教育领域，并在不同层次的教育内部形成了相对独立的教育扶贫政策体系，充分体现出教育扶贫政策体系的宏大性与纵深性。

最后，教育扶贫的战略理念不断创新。因时因势不断调整扶贫战略是我国教育扶贫取得巨大效益的关键。中华人民共和国成立初期我国贫困人口基数大，国家经济条件有限，教育整体状况差，加之对贫困问题缺乏系统认识，由此初步形成了以投入为主的"救济式"教育扶贫方式。在特定历史时期，这种"输血式"扶贫方式发挥了重要作用。致贫原因的复杂性与扶贫工作的长期性决定了单纯依靠救济式扶贫无法取得最佳脱贫成效，以发展为主的开发式扶贫才是最稳固、最具生命力的扶贫方式。因此，新阶段的贫困治理更加侧重于发挥教育扶贫的"造血"功能。党的十九大以来，随着教育扶贫工作进入脱贫攻坚的决胜阶段，贫困人口的脱贫需求呈现多样化特征，对教育精准扶贫又提出了新的时代要求。据此，我国以精准为核心指针，启动了涵盖重点脱贫地区与脱贫人口的教育扶贫全覆盖行动，基本形成了以脱贫个体教育发展全程的帮扶政策闭环。

第十章

教育扶贫政策国际比较

教育政策影响着无数人的命运,也影响着一个国家的兴衰。教育是一项全球共同利益,也是一项基本人权。扫除贫困,则是更为集中地体现了教育在改善人类生存与发展境遇过程中的关键角色。由于各种社会的、历史的原因,弱势群体在社会经济发展中往往处于不利境地,从而导致在教育上也处于劣势地位。这种劣势首先表现在对教育资源的占有明显不足,更遑论优质教育资源。如何解决这一问题,保障教育的均衡发展,显然作为教育决策主体——政府,必须承担主要责任。纵观九国各种教育扶贫政策与法规,我们不难发现其政府都是依据本国基本国情科学、合理地制订有计划、成体系的教育决策,合理分配教育资源以保障弱势群体学生受教育的机会与条件。

第一节 教育扶贫政策的国际相似之处

教育扶贫是各个国家发展战略中最为重要的组成部分。教育扶贫政策作为各国政府一定时期教育行动的依据和准则,均以为社会所有群体尤其是处于不利境地的弱势群体服务为宗旨。一般而言,各国政府都从完善法律保障、提供资金支持、建立从学前到学后一脉相承的支持体系助力教育扶贫。

一 政策历程共艰

由于各个国家的国情不一样,因此各个国家教育扶贫政策制定的时间、背景等方面表现出众多不同。但是，可以肯定的是，自20世纪中叶以来，各个国家教育扶贫政策的制定和实施都经历了从起步到转折，从不断调整最后走向完善的过程。例如，最初印度教育扶贫政策的倾斜点着重在高等教育领域，忽视了基础教育对减贫的重要作用。到了80年代，印度对国家战略目标进行了调整，从而兼顾二者，全面发展。进入21世纪，各类教育扶贫政策层出不穷，使印度教育扶贫体系不断走向完善。巴西和墨西哥在20世纪八九十年代也面临着社会经济转折期，同时教育政策也在不断调整。南非共和国成立时间较晚，在独立之前经历着种族隔离教育体制，使南非的教育状况不容乐观。1994年独立之后，南非政府开始大力发展教育，整合教育体系和教育管理制度，为南非有色人种争取受教育的权利，从而使国家教育扶贫政策得到不断完善。总之，在各个国家社会经济日益昌盛的同时，并没有忽视教育在减贫和实现社会公平方面的作用，各个国家教育扶贫政策的制定和实施都是经过了艰辛的探索和调整之后颁布施行的最适用于本国国情的政策。

二　政策理念共享

自20世纪中叶以来，各个国家的国家发展战略中都明确指出要重视教育发展，表明教育对扶贫开发的决定性作用。各个国家教育扶贫政策制定和实施的过程分别与各国内部的社会、政治、经济等方面的发展状况相协调、相一致，这充分体现出各国对国家发展战略的思考。纵观各个国家的教育扶贫政策，无不将追求教育机会平等的理念贯穿于各级各类学校教育系统。第一，就早期教育而言，高质量的早期教育能够保证儿童将来在学校教育中取得成功，对来自弱势群体家庭的子女来说尤为如此。第二，就基础教育而言，它是个体接受更高一级教育的基石，是个体养成公民素质、实现终身学习与进步的必要途径；也是整个国家乃至整个民族得以兴旺发达并保持强劲动力的关键所在。九个国家不约而同都将教育改革的目标放置在21世纪的人才培养之上，并针对本国基础教育资源分布不均、种族冲突等问题在实践过程中进行了大刀阔斧的改革，走出了丰富多彩、卓有成效的发展之路。第三，高等教育在一国社会经济发展中的关键作用日益显著，在培养高素质科学技术人才方面有着不可替代的重要作用，九个国家的执政党显然都意识到了这一点，纷纷出台各项政策与计划不遗余力地发展本国的高等教育事业，支持更多学生进入高等院校，扩充国家的人才库。第四，各个国家都非常重视对弱势群体进行职业技术教育和培训，帮助他们掌握生存所需的基本知识与技能，支持他们积极投身于经济建设活动，最终推动民族发展与国家进步。

三 政策价值共通

教育扶贫是指国家将教育作为减贫的重要手段、工具等，通过与多方共同协作，发展贫困地区的教育来提高贫困人口的个人素质、能力以及脱贫意愿，从而带动区域发展的过程。多主体参与教育扶贫政策制定将赋予社会更多参与权限，调动社会力量，以制度化的方式更好地发挥全社会的作用，从而能更有效地将教育扶贫政策落实到位。在国际教育发展主题与理念的影响下，各个国家致力于实现国内教育公平。因此，各个国家都对弱势群体相关的教育权利和社会权利高度重视，采取了多种政策措施来推进教育公平，以保障弱势群体的受教育权利。例如，印度对表列群体实施的保留权政策、倾斜政策；巴西为消除巨大的贫富差距对贫困人口实施的家庭补助金计划；墨西哥重视印第安原住民族的教育发展，改革教育体系，将非正规教育与正规教育同等，促进了弱势群体的教育发展；新南非成立以后，致力于消除种族隔离时代遗留的各种差距和不平等，将公平、公正作为教育政策制定的指导原则，并以教育均衡作为教育发展的结果性目标，建立学后教育体系，实施各种政策措施保障有色人种接受教育的权利。总之，各个国家教育扶贫政策是基于实现教育公平基础之上的适合各自国情的教育政策。

四 政策法律共保

政策法律是一切行动的依据，加强各级教育的立法保障，从政策法律上对其进行保障是教育扶贫的第一步。只有将促进贫困落后地区的教育发展政策与规划以国家法律法规的形式确定下来，并且不遗余力地保证其贯彻与落实，才能为实现不同地区教育均衡发展奠定良好的基础。事实也充分证明，各国政府首先都通过出台一系列教育扶贫的相关政策提供法律保障，这些政策法规以促进社会公平发展、维护社会稳定和谐作为思想基础，对促进弱势群体的教育发展做出了详细而具体的规定。各个国家各项法案都为促进不同群体教育均衡发展提供了制度上的保障，为相关政策和措施的制定提供了法律依据，有力地推动了教育公平的进程。从经济学的角度出发，教育作为一种公共产品，是政府为公民所提供的公共产品和公共服务。因此，政府理应成为教育活动的投资主体，以保证教育事业平稳正常地发展。之所以坚持将政府公共投资作为教育活动的主要经费来源，其主要原因在于通过政府对公共财富与资源的第二次分配，以期消除首次分配过程中由于自然环境和经济发展差异的限制造就的不公平事实，进一步改善和保证在全国范围内教育教学资源分配的相对均衡。

第二节 教育扶贫政策的国际相异之处

教育事业的发展必然受特定历史时期国家的社会政治、经济、文化发展的影响，面对由此形成的纷繁复杂的社会境况，自然也致使各国政府的教育扶贫政策有所不同。

一 政策理念基础不同

各国教育扶贫政策理念基础有所不同。如美国所实行的教育扶贫政策无不体现着其根深蒂固的"同为美国公民"的"公民"思想。英国的"第三条道路"政治哲学思想和"社会投资国家"模式是新近政府开展教育扶贫行动的重要理论支撑。"第三条道路"政治哲学所持有的基本立场就是要突破传统左右政治观念的思想束缚，重构政府与市场的关系，同时兼顾到"社会公平"与"经济效率"平衡的问题。它提倡实施积极的福利制度，将"社会共同善"价值取向与"个体权利"价值取向有机结合起来。执政党通过"投资于人"的方式，增强劳动力市场的灵活性和经济竞争力，帮助贫困人口摆脱家庭贫困和社会排斥，继而最终消除贫困、重建社会公正。澳大利亚与加拿大均是多元文化国家，两国的教育扶贫行动也都主要围绕原住民族和其他少数族裔而开展，因而追求民主平等成为两国政府制定教育扶贫政策的根本依据。新中国成立以来，我国教育扶贫政策的惠及范围不断扩大，现基本形成了从学前教育、义务教育、高中教育、职业教育到高等教育全面覆盖的资助保障体系，实现了建档立卡学生从入学到毕业最大限度的全程资助，从促进学前教育、巩固义务教育、发展高中教育、推动职业教育、鼓励高等教育等层面入手，针对各级各类教育的发展与改善制定政策目标，建立健全贫困地区的教育体系，秉持全民享有"公平而优质的教育"的价值理念贯彻教育扶贫始终，竭力满足人民美好生活对教育的需求和深度落实以人民为中心的政策理念，反映了教育扶贫政策的价值追求，是党和人民在教育扶贫方面的智慧结晶。

二 政策设计焦点不同

各国教育扶贫政策所关注的焦点有所不同。美国力图建设"民有、民治、民享"的民主法治社会，因而在教育扶贫中力行的是补偿教育政策，通过各种补偿措施帮助弱势群体实现发展，缩小不同群体间的教育差距，以期让所有公民都能享受优质公平的教育服务；英国政府的教育扶贫政策致力于消除教育中的种族歧视现象，并提高少数民族学生的学业成就；而解决原住民族的教育发展问题对于加拿大和澳大利亚的执政党而言都迫在眉睫，所幸的是，两国联邦政府都借助多元文化教育政策，促使本国公民在思想层面能够更多地理解并包容原住民族的知识与文化，进而逐步达成实践行动中不同民族文化的多元、和谐、共生。

同样是针对弱势群体的教育扶贫政策，每个国家的侧重点也会有所不同：如美国政府重点关注少年儿童与少数族裔，尤其是黑人学生的教育问题；英国政府重视失业者、低收入家庭，以及流动儿童的教育；加拿大和澳大利亚则重点关注原住民族的教育发展问题。此外，由于澳大利亚是个移民大国，因而移民学生的教育问题在澳大利亚也受到高度重视。而关于具体行动目标，各个国家都致力于缩小弱势群体学生与主流群体学生之间的学业成就差距，所不同的是，澳大利亚和加拿大在教育扶贫行动中多了保留与发展原住民族知识与文化的诉求。归根结底，所有的政策都旨在于让不同公民共享国家的权力、土地、资源以及梦想。

三 政策实施路径不同

在教育扶贫行动实施过程中,发达国家针对弱势群体的教育政策设计,主要体现在薄弱学校的改造、促进学校之间的竞争、鼓励社会力量参与教育活动以及在中小学广泛使用现代信息技术等方面。发达国家教育发展不均衡的一个重要原因就是薄弱学校的存在。薄弱学校大多办学条件落后、教学质量低下,教师流失严重,集中了处于社会底层的贫困家庭的孩子,还有绝大多数的少数族裔学生也就读于此类学校。为了保障每个适龄儿童都能接受优质公平的学校教育,薄弱学校的改造问题一直在各个国家备受重视,纷纷为此制定相关法案并出台相应政策,使薄弱学校的改造工程在具体作业中有法可依、有章可循,但不同国家的具体实施稍显不同。

四 政策保障体系不同

各国政府不约而同地将促进教育公平的职志从法律层面上确定下来,目的就在于为相关教育行动与计划提供制度上的保障,确保教育扶贫政策获得良好的执行效益。此外,还通过扩大教育经费投入、建立评价标准、开展实证研究等方式构建教育扶贫行动的综合支持体系,力求政策落到实处,所不同的是几个国家在具体推进过程中各有侧重。法律法规和经费支持历来都是美国联邦政府有效实施教育扶贫战略的强大后盾。1965年颁布的《初等与中等教育法》规定由地方政府向各级教育机构划拨款项,并对低收入家庭的儿童提供经济支持使其享有平等的受教育机会。1978年,该法案再次获得核准,明确将弱势群体学生列为政府的重点资助对象。21世纪以来,联邦政府更是不断推出战略计划,逐步加大资金投入,并辅以绩效问责制度,促进教育的优质与均衡发展。英国政府在制定专项法规并提供充足经费之外,其教育行政管理部门也在教育扶贫行动中发挥了重要力量,且英国的教育管理部门会随着政党的更迭等原因进行相应的调整与转变,在推进教育均衡发展进程中发挥各自不同的作用。澳大利亚政府对原住民族教育发展予以高度重视,从国家层面到地方层面均设立专门机构负责处理原住民族的相关事宜,并在政策的制定和实施过程中强调原住民族人员的积极参与。中国教育扶贫政策基本形成了完整的政策体系，在价值取向、行动定位、扶贫内涵和工作机制等方面与时俱进，取得一系列重要成果。中国教育扶贫具有激发教育扶贫内生动力，提升教育扶贫主体自觉，精准教育扶贫手段，重塑教育公正价值和调整教育扶贫目标及行动的政策蕴含。

第三节 教育扶贫政策的主要国际经验

教育政策是国家对教育发展的战略性、整体性、准则性的规定，对教育政策理性的制定合理地规定了教育的发展方向，确保了国家教育目标得到最大限度的实现。各个国家通过合理教育扶贫政策的制定和实施，有力地体现了国家的教育意志，有效地保障了教育的稳定和谐发展，并在促进教育公平的基础上推进社会公平。与发达国家相比，我国在教育阻断贫困代际传递方面还存在很大的政策空间。① 其他国家在教育扶贫方面的一些做法对我国后扶贫时代教育贫困治理提供了可资借鉴的经验。

一 加强国家主导力量

一个国家若想实现教育的公平与发展，应该在全国范围内保持教育体制标准的一致性，政府在其中发挥的作用不容置疑。德特利夫·格罗卡就曾明确指出过"教育体系的私有化和商业化潮流不会得到政治上大多数的支持；相反，为了确保有效性和社会平衡，教育体系必须由国家当局来管理"②。政府作为一国公共事务机构，所拥有的决策权能够自上而下推动各项教育活动顺利进行，起到政策"风向标"的作用。因而各国政府在有关教育扶贫政策中无不体现并不断强化着自身的主导作用。

---

① 闫坤、孟艳：《教育阻断贫困代际传递模式的国际比较研究》，《国外社会科学》2019年第6期。
② ［英］安迪·格林：《教育、全球化与民族国家》，朱旭东等译，教育科学出版社2004年版，第27页。

政府能否发挥引领作用对教育改革能否顺利开展具有重要影响，而政府引领作用的发挥则主要通过制定教育政策法规、启动教育行动计划、调整教育管理部门结构与职能等方面实现。因而，政府引领作用的发挥并不是单一地体现在某一个方面，而是通过多种途径来实现的。总体而言，纵观各国教育扶贫进程，无论是哪个时期、哪个教育阶段，政府充分发挥引领作用对于教育活动的顺利进行都具有非常重要的意义。

二　加大教育经费投入

200多年前，亚当·斯密（Adam Smith）清楚地看到了教育与发展之间的关系，包括公共服务在推动教育改革中的重要作用，并且提出了市场机制如何成功运行的经典分析，他提出要为公共教育提供更多的国家资源。"国家只要以极少的费用，就几乎能够便利全体人民，鼓励全体人民，强制全体人民获得最基本的教育。"① 由此可知，教育投入对教育发展起着至关重要的作用。对于贫困地区的教育来说，国家在财政方面的支持是该地区摆脱贫困的核心举措。只有政府对贫困地区的教育进行高度重视，并进行适度的财政倾斜，教育脱贫、教育均衡发展以及教育公平才有可能实现。印度、巴西、墨西哥和南非等发展中国家政府重视教育在摆脱贫困方面的重要作用，不断加大教育经费投入，并采取了针对贫困地区和贫困人口的外部资助。

另外，各个国家政府对贫困地区和贫困学生的教育资助主要体现在基础设施投资、教育补贴、教育资助、奖学金的设立等方面。印度政府对每个表列部落儿童集中的县加大资金投入力度，使其拥有专项资金来开展各种教育活动。巴西基础教育发展基金会的成立保障了初等教育阶段每个学生的全国最低支出水平，这就意味着用于贫困地区小学的资源显著增加。通过巴西基础教育发展基金会，教育资源被再分配到了巴西的贫困地区。该组织还规定，每个学生分配的开支总额中，60%用于教师薪酬，40%用于其他运营支出。② 巴西的"家庭补

---

① [印] 阿玛蒂亚·森、让·德雷兹：《不确定的荣耀》，唐奇译，中国人民大学出版社2015年版，第93页。

② [美] 维尔纳·贝尔：《巴西经济 增长与发展》（第7版），罗飞飞译，石油工业出版社2014年版，第459—473页。

助金计划"和墨西哥的"机会计划"通过为农村贫困家庭提供现金补贴来减轻其贫困,从而保障贫困家庭的儿童留在学校读书。由此可知,各个国家政府通过财政的倾斜,强调教育扶贫的经费保障,这为落后、偏远地区开展各种教育活动打下了坚实的基础。

总之,一国政党关心重视某一领域的发展是促使这个领域得以进步的基本前提,而充足的资源投入则是保证这个领域得以发展的先决条件。从各个国家的教育扶贫经验来看,几个国家都将教育事业置于优先发展的战略地位,并在国家层面上以法律法规的形式确定下来。各国政府都意识到提升教育质量在增强国家经济竞争力中的重要性,因而纷纷通过采取不同措施加大教育资源的投入力度,向贫困落后地区倾斜教育资源,为贫困学生提供经济资助,以促进国家教育事业的持续健康发展,从而提升综合国力。

三 鼓励多方主体参与

教育扶贫能否顺利进行需要调动多方主体参与教育行动的积极性,在确保多方主体的利益得到保证的前提下,教育扶贫的成效才能得以巩固。各个国家在进行教育扶贫时显然充分认识了这一点,在具体行动中充分调动地方政府、各教育机构、教育主管部门、社区、家长及学生的积极性,形成教育扶贫的一致合力,确保教育扶贫行动的持续发展。值得注意的是,政府在一国社会资源的整合和国家发展战略制定过程中发挥着举足轻重的作用,它拥有至高无上的任何机构都无法匹及的支配力量。

就各个国家而言,它们的贫困人口、贫困程度以及致贫因素等方面都有着相似之处,政府作为一国扶贫的中坚力量,要通过履行其在减贫方面的功能,通过出台一系列的政策措施来影响减贫的进程和收益。在各个国家政府参与教育活动的过程中,我们可以看到,在多方参与的同时,政府依然并将继续发挥着主导作用,在教育经济学者们看来,教育服务属于准公共产品,应由政府提供,因此国家的各项教育计划的执行仍然在中央政府的指导下发挥着各自的效用。如中国政府注重调动市场、社会力量参与贫困治理,并从政策上提供相应保障,逐步形成了政府、市场、社会协同推进的大扶贫格局。

另外，仅仅依靠外界的帮助与支持而实现的教育发展是无法长久的，要实现教育扶贫的真正效果还有赖于当事人的主动，也就是弱势群体的自觉参与。学校与社区的积极参与及支持更是教育扶贫行动得以落实的重要保障，为学生提供充满支持与关爱的成长环境。除此以外，国际社会也应承担起共同的责任，使人们过上充实高效、有创造性并且有尊严的生活，保障他们的权利，同时履行尊重他人的义务。

四　追寻教育公平正义

教育扶贫是阻断贫困代际传递的根本手段和重要方式，其目的是通过办好贫困地区和贫困人口的教育事业进而实现减贫脱贫的战略目标，其本质体现了社会公平正义的价值追求。这种价值追求表现为教育扶贫所体现的差别正义原则和起点公平理念、权利平等原则和过程公正理念、机会均等原则和结果公正理念等方面。[①] 福利制度在其实行早期确实维护了社会正义，提高了弱者的社会生存能力。但由于制度体系的不健全以及人性的复杂与不确定性，福利制度在某种程度上削弱了个人的进取和自立精神，很多时候它制造出来的问题比它解决的问题要多得多。因而仅靠提供金钱等物质财富是不能消除贫困的，必须要消解弱势群体的贫困文化价值观念，并代之以积极健康的人生价值观。在这一过程中，教育扶贫行动必须对个体的能力发展给予足够的关注与重视，无论是其行为上的，抑或是精神上的，最终目的指向于增进个体的知识与技能，提升其在社会经济活动中的生产能力，从而能为国家发展有所贡献。

工业革命以来，民主国家都积极致力于追寻"教育机会均等"的理想目标，涵盖"程序公平""分配公平"两项原则。前者指所有社会成员遵循一定规则共同分享教育资源，没有特例；后者强调规则建立的合理性以及规则使用的统一性。这样看来，公平合理地分配规则更加符合社会公平正义的要求。但从投资的角度看来，分配公平又包括两个方面：水平公平即指对同等条件者给予相同待遇；垂直公平是对不同条件者予以差别待遇。第二次世界大战以来，各个国家出台相

---

① 李兴洲：《公平正义：教育扶贫的价值追求》，《教育研究》2017年第3期。

关法律条令、制订专门行动计划、配备专项救济资金扶持贫困落后地区优先发展教育,以缩小不同群体与地区之间的教育差距。

在社会学视域中,教育是帮助个体突破阶层壁垒、实现阶级流动的重要促进机制。改进弱势群体学生的受教育状况,提高他们的知识与技能,帮助他们在未来的劳动力市场上寻求合适的职业位置,是阻止贫困代际传递的主要方式。这是因为人力资产在孩童时代的发展会影响个人的整个人生历程。同样,父母的人力资产也会影响他们孩子的人力资产。在民主社会,学校教育具有一个不容置疑的伟大使命,那便是培养优秀的公民。年青一代只有接受良好的教育,才会具备能力来判断形势、解决当前的问题、自力更生、照顾家庭、帮助确保社会和平与公共秩序。无疑,各个国家的教育扶贫政策都指向增进个体的知识与技能,增强国家的综合国力,推动社会民主与进步。因此,"教育扶贫政策需要重新审视制度规则的合理性,从关注分配正义到关注承认正义,不能以程序公平掩盖家庭经济社会地位对于学业竞争的影响"。[①]

第四节 教育扶贫政策的国际发展趋势

贫困问题是一个全球性问题,也是世界各国共同面对的挑战。消除贫困作为联合国 8 个发展目标之中的首要目标,对各国人民生活质量的提高、个人价值的实现有着极为重要的意义。教育作为提高人力资本的重要方式,在扶贫工作中具有决定性的关键作用。通过对各个国家教育扶贫政策的演进历程、制度安排以及实施特征的分析中我们可以看出,教育扶贫政策的全球化、社会化、合法化、科学化、多元化、规模化、均衡化、公正化是其国际发展的主要趋势。

一 政策发展的全球化和社会化

在瞬息万变和高度发展着的当今世界,知识和教育已经成为经济

---

① 孟照海:《教育扶贫政策的理论依据及实现条件——国际经验与本土思考》,《教育研究》2016 年第 11 期。

发展和社会进步的决定性因素。进入21世纪，全球化趋势加强，各国之间的交流更加频繁，这不仅体现在国家政治、经济等方面，更体现在文化、教育领域。在教育方面，频繁的教育对话必然会引起各国放眼世界，依据各国国情对他国的教育政策、理念、措施等方面进行借鉴，在借鉴中不断寻求教育各方面的革新和创新。如何使教育更符合社会发展现实，如何在新的教育政策引领下催生新一轮的教育改革，这成为各国不断思考的重要问题。正是因为国际上教育的开放、交流和合作不断向纵深发展，教育全球化的特征日趋明显。

教育发展与社会需求之间的关系问题历来是一个国家出台教育政策和措施时较为关注的问题，在社会环境的巨大变迁和全球化进程不断加速过程中，国家之间在复合型技术等新兴开发领域的竞争逐渐加剧，这对教育和研究的质量提出更高的要求，教育被寄予的期望也更加多样化。同时，伴随着信息时代的来临，社会、经济与技术都在进行着某种深层次的变革，这些变革驱使着知识的内容与性质都发生难以预料的转变，因此，教育能否不断满足社会日新月异的需求是考验一个国家的教育能否具有竞争力和生命力的重要指标。

在各个国家教育扶贫政策的制定历程中，我们可以看出，各个国家深受国际教育理念的影响，这些国际教育理念分别有全民教育、跨文化教育、国际理解教育、终身教育等。例如，印度和巴西教育扶贫政策的制定深受全民教育理念的影响。印度在全民教育大会召开之后大力开始普及基础教育和扫盲教育，巴西在全民教育的影响下颁布了"全民教育十年计划"，并分别在基础教育领域和高等教育领域内有所作为，积极履行全民教育义务，认真完成全民教育承诺。墨西哥和南非在终身教育理念的影响下大力发展扫盲教育、非正规教育，致力于终身教育体系的构建。另外，在教育的全球化趋势不断加强之时，各个国家政府意识到社会需求是一国教育扶贫政策制定与出台的重要立足点。在制定相关的、针对性的教育扶贫政策时，将关注的重点放在社会发展需求方面，放在贫困地区和贫困人群的真实需要方面，放在教育如何更好地将贫困地区和贫困人群从"水深火热"之中"解救"出来。可以预见，各个国家政府在今后制定教育政策时，会日益趋向对于优质教育、全民教育和终身教育的追求而更加放眼全球，遥望国际，着眼国内，立足社会。

二 政策制定的合法化和科学化

21世纪以来，世界教育改革与发展的趋势之一便是教育政策制定的合法化和科学化。教育政策要得到有效运行必须具有合法性的条件。教育政策的合法性是指教育政策的制定、实施、管理等过程及政策内容应符合宪法和法律。在教育政策系统中，并不是所有的政策都必须上升为法律，但不论是否上升为法律，这些政策都必须获得合法地位。合法性是包括教育政策在内的所有政策得以顺利、有效运行的首要条件。一个国家的政治体系和法制结构必须在稳定、连续及权威之下运作，否则就会违背社会现实，失去科学性和合法性，这必然会对国家法制造成严重的破坏，损害公民的教育权益。

政策法律化可以说是政策合法化的一种重要而特殊的形式。完善的法律制度是国家生存并强盛的关键。各个国家普遍运用法律的手段实行保障和监督国内的教育扶贫进程。但是，各个国家关于贫困地区和贫困人口的教育法案散见于多个相关的法律法规中。例如，印度《宪法》中提出了众多对弱势群体权益的保护条款，颁布的《国家教育政策》中在免费义务教育、教育机会均等、扫盲和成人教育等多方面制定了发展原则。巴西的《宪法》《国家教育方针与基础法》等法律法规对巴西弱势群体教育地位的改善有着决定性的意义。墨西哥的《墨西哥合众国宪法》提出了墨西哥的教育是民族的、民主的、大众的，并在《联邦教育法》中明确教育工作的重点，即教育应为缺乏服务者提供更为公平的环境，创造条件，以弥合经济与生活之间的不平衡，使失学者或未上学者进入学校环境。南非的《南非共和国宪法》致力于消除过去的分歧从而创建一个基于民主价值、社会公正和基本人权的社会，《国家教育政策法案》则是新政府成立以来第一个针对入学机会不均等的教育问题而拟定的教育政策法案。可见，虽然各个国家针对教育扶贫没有形成专门的、有针对性的、完整的法律，但是，各国宪法、教育法等法案中对国家贫困地区和弱势群体的规定已成为国家法律体系中重要的组成部分。因此，任何一项教育政策必须在合法性和科学性的规约下，在符合社会发展现实中才能付诸施行。在教育国际化、全球化趋势不断加强的过程中，各个国家将不断完善其教育立法，并将教育政策的合法化作为国家教育发展与改革的重要方向之一。

三 政策参与的多元化和平等化

公共政策是一国政府实施国家管理的手段之一。国家通过公共政策来构建和谐社会，促进经济发展，保障人民群众的根本利益。因此，公共政策的有效性和权威性是维护整个社会和谐发展和人民合法利益的根本保障。20世纪70年代以来，西方公共政策研究已成为一种趋势，对一国政策的价值探讨成为学者们关注的重点。在研究过程中，公共政策制定和决策的多主体参与成为学者们讨论的焦点，并由此进行了初步的研究和探索。

在教育领域，建立民主化、多元化参与的教育政策决策机制和运行机制是各个国家制定并实施更到位的教育扶贫政策的重要基础。教育扶贫政策的决策需要多元主体介入，这不仅能调动多方参与主体的积极性，也能充分体现民主和科学精神。因此，教育管理中的民主和科学性能否有效统一结合，这与教育扶贫政策制定过程是否倡导多元主体参与息息相关。值得注意的是，如何有效地管理和协调各扶贫主体之间的利益和冲突是各国政府需要解决的难题。一是要建立平等参与竞争和多元参与教育扶贫运行体系，保证研究教育扶贫政策机构的多元性、咨询决策机构的多样性，拓展教育扶贫政策的信息来源。二是要保证参与教育扶贫政策决策与运行主体包括官方、非官方的平等性。在平等、多元的教育扶贫政策决策和运行体系下，对调动组织或集体的积极性，最大限度地克服局限性并实现民主决策有着重要的意义。

四 政策实施的均衡化和公正化

人类社会将公平正义的实现作为社会进步的重要标志和衡量尺度。公共政策同样也要将实现均衡发展、社会公正作为其重要内容。各个国家教育扶贫政策制定和执行将以区域均衡和性别公正作为政府不懈追求的最终目标。在国际上，2013年3月20日，联合国组织了达喀尔集会，会议上将教育公平和教育质量作为2015年后的发展目标。大会对如何保障所有儿童、青少年、成年人，特别是弱势群体的教育、学习权利进行了讨论。各个国家政府在实现区域均衡和性别公正方面不断做出努力，从宏观的法律到微观的计划在学前教育、基础教育、职业教育和高等教育领域进行了全面的部署。各个国家在实现区域均衡和性别公正方面不断做出的努力值得肯定，但是，基于经济、社会等各方面原因，各个国家教育质量还需要进一步大力提升。2009年进行的"国际学生评估项目"（PISA Plus），印度的表现在调查包括的74个国家或经济体中排名垫底。[①] 尽管参与调查的是印度两个学校质量较好的泰米尔纳德邦和喜马偕尔邦。在这74个国家或经济体15岁学生的整体阅读能力比较中，印度的两个邦都排在后三名。在其他测试中，包括写作、科学教育和数学，印度学生与PISA Plus调查包括的其他国家的学生相比都处于劣势。巴西巨大的贫富差距导致了贫困地区的教育质量得不到较大提升，在2012年经合组织34个成员方的"国际学生评估项目（PISA）"评估中，墨西哥排名最后[②]。

如何在实现教育区域均衡和性别公正的同时，提高教育质量，是各个国家今后教育政策研究的重点。另外，除了基础教育和高等教育两级重要教育形式外，职业技术教育对各个国家的扶贫开发有着重要的意义。21世纪初，联合国教科文组织发布了《关于职业技术教育与培训》（TVET），其中专门对职业教育如何进行扶贫助困作了阐释说明，并认为职业技术教育是减轻贫困的一种重要手段。因此，对贫困地区和贫困人口实行从基础教育到职业教育再到高等教育全方位的扶贫也是政策实施均衡化和公正化的重要体现。

---

① 调查中的半数国家或经济体是OECD国家，但也包括了许多发展中国家——阿尔巴尼亚、巴西、哥伦比亚、哈萨克斯坦、吉尔吉斯斯坦、墨西哥、泰国、突尼斯、乌拉圭等。

② México, el Peor de la OECD enEducación, http://www.animalpolitico.com/2013/12/mexico-el-peor-de-la-oecd-en-matematicas-lectura-y-ciencias/.

结语　中国教育扶贫的世界意义

贫困总是以各种方式存在并困扰人类的生存与发展，贫困问题是当今人类社会在向更高水平文明迈进征途中不可回避的现实问题，是当今全球共同面临的严峻挑战。中国曾是世界上贫困人口数量最多的国家，目前却已是扶贫效果最显著的国家。中华人民共和国成立至今70余载，国际社会见证了中国教育扶贫事业的发展历程及成就。经过70多年的努力，中国将教育在扶贫体系中的地位由配角转变为主角，并使其成为大规模扶贫开发、巩固扶贫成果的根本力量。中国在国际事务中的重大贡献，贫困治理应首屈一指。新时代我国教育扶贫的实践与理论创新催生了一系列扶贫领域新命题，这将为全球贫困治理提供重要的价值范本与世界意义。

一　中国教育扶贫为全球贫困治理贡献了新力量

"中国把自己的事情办好了，对世界而言就是贡献。"[1] 中国越发展，对世界的贡献越大。[2] 这一简单的逻辑关系在中国的扶贫历程中越发明晰，并得到越来越多国际有识之士的认同。中华人民共和国成立以来，我国积极推进大规模的教育扶贫开发工作，先后组织实施了农村寄宿制学校建设工程、农村义务教育薄弱学校改造计划、乡村教师支持计划等多项重大教育扶贫项目，推动了城乡教育优质均衡发展；加大经费投入力度，为经济贫困家庭学生提供教育补助，对特殊困难群体加大政策倾斜，以全面实现教育平等。得益于以教育扶贫为

---

[1] 新华网：《中国好世界才更好——新中国70年世界贡献的历史逻辑》，http：//www.xinhuanet.com/2019-06/27/c_1124678054.htm.

[2] 中国发展门户网：《中国实施千年发展目标报告（2000—2015年）》，http：//cn.chinagate.cn/reports/2015-07-28/content_36164105_24.htm.

根基的大扶贫格局,我国的扶贫工作成效领先于世界。同时,据世界银行数据显示,从1981年年末到2015年年末,我国贫困发生率年均下降2.6%,同期全球贫困发生率年均下降0.9%①,我国减贫速度显著领先于全球。我国在普及教育、消除贫困等方面取得了一系列举世瞩目的成就,提前完成了联合国千年发展计划的减贫目标。事实胜于雄辩,我国教育扶贫的治理成效不仅是中国扶贫道路上的亮丽篇章,更是我国为世界人权与民生事业做出的重大贡献。同时,我国教育扶贫成效加速了全球贫困治理历程,为全球贫困治理注入了鲜活力量。

二 中国教育扶贫为全球贫困治理绽放了新魅力

"既要让自己过得好,也要让别人过得好。"② 这表明了习近平总书记对中国要立足全球视野,追求共同发展的主张。中国作为负责任的发展中大国,以多种方式积极参与全球贫困治理,扶持和帮助广大发展中国家开展教育治贫行动,充分彰显了中国博大的视野与胸怀。中国始终站在共建人类命运共同体的高度,坚持践行深化全球减贫合作的前进方向,通过"一带一路""南南合作"等倡议开展中国与广大发展中国家的减贫合作,向其他发展中国家提供力所能及的教育援助。联合国曾在全球范围内选择了十个教育发展取得突出成就的国家作为倡导国,以调动国际社会对教育的广泛支持,落实千年发展目标,中国就是倡导国之一。中国坚定不移地践行共建人类命运共同体的承诺,加大与发展中国家关于人力资本提升的合作力度,有效推进了中国教育扶贫事业的国际化,这些事实充分展现了我国在全球教育贫困治理中的大国担当,中国力量业已成为促进世界稳定与发展的关键力量。

三 中国教育扶贫为全球贫困治理提供了新模式

在全球贫困治理图景中,我国的扶贫事业快人一步,领先实现了

---

① 中华人民共和国国家统计局:《扶贫开发持续强力推进脱贫攻坚取得历史性重大成就——新中国成立70周年经济社会发展成就系列报告之十五》,http://www.stats.gov.cn/ztjc/zthd/bwcxljsm/70znxc/201908/t20190812_1690521.html,2019-08-12.

② 习近平:《弘扬丝路精神 深化中阿合作——在中阿合作论坛第六届部长级会议开幕式上的讲话》,《人民日报》2014年6月6日。

由物质救助等"救济式"扶贫方式向教育扶贫等"开发式"扶贫方式的飞跃,率领全球开启贫困治理新阶段。中国重新定义了发展与贫困的关系。贫困具有复杂性和多样性特征,主要表征为贫困的表现形式与致贫的原因复杂多样。同时,贫困也内含广泛性和普遍性,贫困并非某一地区的独有问题,而是全人类必须共同面对的问题。中国能够在世界反贫困事业中发挥重要作用,主要得益于当国际社会还在对多维贫困进行理论探讨时,我们党已经在实践中开创了多维扶贫的崭新事业。① 中国在长期的扶贫实践中得出"救济式"扶贫模式无法从根本上解决贫困问题的经验,认识到只有发展才是解决贫困的根本途径。教育与扶贫本是两个独立概念,但中国开创性地实现了教育与扶贫的双向互动。教育扶贫作为推进我国反贫困事业的中坚力量,致力于为贫困地区积累人力资本,是一种以人的发展助推长久脱贫的治贫模式。中国通过实践形成了"证书式""订单式""联动式""服务式""互联网+式"等多元教育扶贫模式,② 为世界范围内构筑可持续的治贫新模式做出了创新性贡献。在全球发展不平衡的背景下,中国教育扶贫践行包容性增长理念具有正能量意义。教育扶贫不仅可以助力摆脱贫困,还能够提供更多的人类发展机会。中国正基于内生发展治贫理念重塑全球可持续治贫新模式,旨在推动全球贫困治理由"扶经济之贫"转向"扶能力之贫"。

四 中国教育扶贫为全球贫困治理拓宽了新思想

我国教育扶贫对全球贫困治理的贡献不仅体现为贫困人口数量的减少,更体现为我国形成了成果颇丰的具有普遍价值的教育扶贫理论体系。实践是检验真理的唯一标准,中国特色教育扶贫理论体系是以新时代习近平中国特色社会主义思想为核心引领,在教育扶贫实践领域不断尝试与创新,最终凝练形成的成熟的理论成果体系,它极大地丰富了世界教育扶贫理论宝库。以习近平同志为核心的党中央高度重

---

① 朱信凯、彭超:《中国反贫困:人类历史的伟大壮举》,中国人民大学出版社2018年版,第35页。

② 袁利平、万江文:《我国教育扶贫研究热点的主题构成与前沿趋势》,《国家教育行政学院学报》2017年第5期。

视教育扶贫,首先,在认识向度强调了教育扶贫是阻断贫困代际传递的治本之策。习近平总书记早在《摆脱贫困》一书中表述了教育与贫困之间的关系,指出"越穷的地方越需要办教育,越不办教育就越穷"①。言下之意,教育可以斩断穷根。贫困的代际传递是造成贫困再生产、增大脱贫难度的关键内因。其次,在实践向度指明了"志智双扶"是打赢教育脱贫攻坚战的切实路径。摆脱意识和思想的贫困是帮助贫困人口摆脱贫困的第一要义,因此在教育扶贫领域进一步提出了"志智双扶"思想。"扶志"是扶志气、扶信心,激发贫困人口摆脱贫困的主观能动性。"扶智"是扶头脑、扶技术,提升贫困人口脱贫致富的素质能力。再者,在方法向度突出了教育精准扶贫的时代内涵。随着脱贫攻坚进入攻坚拔寨的关键时期,我国旧的教育扶贫政策投入在新形势下边际效益递减。对此,开创性地提出了"精准扶贫"概念,引领我国教育扶贫政策对象从以"面"为主转变为以"点"为主,有效提高了教育扶贫的精准性和有效性。最后,在价值向度深化了教育扶贫是党和国家对人民追求美好生活需求的现实回应。贫困人口对教育的实际需要是教育扶贫事业发展的内部动力,中国共产党始终是人民群众美好生活的创造者与守护者。中国特色教育扶贫话语体系已在世界治贫舞台上发出重要声音。

五 中国教育扶贫为全球贫困治理趟出了新路径

中国教育扶贫成功的理论与实践经验,为其他减贫国家尤其是发展中国家提供了有益的实践范本。中国政府高度重视在世界范围内开展教育扶贫经验交流,主动将中国特色教育扶贫经验分享给其他发展中国家,促进世界减贫知识的丰富与传播,为全球贫困治理贡献中国智慧。为向国际社会深入介绍中国特色扶贫理念,促进全球国家在扶贫领域的经验交流,《摆脱贫困》一书被译为英文版和法文版等版本面向全球发行,赢得了国际社会的高度关注。毛里求斯总理称其非常认同中国"授人以鱼不如授人以渔""提高贫困家庭自力更生能力"

---

① 习近平:《摆脱贫困》,福建人民出版社 2014 年版,第 8 页。

的教育扶贫工作理念。① 贫困问题不是发展中国家的专利，欧美国家也同样面临着贫困问题的困扰，中国的教育扶贫经验与脱贫效率同样值得它们借鉴。从2016年开始，我国已经连续三年举办"中国扶贫国际论坛"，并于2017年在"中国教育扶贫国际论坛"与会嘉宾的共同见证下，汇聚中国方案与中国主张的"中外减贫案例库及在线案例分享平台"正式上线。该平台面向全球用户开放，中国的教育扶贫经验与具体案例也通过此平台向世界展示，以此帮助其他国家从中寻求脱贫之道。

　　我国教育扶贫事业取得的辉煌成就，既是中国的，也是世界的。教育扶贫是中国消除贫困、繁荣发展的关键路径，它立足于我国本土，为世界扶贫事业凝练出中国智慧，展示出中国方案。中国的教育扶贫经验表明，经济并非解决贫困问题的唯一突破口，扶贫真正的重地在于教育领域。我国始终坚持和加强党的全面领导，坚持不断创新教育扶贫思路与理念，坚持以人为本实现公平正义，生成了教育扶贫的巨大活力，推动中国乃至世界的反贫困在可持续的道路上砥砺前行。

---

① 李志伟等：《中国脱贫攻坚战成全球"金矿"》，《环球时报》2017年10月23日。

参考文献

一 中文文献

1. 著作类

［南非］S. 泰列伯兰奇：《迷失在转型中——1986年以来南非的求索之路》，董志雄译，民主与建设出版社2015年版。

［英］W.O.L. 史密斯：《英国的教育》，开明书店1968年版。

［印］阿玛蒂亚·森：《以自由看待发展》，任赜、于真译，中国人民大学出版社2002年版。

［印］阿玛蒂亚·森、让·德雷兹：《不确定的荣耀》，唐奇译，中国人民大学出版社2015年版。

［美］埃里克·方纳：《新美国史》，齐文颖、林江译，北京师范大学出版社1998年版。

［英］安迪·格林：《教育、全球化与民族国家》，朱旭东等译，教育科学出版社2004年版。

安树伟：《行政区边缘经济论》，中国经济出版社2004年版。

安双宏：《印度教育战略研究》，浙江教育出版社2014年版。

安双宏等：《印度教育公平战略及其成效研究》，浙江大学出版社2015年版。

北京师范大学国际与比较教育研究院：《国际教育政策与发展趋势年度报告（2015）》，北京师范大学出版社2016年版。

本报告编写组：《2000/2001年世界发展报告：与贫困作斗争》，本报告翻译组译，中国财政经济出版社2001年版。

陈时见、覃丽君：《世界教育改革概览》，高等教育出版2014年版。

陈时见：《比较教育学》，西南师范大学出版社2012年版。

丁声俊：《反饥饿反贫困——全球进行时》，中国农业出版社2012年版。

国家教育委员会政策法规司：《世界教育发展新趋势（1988—1990）》，北京大学出版社1993年版。

国家统计局国民经济平衡统计司：《国民收入统计资料汇编1949—1985》，中国统计出版社1987年版。

国家统计局农村社会经济调查总队：《中国农村贫困监测报告（2000）》，中国统计出版社2000年版。

国家统计局农村社会经济调查总队：《中国农村贫困监测报告（2004）》，中国统计出版社2004年版。

何伟强：《英国教育战略研究》，浙江教育出版社2014年版。

［韩］河连燮：《制度分析：理论与争议》，李秀峰、柴宝勇译，中国人民大学出版社2014年版。

侯钧生、陈钟林：《发达国家与地区社区发展经验》，机械工业出版社2004年版。

黄志成：《巴西教育》，吉林教育出版社2000年版。

江时学：《2004—2005年：拉丁美洲和加勒比发展报告》，社会科学文献出版社2005年版。

姜峰：《加拿大文明》，中国社会科学出版社2001年版。

［英］杰夫·惠迪：《教育中的放权与择校：学校、政府和市场》，马中虎译，教育科学出版社2003年版。

经济与合作发展组织发展中心、联合国拉美经委会、CAF－拉丁美洲开发银行：《2015年拉丁美洲经济展望 面向发展的教育、技术和创新》，知识产权出版社2015年版。

孔祥智等：《乡村振兴的九个维度》，广东人民出版社2018年版。

李继延：《中外职业教育体系建设与制度改革比较研究》，复旦大学出版社2014年版。

李培林、魏后凯、吴国宝：《中国扶贫开发报告（2017）》，社会科学文献出版社2017年版。

梁忠义、李守福：《职业教育》，吉林教育出版社 2000 年版。

刘绪贻：《美国通史》，人民出版社 2008 年版。

卢现祥：《新制度经济学》，武汉大学出版社 2004 年版。

陆汉文、黄承伟：《中国精准扶贫发展报告（2017）——精准扶贫的顶层设计与具体实践》，社会科学文献出版社 2017 年版。

吕达、周满生：《当代外国教育改革著名文献：日本、澳大利亚卷》，人民教育出版社 2004 年版。

马健生、白华：《基础教育区域均衡发展研究：大都市比较的视角》，北京师范大学出版社 2016 年版。

［英］玛格丽特·撒切尔：《撒切尔夫人自传：通往权力之路》，李宏强译，国际文化出版公司 2009 年版。

牛道生：《澳大利亚基础教育》，广东教育出版社 2004 年版。

彭华民等：《西方社会福利理论前沿：论国家、社会、体制与政策》，中国社会出版社 2009 年版。

冉隆勃等：《当代英国：政治·外交·社会·文化面面观》，中国社会科学出版社 1990 年版。

［巴西］若泽·格拉济阿诺·达席尔瓦等：《零饥饿计划：巴西的经验》，许世卫等译，中国农业科学技术出版社 2014 年版。

史静寰：《当代美国教育》，社会科学文献出版社 2001 年版。

世界银行：《1999/2000 年世界发展报告》，中国财政经济出版社 2000 年版。

司树杰、王文静、李兴洲：《中国教育扶贫报告（2016）》，社会科学文献出版社 2016 年版。

孙兆霞：《政治制度优势与贫困治理》，湖南人民出版社 2018 年版。

［英］托尼·布莱尔：《新英国：我对一个年轻国家的展望》，曹振寰等译，世界知识出版社 1998 年版。

万秀兰：《巴西教育战略研究》，浙江教育出版社 2014 年版。

王长纯：《世界教育大系：印度教育》，吉林教育出版社 2000 年版。

王琳璞、毛锡龙、张屹：《南非教育战略研究》，浙江教育出版社2014年版。

王燕：《G20成员教育政策改革趋势》，教育科学出版社2015年版。

[美]维尔纳·贝尔：《巴西经济增长与发展》（第7版），罗飞飞译，石油工业出版社2014年版。

吴明海：《中外民族教育政策史纲》，中央民族大学出版社2006年版。

吴明海、梁燕玲：《世界民族教育史专题研究》（第1辑），民族出版社2016年版。

吴式颖：《外国教育史教程》，人民教育出版社2014年版。

吴文侃、杨汉清：《比较教育学》，人民教育出版社1989年版。

习近平：《摆脱贫困》，福建人民出版社2014年版。

徐世澄：《墨西哥政治经济改革及模式转换》，世界知识出版社2004年版。

阎照祥：《英国政党政治史》，中国社会科学出版社1993年版。

余秀兰：《社会弱势群体的教育支持》，中国劳动社会保障出版社2007年版。

袁振国：《教育政策学》，江苏教育出版社1996年版。

曾天山：《教育扶贫的力量》，教育科学出版社2018年版。

曾昭耀：《战后拉丁美洲教育研究》，江西教育出版社1994年版。

曾昭耀、黄慕洁:《当代墨西哥教育概览》，河南教育出版社1994年版。

张岩松：《发展与中国农村反贫困》，中国财政经济出版社2004年版。

张燕军：《美国教育战略研究》，浙江教育出版社2013年版。

郑秉文：《社会凝聚：拉丁美洲的启示》，当代世界出版社2009年版。

朱容皋：《农村职业教育贫困责任问题研究》，海南出版社2010年版。

朱信凯、彭超：《中国反贫困：人类历史的伟大壮举》，中国人民大学出版社 2018 年版。

朱旭东：《新比较教育》，高等教育出版社 2008 年版。

2. 论文类

曹迪：《从同化到多元：加拿大原住民语言教育政策的发展特征与启示》，《河北师范大学学报》（教育科学版）2014 年第 5 期。

曹佳：《墨西哥民族整合进程中印第安人的国族认同研究》，《西北民族大学学报》（哲学社会科学版）2016 年第 4 期。

常永才、呼和塔拉：《西方多元文化教育政策的理论局限及其超越》，《当代教育与文化》2011 年第 3 期。

程光德：《南非共产党的南非农村发展策略及其启示》，《社会科学辑刊》2010 年第 6 期。

段从宇、伊继东：《教育精准扶贫的内涵、要素及实现路径》，《教育与经济》2018 年第 5 期。

段世飞、辛越优：《教育市场化能否让美国教育更公正与卓越》，《比较教育研究》2017 年第 6 期。

段晓明：《基于未来的变革图景——澳大利亚〈墨尔本宣言〉的解读》，《外国中小学教育》2011 年第 3 期。

傅林：《美国 21 世纪教育改革蓝图 NCIB 述评》，《当代教育科学》2006 年第 15 期。

高靓：《英国少数民族教育政策的特点分析》，《民族教育研究》2004 年第 4 期。

郝克明、杨银付：《改革开放以来我国教育改革发展的若干启示》，《教育研究》2010 年第 3 期。

何伟强：《新工党执政时期英国学前教育改革述评》，《全球教育展望》2011 年第 12 期。

何伟强：《英国卡梅伦政府化解社会治理困境之教育福利政策》，《浙江外国语学院学报》2016 年第 3 期。

贺武华：《英国"教育行动区"计划改造薄弱学校的实践与启示》，《教育科学》2012 年第 6 期。

黄志成：《巴西全民教育十年计划（1993—2003）的制定》，《外国教育资料》1998年第2期。

黄志成、彭海民：《墨西哥教育现代化进程》，《外国教育资料》1999年第1期。

江赛蓉：《英国教育福利制度的变迁及其启示》，《外国教育研究》2012年第7期。

阚阅：《促进教育均衡发展的新举措——英国"追求卓越的城市教育"计划评析》，《全球教育展望》2004年第9期。

康建朝、尤丽雅：《新南非国家教育政策制定机制探微》，《比较教育研究》2013年第3期。

柯珂：《巴西促进教育公平的政策研究》，硕士学位论文，浙江师范大学，2011年。

课题组：《中国的扫盲教育》，《教育研究》1997年第6期。

黎海波、魏晓燕：《澳大利亚的土著教育措施》，《贵州教育》2007年第10期。

李兴洲：《公平正义：教育扶贫的价值追求》，《教育研究》2017年第3期。

李中国、皮国粹：《加拿大高等教育质量保障体系及其改革走向》，《黑龙江高教研究》2013年第2期。

刘复兴：《教育政策的四重视角》，《清华大学教育研究》2002年第4期。

刘航、柳海民：《教育精准扶贫：时代循迹、对象确认与主要对策》，《中国教育学刊》2018年第4期。

刘婧娟：《加拿大高等教育招生政策研究——以维多利亚大学与麦吉尔大学为例》，《教育与考试》2011年第3期。

刘军豪、许锋华：《教育扶贫：从"扶教育之贫"到"依靠教育扶贫"》，《中国人民大学教育学刊》2016年第2期。

刘琴：《澳大利亚缩小土著与非土著教育差距政策研究》，硕士学位论文，西北师范大学，2015年。

刘焱：《英国学前教育的现行国家政策与改革》，《比较教育研究》2003 年第 9 期。

吕银春：《巴西对落后地区经济的开发》，《拉丁美洲研究》2000 年第 5 期。

罗毅：《南非教育的改革与发展》，《西非亚洲》2007 年第 9 期。

孟照海：《教育扶贫政策的理论依据及实现条件：国际经验与本土思考》，《教育研究》2016 年第 11 期。

倪小敏：《从阶级分析到经验的社会学研究：范式转换视角下英国基础教育公平研究的进展》，《浙江社会科学》2012 年第 1 期。

牛长松、陈曾敏：《南非教育千年发展目标：进展、举措与挑战》，《外国教育研究》2010 年第 12 期。

朴雪涛：《加拿大高等教育改革的新动向》，《外国教育研究》2002 年第 5 期。

乔鹤：《奥巴马教育新政解读》，《比较教育研究》2009 年第 9 期。

生兆欣：《〈初等与中等教育〉与美国联邦政府教育角色的变迁》，《比较教育研究》2009 年第 3 期。

汪利兵：《公立学校私营化：英国教育行动区案例研究》，《比较教育研究》2001 年第 1 期。

汪诗明：《陆克文政府支持〈土著人民权利宣言〉原因探析》，《太平洋学报》2009 年第 9 期。

王加强：《墨西哥基础教育普及的进展与问题》，《外国中小学教育》2010 年第 8 期。

王宁、姚伟：《政府在儿童福利中的责任：以当代美国为借鉴》，《江西社会科学》2015 年第 12 期。

王晓燕：《加拿大原住民早期教育和保育研究》，硕士学位论文，南京师范大学，2011 年。

王艳玲：《"教育行动区"计划：英国改造薄弱学校的有效尝试》，《全球教育展望》2004 年第 9 期。

王永康：《奥巴马谈美国教育改革的五个支柱》，《基础教育参考》2009 年第 4 期。

隗峰：《试析"不让一个孩子掉队"法案的事实与发展》，《外国中小学教育》2007年第12期。

吴国平：《拉美国家的财政政策与社会凝聚》，《拉丁美洲研究》2009年第2期。

闫坤、孟艳：《教育阻断贫困代际传递模式的国际比较研究》，《国外社会科学》2019年第6期。

杨洪：《印度弱势群体学生教育资助体系探析及启示》，《贵州工程应用技术学院学报》2016年第2期。

杨洪贵：《论澳大利亚土著人的同化政策》，《世界民族》2003年第6期。

杨军：《英国促进基础教育均衡发展之政策综述》，《外国教育研究》2005年第12期。

杨小敏：《"教育致贫"的形成机制、原因和对策》，《复旦教育论坛》2007年第5期。

杨义萍：《撒切尔政府的教育改革政策》，《西欧研究》1990年第3期。

袁东振：《经济改革与扶贫》，《拉丁美洲研究》1998年第4期。

袁利平、李君筱：《我国高等教育扶贫政策的演进逻辑与未来展望：基于历史制度主义的视角》，《清华大学教育研究》2021年第5期。

袁利平、万江文：《我国教育扶贫研究热点的主题构成与前沿趋势》，《国家教育行政学院学报》2017年第5期。

张宝宇：《巴西教育问题：发展经济学视角的国际比较》，《拉丁美洲研究》1998年第5期。

张济洲：《"国家挑战"计划：英国政府改造薄弱学校的新举措》，《外国中小学教育》2008年第10期。

张燕军：《美国高等教育资助问题及奥巴马政府应对政策》，《现代大学教育》2010年第2期。

3. 网络类

人民网：《巴西出台种族平等计划》，http：//news.timedg.com/

2012-06/29/content_10848129.htm，2017-06-29。

新华网：《习近平在博鳌亚洲论坛 2018 年年会开幕式发表主旨演讲（实录）》，http：//www.xinhuanet.com/2018-04/10/c_129847209.htm.

新华网：《中国好世界才更好——新中国 70 年世界贡献的历史逻辑》，http：//www.xinhuanet.com/2019-06/27/c_1124678054.htm.

新华网：《国际消除贫困日："扶贫有道"的墨西哥》，http：//www.xinhuanet.com/world/2015-10/17/c_128329239.htm，2017-08-20。

中国发展门户网：《中国实施千年发展目标报告（2000—2015年）》，http：//cn.chinagate.cn/reports/2015-07/28/content_36164105_24.htm，2015-07-28。

中华人民共和国财政部：《财政部推进"两免一补"工作资助农村义务教育阶段贫困学生》，http：//www.mof.gov.cn/zhuantihuigu/knqzshap/gzdt/200805/t20080519_22644.html.

中华人民共和国国家统计局：《扶贫开发持续强力推进脱贫攻坚取得历史性重大成就——新中国成立 70 周年经济社会发展成就系列报告之十五》，http：//www.stats.gov.cn/ztjc/zthd/bwcxljsm/70znxc/201908/t20190812_1690521.html，2019-08-12。

中华人民共和国教育部：《国家中长期教育改革和发展规划纲要（2010—2020 年）》，http：//old.moe.gov.cn/publicfiles/business/htmlfiles/moe/info_list/201407/xxgk_171904.html.

中华人民共和国教育部：《教育公平的中国之路》，http：//www.moe.gov.cn/jyb_xwfb/moe_2082/zl_2019n/2019_zl69/201909/t20190920_399882.html.

中华人民共和国中央人民政府：《国务院关于深入推进义务教育均衡发展的意见》，http：//www.gov.cn/zwgk/2012-09/07/content_2218783.htm.

4. 报纸类

高书国：《新中国教育减贫 70 年，一个有高度文化的民族正在走向世界》，《人民政协报》2019 年 10 月 16 日。

李志伟等：《中国脱贫攻坚战成全球"金矿"》，《环球时报》2017年10月23日。

习近平：《弘扬丝路精神 深化中阿合作——在中阿合作论坛第六届部长级会议开幕式上的讲话》，《人民日报》2014年6月6日。

习近平：《携手消除贫困 促进共同发展》，《人民日报》2015年10月17日。

张翼：《2019年全国农村贫困人口减少1109万人》，《光明日报》2020年1月24日。

邹志鹏：《墨西哥义务教育延长到15年》，《人民日报》2012年2月17日。

二 外文文献

1. 著作类

Anthony Giddens, *The Third Way: the Renewal of Social Democracy*, Cambridge: Polity Press, 1998.

A. Bertram and C. Pascal, *The OECD Thematic Review of Early Childhood Education and Care: Background Report for the United Kingdom*, Worcester: Centre for Research in Early Childhood, 1999.

Bairros, L., et al., S. *Inequality in Brazil*, *Paper Prepared for the Workshop Addressing Inequality in Middle Income Countries*, London: The Globe Theatre, 2003.

Barhara Burns, et al., Brazilian Education 1995–2010: Transformation, Washington, DC: World Bank, 2012.

BIS, *Skills for Growth: The National Skills Strategy*, London: The Stationery Office Limited, 2009.

Central Advisory Board on Education (CABE), Report of the CABE Committee: Universalisation of Secondary Education, New Delhi: CABE, 2005.

Commission on Social Justice, *Social Justice: Strategies for National Renewal*, New York: Vintage, 1994.

DCSF, *Children's Plan: Building Brighter Futures*, London: DCSF

Publications, 2007.

DCSF, *National Challenge: A Toolkit for Schools and Local Authorities*, London: DCSF Publications, 2008.

DCSF, *Promoting Excellence for All-School Improvement Strategy: Raising Standards, Supporting Schools*, London: DCSF Publications, 2008.

Depanment of Education (South Africa), *Education for All (EFA) 2008 Country Report: South Africa*, Pretoria: DoE, 2009.

Department of Education (South Africa), *National Guidelines on School Uniform*, Pretoria: DoE, 2005.

Department of Education, *Green Paper on Higher Education Transformation*, Preloria: Department of Education (South Africa), 1996.

Department of Government Communication and Information System, *South Africa Yearbook* 2005/06, Pretoria: GCIS, 2006.

Department of Government Communication and Information System, *South Africa Yearbook* 2007/2008, Pretoria: GCIS, 2008.

Department of Higher Education and Training (DHET), *White Paper for Post School Education and Training: Building on Expanded, Effective and Integrated Post-School Education*, Pretoria, South Africa: DHET, 2014.

DfEE, *Excellence in Cities*, London: DfEE Publications, 1999.

DfEE, *Excellence in Schools*, London: DfEE Publication, 1997.

DfEE, *Learning to Succeed: a New Framework for Post-16 Learning*, London: DfEE Publications, 1999.

DfES, DTI, HM TREASURY, DWP, *21st Century Skills: Realising Our Potential*, London: The Stationery Office, 2003.

Economic Development Department, *The New Growth Path: Framework*, Cape Town and Pretofia: Economic Development Department, 2011.

HM Government, *Child Poverty Strategy* 2014-2017, London: UK Government Publications, 2011.

HM Treasury, Department of Education and Skills, Department for Work and Pensions, Department of Trade & Industry, *Choice for Parents*, the Best Start for Children: a Ten Year Strategy for Childcare, London: DfES Publications, 2004.

Jesús Lechugay Femando Chávez, Estancamiento Economicoy Crisis Social en México 1983-1988, 1989.

Labor Party General Election Manifesto 1997 - New Labor, Because Britain Deserves Better, London: Labor Party, 1997.

Labour Party General Election Manifesto - Ambitions for Britain, London: Labour Party, 2001.

Labour Party General Election Manifesto - Britain, Forward, Not Back, London: Labour Party, 2005, p. 5. 2020 - DECLARATION. enpdf. 2017-04-27.

Lastra, Y., The Present - day Indigenous Languages of Mexico; An Overview, In Y. Lastra (ed.), Sociolinguistics in Mexico, 1992.

Lulat, Y. G. -M., A History of African Higher Education from Antiquity to the Present: A Critical Synthesis, London, 2005.

Maris A. Vinovskis, The Brith of Head Star, Chicago: The University of Chicago, 2005.

Marls A. Vinovskis, From a Nation at Risk to No Child Left Behind: National Education Goals and the Creation of Federal Education Policy, New York: Teacher College Press, 2009.

MHRD, Government of India, The Scheme of Scholarship at Secondary Stage for Talented Children from Rural Areas, Scholarship, http://education. nic. in/schbenefrl. asp.

National Planning Commission, Diagnostic Overview, Pretoria: The Presidency (South Africa), 2011.

Philip Robinson, Education and Poverty, London: Routledge, 2012.

Planning Commission, Government of India, Faster, Sustainable and More Inclusive Growth: An Approach to the 12th Five Year Plan, New Delhi, 2012.

Planning Commission, Government of India, Towards Faster and More

Inclusive Growth: An Approach to the 11th Five Year Plan, Volume Ⅱ, New Delhi, 2007.

Ravitch, D., *The Troubled Crusade – American Education*, 1945 – 1980, New York: Basic Books, 1983.

Secretarial for Social Communication, *Presidency of Republic of Brazil*, Brazil Insights Series: Education. 2010.

Sharma, Kavita A., *Sixty Years of the University Grants Commission: Establishment, Growth, and Evolution*, New Delhi: University Grants Commission, 2013.

The Conservative Partyconservative Party, *Conservative Manifesto 2010—Invitation to Join the Government of Britain*, London: Conservative Party, 2010.

Thomas L. Jennings, *A Study of the Relationship between Public Schools' Educational Funding Sources and Academic Achievement in Ohio*, Capella University, Doctoral Dissertation, 2014.

Venita Kaul & Deepa Sankar, *Education for All Mid – Decade Assessment Early Childhood Care and Education in India*, New Delhi: National University of Educational Planning and Administration, 2009.

2. 论文类

Anthony Giddens, *The Third Way: the Renewal of Social Democracy*, Cambridge: Polity Press, 1998.

A. Bertram and C. Pascal, *The OECD Thematic Review of Early Childhood Education and Care: Background Report for the United Kingdom*, Worcester: Centre for Research in Early Childhood, 1999.

Bairros, L., et al., S. *Inequality in Brazil, Paper Prepared for the Workshop Addressing Inequality in Middle Income Countries*, London: The Globe Theatre, 2003.

Barhara Burns, et al., *Brazilian Education 1995 – 2010: Transformation*, Washington, DC: World Bank, 2012.

BIS, *Skills for Growth: The National Skills Strategy*, London: The

Stationery Office Limited, 2009.

Central Advisory Board on Education (CABE), Report of the CABE Committee: Universalisation of Secondary Education, New Delhi: CABE, 2005.

Commission on Social Justice, *Social Justice: Strategies for National Renewal*, New York: Vintage, 1994.

DCSF, *Children's Plan: Building Brighter Futures*, London: DCSF Publications, 2007.

DCSF, *National Challenge: A Toolkit for Schools and Local Authorities*, London: DCSF Publications, 2008.

DCSF, *Promoting Excellence for All – School Improvement Strategy: Raising Standards, Supporting Schools*, London: DCSF Publications, 2008.

Depanment of Education (South Africa), *Education for All (EFA) 2008 Country Report: South Africa*, Pretoria: DoE, 2009.

Department of Education (South Africa), *National Guidelines on School Uniform*, Pretoria: DoE, 2005.

Department of Education, *Green Paper on Higher Education Transformation*, Preloria: Department of Education (South Africa), 1996.

Department of Government Communication and Information System, *South Africa Yearbook* 2005/06, Pretoria: GCIS, 2006.

Department of Government Communication and Information System, *South Africa Yearbook* 2007/2008, Pretoria: GCIS, 2008.

Department of Higher Education and Training (DHET), *White Paper for Post School Education and Training: Building on Expanded, Effective and Integrated Post-School Education*, Pretoria, South Africa: DHET, 2014.

DfEE, *Excellence in Cities*, London: DfEE Publications, 1999.

DfEE, *Excellence in Schools*, London: DfEE Publication, 1997.

DfEE, *Learning to Succeed: a New Framework for Post-16 Learning*,

London: DfEE Publications, 1999.

DfES, DTI, HM TREASURY, DWP, 21st Century Skills: Realising Our Potential, London: The Stationery Office, 2003.

Economic Development Department, The New Growth Path: Framework, Cape Town and Pretofia: Economic Development Department, 2011.

HM Government, Child Poverty Strategy 2014–2017, London: UK Government Publications, 2011.

HM Treasury, Department of Education and Skills, Department for Work and Pensions, Department of Trade & Industry, Choice for Parents, the Best Start for Children: a Ten Year Strategy for Childcare, London: DfES Publications, 2004.

Jesús Lechuga y Femando Chávez, Estancamiento Economicoy Crisis Social en México 1983–1988, 1989.

Labor Party General Election Manifesto 1997 – New Labor, Because Britain Deserves Better, London: Labor Party, 1997.

Labour Party General Election Manifesto – Ambitions for Britain, London: Labour Party, 2001.

Labour Party General Election Manifesto – Britain, Forward, Not Back, London: Labour Party, 2005, p. 5. 2020 – DECLARATION. enpdf. 2017–04–27.

Lastra, Y., The Present – day Indigenous Languages of Mexico: An Overview, In Y. Lastra (ed.), Sociolinguistics in Mexico, 1992.

Lulat, Y. G. –M., A History of African Higher Education from Antiquity to the Present: A Critical Synthesis, London, 2005.

Maris A. Vinovskis, The Brith of Head Star, Chicago: The University of Chicago, 2005.

Marls A. Vinovskis, From a Nation at Risk to No Child Left Behind: National Education Goals and the Creation of Federal Education Policy, New York: Teacher College Press, 2009.

MHRD, Government of India, The Scheme of Scholarship at Secondary Stage for Talented Children from Rural Areas, Scholarship, http://education. nic. in/schbenefrl. asp.

National Planning Commission, *Diagnostic Overview*, Pretoria: The Presidency (South Africa), 2011.

Philip Robinson, *Education and Poverty*, London: Routledge,2012.

Planning Commission, Government of India, Faster, Sustainable and More Inclusive Growth: An Approach to the 12th Five Year Plan, New Delhi, 2012.

Planning Commission, Government of India, Towards Faster and More Inclusive Growth: An Approach to the 11th Five Year Plan, Volume Ⅱ, New Delhi, 2007.

Ravitch, D., *The Troubled Crusade – American Education*, 1945 – 1980, New York: Basic Books, 1983.

Secretarial for Social Communication, *Presidency of Republic of Brazil*, Brazil Insights Series: Education, 2010.

Sharma, Kavita A., *Sixty Years of the University Grants Commission: Establishment, Growth, and Evolution*, New Delhi: University Grants Commission, 2013.

The Conservative Partyconservative Party, *Conservative Manifesto 2010—Invitation to Join the Government of Britain*, London: Conservative Party, 2010.

Thomas L. Jennings, *A Study of the Relationship between Public Schools' Educational Funding Sources and Academic Achievement in Ohio*, Capella University, Doctoral Dissertation, 2014.

Venita Kaul & Deepa Sankar, *Education for All Mid – Decade Assessment Early Childhood Care and Education in India*, New Delhi: National University of Educational Planning and Administration, 2009.

3. 网络类

Applications Now Available for MYM3. 5 Billion in Title Ⅰ School Improvement Grants to Turn Around Nation's Lowest Achieving Public

Schools. U. S. Department of Education, http: //www. ed. gov/news/press-releases/2009-12/12032009a. html.

A. B. Bose, The Disadvantaged Urban Child in India, http: //www. unicef-irc. org/publications/pdf/ucs 1. pdf. 1992-01/.

Department of Education (South Africa), Equity in the Classroom, http: //www. education. gov. za/ dynamic/dynamic. aspx? pageid－329&catid = 10&category = Reports&legtype = null.

Department of Education, Ministry of Human Resource Development, Government of India, Programme of Action 1992, http//mhrd. gov. in/sites/upload_ files/mhrd/files/document-reports/POA_ 1992. pdf.

DPEP, Logic and Logistics, http: //www. education for all in india. com/page91. html.

Education in Canada, http: //en. wikipedia. org/wiki/Education _ in _ Canada, 2018-01-20. gov. in/sites/ upload_files/mhrd/files/AR2010-11. pdf.

Improving Indigenous Outcomes and Enhancing Indigenous Culture and Knowledge in Australian Higher Education, http: //www. desk. gov. au/.

Indigenous Australians Opportunity and Responsibility Commitment, http: //www. desk. gov. au/.

Indigenous Education (Targeted Assistance) Act 2000, http: //www. desk. gov. au/.

Instituto Federal Electral, "Propuestas de la y los Candidatos a la Presidencia de los Estados Unidos Mexicanos: 2012－2018", http: //www. ife. orb. mx/docs/IFE-v2 / ProcesosElectorales.

Jane Beach Martha Friendly, Carolyn Ferns, Nina Prabhu, Barry Forer, Early Childhood Education and Care in Canada 2008, http: //www. childcarecanada. org/publications/ecec-Canada/09/ 11/early-childhood-education-and-care-Canada-2008.

Merilee S. Grindle, Education Reform it Mexico: Where are the Parents?, http: //www. fas. harvard. education/publications/revista/mexico/Grindle. Html.

Ministerial Council for Education, Early Childhood Development and Youth Affairs, Adelaide Declaration on National Goals for Schooling in the 21st Century (1999), http：//www. mceetya. au/pdf. 2017-12-26.

Ministry of Human Resource Development, Government of India Annual Report, http：//mhrdgov. in/sites/ upload_files/mhrd/files/AR2010-11. pdf.

Ministry of Human Resource Development, Government of India. Educational Statistics at a Glance, http：//mhrd. gov. in/sites/upload_files/mhrd/files /EduStat Glance-2011_0. pdf.

Ministry of Social Justice and Empowerment, Government of India. Annual Report 2011-2012, http：//www. social justice. nic. in/pdf/arlleng. pdf.

Ministry of Women and Child Development Government of India. Progress in ICDS Reforms, http：//wcd. nic. in/.

México, el Peor de la OECD en Educación, http：//www. animalpolitico. com/2013/12/mexico-el-peor-de-la-oecd-en-matematicas-lectura-y-ciencias/.

New Delhi, https：//www. india. gov. in/my-government/constitution-india/amendments/ constitution-india-first-amendment-act-1951.

Obama Education Policies, http：//usliberals. about. com/od/education, 2010-11-02.

OECD, National Review on Educational R&D：Examiners' Report on Mexico, http：//www. oecd. org/ dataoecd/42/26/32496430. pdf.

OECD, Programme para la Evualuacion International de Alumnos (PISA) PISA 2012-Resultados, Mexico, http：//www. oecd. org/pisa/keyfindings/PISA-2012-results-mexico-ESP. pdf.

Paulo Renato Souza, "Sector Study for Education in Brazil", Japan Bank for International Cooperation, http：//www/jbic. go. jp/english/oec/environ/report/pdf/brazil. pdf.

Plano National de Educacao (2010-2020), http：//fne. mec. gov. br/images/pdf/notas_tecnicas_pne_2011_2020. pdf.

Remarks from President Bush on No Child Left Behind, http：//www. dakotavoice. com/200704/2070413/-2. html.

Reyes, R. McKinney-Vento Homeless Student Program, New York State Education Department, 2009-12-24, http：//www. emsc. Nysed. gov/nyc/TitleI/.

Scheme for Infrastructure Development in Minority Institute (IDMI), http：//mhrd. gov. in/idmi.

Statement Indicating the Public Expenditure on Education, http：//mhrd. gov. in/sites/ upload _ files/mhrd/ files/Public% r 20Expenditure. pdf.

Statistics on Demographic&Socio-Economic Characteristics, http：//www. censusindia. gov. in/Census_ Data_ 2001/ India_ at_ glance/glance. aspx.

The American Recovery and Reinvestment Act of 2009, http：//www. recovery. gov/Pages/default. aspx.

The Council of Ministers of Education, Canada, What is CMEC?, http：//www. cmec. ca/11/About/index. html.

The Daker Framework for Action, Adopted by the World Education Forum Daker, Senegal, 26-28 April 2000, http：//unesdoc. unesco. org/images/0012/001211/121137e. pdf.

The President Proposes to Make Community College Free for Responsible Students for 2Years, https：//www. white-house. gov/blog/2015/01/08/president-proposes-make-community-college-free-responsible-students-2-years, 2015-01-08/.

The Standing Senate Committee on Social Affairs, Science and Technology, Early Childhood Education and Care：Next Steps, http：//rightsofchildren. ca/wp-content/uploads/early-childhood-senate-report. pdf.

UNESCO Office in Brasilia, Education for All Goals in Brazil, http：//www. unesco. org/new/en/brasilia/ education/educational - governance/education-for-all/education-for-all-goals/#c169231.

UNESCO, Towards Education for All, http: //unesdoc. unesco. org/ images/ 0018/001852/185219e. pdf.

U. S. Department of Education, Elementary & Secondary Education, Title I—Improving the Academic Achievement of the Disadvantaged, 2009-12-20, http: //www. ed. gov/policy/elsec/leg/esea02/pgl. html.

U. S. Department of Education, Office of Communication and Outreach, Guide to U. S. Department of Education Program 2006, Washington, D. C. , 2006-6, http//www. ed. gov/programs/gtep/gtep2006.

U. S. Department of Education: Race to the Top Overview, http: //www. ed. gov/Programs/racetoracetothetop/slidenotes.

U. S. Department of Education, Rural Education Program, http//www. ed. gov/nclb/freedom/local/reap. html.

Wikipedia, India Integrated Child Development Services (ICDS), 2008, http//www. Unicef. org/ earlychildhood /files/india_ icds. Pdf.

后 记

贫困是人类社会发展过程中长期面临的现实困境与破解难题。中国共产党从成立之日起就把保障人民温饱同争取民族独立、人民解放的事业紧紧联系在一起。改革开放以来，中国共产党人更是以"人民小康"为己任，想尽一切办法致力于消除贫困，先后经历了救济式扶贫、开发式扶贫、协同式扶贫、精准式扶贫等发展阶段，脱贫攻坚事业加快发展，脱贫攻坚质量稳步提升。经过长期努力，中国共产党带领中国人民不仅基本解决了温饱问题，而且开辟了一条具有中国特色的减贫脱贫道路。以习近平同志为核心的党中央结合时代特征和反贫困问题的现状成因，提出了"精准扶贫"方略，对症下药、精准滴灌、靶向治疗，有效解决了"扶持谁、谁来扶、怎么扶"等一系列具体问题，创造了人类减贫史上的中国奇迹。

2021年2月25日，习近平总书记在全国脱贫攻坚总结表彰大会上庄严宣告，"经过全党全国各族人民共同努力，在迎来中国共产党成立一百周年的重要时刻，我国脱贫攻坚战取得了全面胜利，现行标准下9899万农村贫困人口全部脱贫，832个贫困县全部摘帽，12.8万个贫困村全部出列，区域性整体贫困得到解决，完成了消除绝对贫困的艰巨任务，创造了又一个彪炳史册的人间奇迹"！我国历史性地全面消除绝对贫困，如期完成2020年全面建成小康社会的重大历史任务，现行标准下农村贫困群体全部脱贫，消除了绝对贫困和区域性整体贫困，我国扶贫工作的重心将进入由消除绝对贫困转向缓解相对贫困的"后扶贫时代"。

教育决定着人类的今天，也决定着人类的明天。教育是阻断贫困代际传递的根本之策，教育扶贫是中国扶贫体系的重要组成部分。教育扶贫在本质上是教育扶贫发展规律的映射和体现。教育扶贫机制是教育扶贫主体客体之间、社会属性与个人属性之间、价值理性与工具理性之间和社会期望与实践发展之间所形成的脉络机理与运行架构形式。教育扶贫机制在理论上是对自身发展与适应的内在逻辑回应和社会发展期望与实践可行的外在逻辑关切的辩证统一,在实践上是从理念、方法和组织体系等层面将教育扶贫机制的内在逻辑与外在逻辑进行有机衔接。教育扶贫在逻辑趋向上是在其理论愿景和现实图景映射下政策逻辑与实践逻辑的统一,也是围绕"教育属性""贫困属性"两条主线形成教育扶贫切实可行的逻辑合力。

贫困的"多维性""动态性""相对性""持久性"构成了后扶贫时代教育扶贫政策优化的逻辑前提。后扶贫时代的教育扶贫意味着要在现有教育扶贫基础上转换逻辑与发展思路,推进教育扶贫战略升级以促进扶贫工作常态化,这也是由我国当下及未来的基本国情所决定的。党的十九大报告对我国的发展阶段作出了科学研判:中国特色社会主义进入新时代,我国社会主要矛盾已经转化成为人民日益增长的美好需要和不平衡不充分的发展之间的矛盾。经济高速发展的社会背景无意加大了失衡,以收入差距为直观表现的相对贫困问题成为实现人的全面发展与社会全面进步的制约因素,成为后扶贫时代教育扶贫所面临的突出问题。教育是阻断贫困代际传递的治本之策,在促进扶贫、防止返贫方面具有基础性、先导性、根本性和可持续性作用,教育扶贫是后扶贫时代缓解相对贫困的基本方略。

2021年是伟大中国共产党建党一百周年。百年征程波澜壮阔,百年初心历久弥坚。在这个特殊的历史节点,为向党的一百岁生日献礼,在"我们都是奋斗者"团队的共同努力下形成了这本集体智慧的结晶。本书的完成伴随着我们团队的共同成长,其间有张欣鑫、杨洋、朱艺丹、姜嘉伟、张薇、李君筱、陈佳薇和丁雅施等相继加入我承担的国家社科基金项目课题组。这是我们难忘的共同经历!我们不仅收获了学术的成长,也丰富了我们师生之间的情谊。特别感谢杨洋和朱艺丹对于本书的贡献!

在学习和研究过程中我们参阅、借鉴和引用了国内外学者的观点

后　记

和思想，对所参阅的资料基本都作了注明，但也可能存在疏漏，在此一并表示感谢！由于本书涉及的国家比较多，涵盖多种语言资料，加之我们的水平所限，书中的错漏难以避免，恳请各位前辈、专家、学者和读者批评指正！

衷心感谢陕西师范大学社科处和教育学部各位领导对本书的悉心关照和鼎力支持！衷心感谢中国社会科学出版社刘晓红女士和张玉霞等编辑的耐心与细心，是他们兢兢业业的工作和不懈努力才使本书得以面世。

衷心感谢我的爱人戴妍，本书的形成、出版与她对家庭、孩子的全部付出密切相关，使我有了较为充裕的时间来指导学生和完成本书。

承蒙时光不弃，感谢所有给予本书思想启发、指导及帮助的人！

是为记！

袁利平

2022 年立春完稿于西安

2023 年仲夏校稿于西安